「生涯書生」町辯の祖國讃歌　草の根の体験的日本文明論

生涯書生

町辯の祖國讃歌

草の根の体験的日本文明論

内野経一郎

刀水書房

前書き

一、この小文、市井の、「草の根」の、町辯の、独断的、情緒的日本文明論仮説私案、賢しらに内村鑑三を真似るなら「余は如何にして、何故に、日本教徒となりしか」である。

二、國民学校（小学校）三年生で昭和二〇年（一九四五）八月一五日の敗戦の日を迎えて戦後教育を受け、その教育目的（占領）に添って素直に育ち、生きる立ち位置を見失い、うすら左翼化、無國籍化し、仮漂流して命つきようとした一庶民が祖國に、皇民に、回帰した「回帰皇民」の報告書である。

三、回帰皇民の立場で読むと、平成九年（一九九七）歌会始の儀 召し人 斎藤史の父 斎藤瀏を讃える和歌

　　野の中に　すがたゆたけき一樹あり
　　風も月日も　枝に抱きて

この和歌は、荒涼たる世界人類史の中の我が祖國日本國のことに思えてなりません。

野の中に　すがたゆたけき一樹あり
風も月日も　枝に抱きて

平成九年歌会始の儀　召し人　斎藤史は
「二・二六事件」で
下獄した　父　斎藤　瀏の生を　こう表現し
「死をたまわった」幼なじみ　栗原安秀を

暴力のかく美しき世に住みて
ひねもすうたう　わが子守うた

と、偲んだ。

（工藤美代子「昭和維新の朝」日本経済新聞出版社）

暴力が美しく思える、そんな時代にしない為に、
歌人に悲しい子守うたを歌はせないために
町の片隅から、この夏もまた語り続けたい。

平成二十年　盛夏

内野経一郎
公子

2008年（平成20）暑中見舞

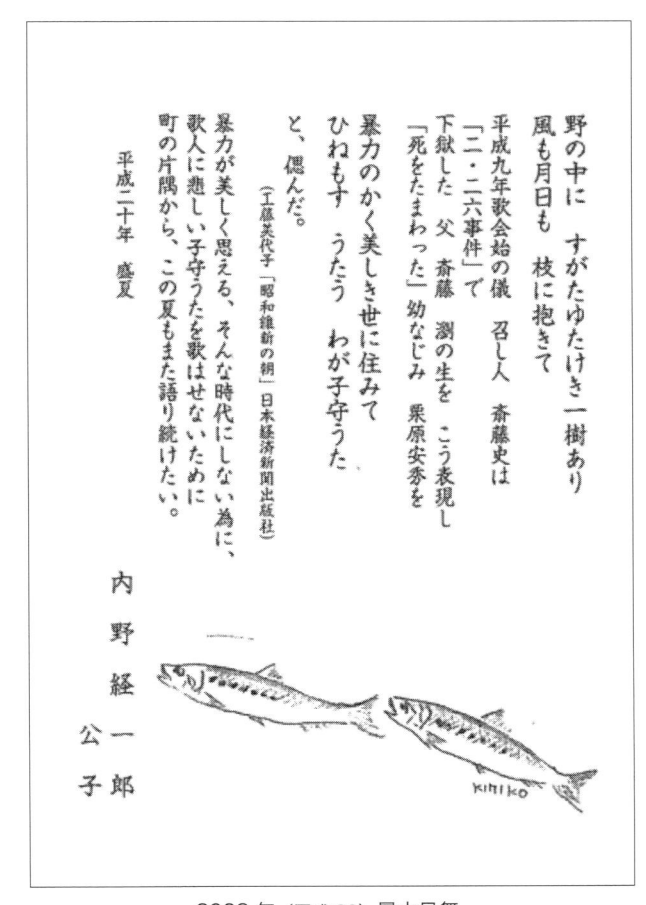

「生涯書生」町辯の祖國讃歌　草の根の体験的日本文明論

目次

第三編 寸詰り、寸足らず 私の履歴書

凡例

本書における『古事記』『日本書紀』『神皇正統記』からの引用は左記の文献による
・『古事記』（上）次田真幸全訳注　講談社学術文庫　一九七七年
・『日本書紀』（上）　日本古典文学大系67　岩波書店　一九六七年
・『日本書紀』（下）　日本古典文学大系68　岩波書店　一九六五年
・内野経一郎編『『古事記』と『日本書紀』にみる神話の世界への誘い』
東京第一法律事務所　二〇一一年

本書使用の旧字体「辯」「國」について
・「辯護士」と「弁護士」——著者内野経一郎のみ「辯護士」と表記する
・「國」と「国」——引用文以外はすべて「國」とする

「生涯書生」町辯の祖國讃歌　草の根の体験的日本文明論

第一編　人類史、世界史の中の日本文明の位置

第1章 「転向町辯」とは

医師は、生体の病理を復元する「生体修理工」、即ち「人体生体の病変を治す職人」である。
弁護士は、人体そのものでなく、人間と人間との関係という世間病理を修復する「世間修理工」、即ち「人間関係を修復する職人」である。

職人の腕の良し悪しは、世間の評価とするも、何はともあれ六十年ともなる、世間修理工という職人をやらせていただいている。

ただ、時代の風潮に忠実に、肩ひじ張ってのゼブラ紋様の半端なウスラ左翼辯護士から、年と共に肩の力が抜けて町辯オリジナル、即ち草の根皇國史観への転向である。

第1節　町辯は、市井の法の防人、町場の屯田兵

生体の病理を治すといい、世間の（社会の）病理を直すというが、そもそも病理とは何か。昔、異常心理の勉強は、異常心理とは正常の極端形式であって、正常の一部なのであるから、正常心理の正常を知るために必要ときいた。生理を正常というなら、病理はその極端状況である。病理も生理の一形式である。

ある人がガンを患ったとすれば、正常な生体そのものの活動の一形式としての、その病理なのである。異常

心理者が殺人の罪を犯したとすれば、生きている人間という正常が殺人という異常をもたらしたのであり、ある意味、異常というのは正常そのものの部分なのである。いずれにしても、異常は、病理は、それ自体正常であり、また、正常の窓でもある。

世間修理工といっても世間も広い。私は町辯、即ち町の辯護士、生活者辯護士、ごく普通の生活をどう維持してゆくか、という横丁のというかビルの一室で、内科、外科、耳鼻科、眼科と盛沢山の診療科目を掲げ、万病を治すホームドクター類似の「揉め事萬承り所」、「萬屋」の看板を掲げて、町の片隅で揉め事即ち世間の病理万般を、六法全書片手にその行間を読み込んで、据わりの良いところに落ち着かせる市井の法の防人である。屯田兵は國家の給与を頼まず、自給自足で國の辺境を守る兵士であったとか。我々もまた、町場にあって國家の給与を頼まず、自給自足で違法と合法限界、法の最前線を守る誇り高い屯田兵なのである。そう言ったら妻に叱られた。「お人好し！」「税金も支払っているんでしょう！」と。そうか屯田兵は納税まではしていなかったか。

日中國交回復の頃、当時、衆議院議員だった山口敏夫さんに伺ったことだが、交渉に臨んだ中國要人が、今我々の世代で國交回復を実現しないと、お互いの理解ができず、二〇年、三〇年遅れる。今をおいてない。我々は日本と戦争をしたのである。命を懸けて戦うということは、我々は日本の良さも欠点も知り尽くしている、ということであるから。次の世代ではそうはいきません、と交渉の促進を促されたといっておられた。

その筆法を藉《か》りるならば、我々辯護士は世間という広い空間を、法廷という閉鎖空間に凝縮して、剣をペンに代えて法の戦場で戦いつづけてきている。ということは、依頼者の素晴しさも短所も、そして相手方のそれも知り尽くしている、といえるのかもしれない。私は昭和六一年（一九八六）の年賀状に、正統派といわれる坂田三吉のライバル関根金次郎棋士のモットー「棋譜を汚さず勝つ」勝負師を目指す、と書いている。弁護士とて奇をてらわず、直っ向直球で挑むことで勝率も上がるのである。

ベテラン裁判官は判決にしろ和解にしろ、「据わりのよい解決」を目指すと申される。具体的妥当な、世間の納得する解決のことである。「あの揉め事を、ああ納めるのですね」、成程成程。という解決である。その結論に至る手続も「成程」を旨とする。

紛争という社会の、人間関係の病理から、異常から、真の生理を理解し、戦いのなかから敵、味方の優点と短所を理解し、据わりよく納めるということの繰返しを集約してゆくと、「人間捨てたもんじゃない。世の中生きるに値するものだ」という心境に至る。これ即ち、日本社会の素晴しさであり、荒々しい戦後から飽食の

1986年（昭和61）　年賀状

「棋譜を汚さず勝つ」は弁護士の要諦と大切にしています。

関根ファンは「王将」に歌われるように「明日は東京に出てゆくからは　何が何でも勝たねばならぬ」坂田三吉は勝つためにはどんな手でも厭わなかったとみるようですが，坂田ファンは，坂田は「棋譜にこだわった」と信じているようです。

何れにしても，「棋譜を汚さない」棋士のみならず弁護士にも大切なことのようです。（暑中伺い＝資料見当たりません。誰方かお持ちなら「写し」をいただけませんか）

時代への変化に堪える、日本社会と法の運用を肌身で感じて、日本教教徒として社会の変化は即ち歴史であり、法もまた、それに従って歴史に参加している実感がある。

借地借家法が、借地人借家人保護から土地建物の公共的意義を中心に運用されている。また、欠食の時代に離婚は、妻の生存の保護の観点で運用されていたものが、気がついてみると飽食の時代がすぎ、男女共々に自己実現の可能な据わりの良い結果を求める時代になっていた。かつて神合わせ給うたもの人離すべからず、のキリスト教宣教師が、裁判官をやっているかの如くだったが、今や男女それぞれの自己実現を尊重するかの如き「婚姻を継続し難き重大なる由」が、それなりには柔軟に運用されている。

法廷の内外だけではない。町辯だから、個人の事や家族の事もあるが、中心は、中小零細企業の事業の相談だ。そこで成功される方は、日本文明即ち正直で和を尊び、知恵を働かせる努力家が実感である。争いのなかでろくでもない奴も多いなか、惚れ惚れとする庶民の生活実態に触れ、感動多い多くの人々に触れた人生は、「転向町辯の祖國讃歌」となるのである。

第2節　辯護士のお手本

⑴後藤昌次郎先生

後藤昌次郎先生（先生が現役のとき、唯一度だけ法廷でご指導をうけたことがある）は、私の最も尊敬する先輩弁護士であられた。反権力で昭和の司法界を彩る、そして他方で石原莞爾を理解する孤高の後藤昌次郎弁護士の真理は唯一つ、「万物は流転するのみ」と書き残しておられる。

「行く川の流れは、絶えずしてもとの水に非ず。淀みに浮かぶうたかたは、かつ消えかつ結びて、久しくとどまることとなし」とは鴨長明の『方丈記』だ。「色即是空　空即是色」、人生そんなものかも知れませんね後藤先生。流転する万物の中で、誇り高く生を全うすることは、屈辱は忘れよ、というのではない。ポケットにしまって次の流れに乗るか、流れを作ってゆこうではないか、と語り掛けておこう。今現在のこの興奮状態では聞いてもらえないかな、と思いながら。

前田裕二弁護士が、選挙をやるため宮崎に帰るとき、後藤先生が送別会で草笛で送別の曲を演奏されて、「こんな小さな葉っぱ一枚が、これだけの感動を呼び得る。宮崎の人々に感動を伝える政治活動をするように」と励まされた感動が忘れられない。さらには石原莞爾研究会の方からお伺いしたのだが、後藤先生は研究会の会員で、石原莞爾を理解し尊敬しておられたご様子とのことであった。

後藤先生のご縁でお会いした動労千葉を率いる革マルのボスといわれた松崎明さんは、好々爺然としておられ、何かの話のとき「クロカン（黒田寛一）に惚れちまったんだからなァ」と言っておられた。私も「戦後民主主義派」という「うすら左翼」「日本教と左翼のゼブラ左翼」から「保守」へ変節している。また、松崎さんが、文春だったと思うが、松崎さんの論稿の広告文に「人我を変節という、なあに少し世間がみえるようになっただけのことだ」とあった記憶がある。私も、年を経て少し世間が見えてきた気がする。本多勝一の影響が大きかった気もするが、時代の風に流されていたのが、少し目覚めた気もする。小田実の「何でも見てやろう」精神で、右翼と蔑んでいた日本会議の集会への参加で、少しずつ目覚めた気がする。私も「人我を変節」というならば言わせておけ。町辯六十年ともなる結論としての、少し世間が見えてきての変節だ。

(2) 水野東太郎先生

事務所独立間もない頃、水野東太郎先生の東京総合法律事務所に籍を置いておられた白門会研究室ＯＢの平岡高志先輩から「うちの事務所で倒産の任意整理を受けているのだが、その相手方債権者が、うちで受けられない、といったら、誰か弁護士を紹介しろ、というから、内野、相談にのってみるか」とのご紹介であった。話を伺ってみると、数百万の焦げつきで、その方の会社が傾くほどの額ではなかったが、相当の痛手を事業上蒙るであろう、事業規模の会社であった。事情を伺って、倒産先の会社からの債権回収は困難な話をして、少時の間があいた頃に、その社長から電話があった。売掛金が焦げついた債権者にしては弾んだ声で、「先生、夕食をご一緒してもらえる日がありませんか」と申される。倒産会社相手の債権回収の相談は、実りが少ないことがほとんどで、まして相手方は先輩の事務所なので、気はすすまないながら、日を決めて夕食をお受けした。気おくれするほどではないが、駆け出し辯護士にはややぜいたくかな、と思われるレストランで、食事前から倒産会社の被害債権者社長とは思われない、明るい表情で迎えていただいた。

債権者集会が催され、水野東太郎先生が倒産のいきさつ、現況をご説明になられた様子なのだが、足が地につかないという表現があるが、食事をはじめる前から水野東太郎先生は素晴らしい弁護士である、と先生の讃歌に終始し、どこがどのように素晴らしいのか、そのときは社長からその感動を伺ったはずなのだが、今では水野先生への社長の尊敬と感動の表情とその言葉しか思い出せない。

水野讃歌の極めつきは、水野先生は素晴らしい弁護士だ、弁護士は素晴らしい、その弁護士と今夕自分は夕食を共にしている、こんな嬉しいことはない、と申される。社長、勘弁して下さい、水野先生の感動は分かりますが、私は単なる駆け出し辯護士で、一緒にされては困ります、といくら反論しても興奮が冷めやらない様子であった。当時は、水野東太郎という名前は聞き知っており、存在感のある弁護士ではあった。何かの折に、辯護士生活の、辯護士としての生き方として、水野先生のように町場にあって、係争のなかで相手方に納得されるだけでなく、尊敬される辯護士でありたい、と思い出してはいる。

その相手方社長が興奮した以上に、笑い話のような興奮をさせていただいた、水野東太郎先生の事蹟に学ぶところがなかったことを反省する。かつてご指導いただいた韓國籍のコンサルタントの方が、大将と元帥は共に戦略、戦術において究極を極められた方への敬意称号であるが、その違いは大将は味方に尊敬されるが、元帥は敵からも尊敬される、その違いであると教わった。水野東太郎先生は、弁護士として元帥の地位を得られた方であろうか。

昔、あすなろ物語というご本が話題になった。あすなろの木は檜ではないから、いくら努力しても檜にはなれないのに、明日は檜になろうと努力する木である、という筋であったかと思う。私もあすなろの木を見習い、「あすなろ辯護士」でありたい。鴻志会ＯＢの辻佳宏弁護士の父君、辻恵先生が、平岡先輩と共に水野東太郎先生の弟子であられたので、彼、辻君に記念伝記を送ってもらった。遅ればせながら水野東太郎先生に学ばせてもらおうと思う。

そう言えば、峯村光郎先生があかず語りかけられたのは、ローマ法を通じてローマ法の上に、であった。現代法の基礎ローマ法を学び尽くし、そのうえで現代社会のあり方を学べ、と。そして師の学問を学び尽くして師を超えよ、と、イェーリングを通じて、イェーリングの上に、牧野を通じて、牧野の上に、であった。定めた師を学び尽くしてその偉大さを我が物とし、それを越える努力をせよ、と語りかけられた。

また、白門会の寮で、後に山口大学で教授をされた磯野有秀先輩が、エチケットの語源を教えて下さった。フランスの貴族が園遊会を催すときは、芝生の庭園で紳士に失礼にならないように、女性は会が終るまでは会場を離れない習わしである。そうするとトイレに行けないので、その場でそれと知られないようにトイレをすることが淑女とされた。そこで傷んだ芝生を養生するために、立入禁止の立札をたてた。この立札がエチケットである。これが転じて、他人に迷惑をかけないことがエチケットとなった、と真偽不明の楽しい話をされたうえで、たとえ同性しかいなくても、小用を足していること気取られない心遣いがあるのが、真の貴人であるとされ、高峰秀子という女優はレストランで所作の美しい女性をみると、その女性が女性トイレを使うとき隣のトイレに入って、用を足す音が外に知られないよう配慮する女性であると、その女性の所作を徹底して学び、真似て自分の芸を高め、高貴の方の役を真実性をもって演ずることができたのだとの教えもあった。

水野東太郎という「本物」の弁護士に接する機会があったのに、それを単なる笑い話にして、本物を本物と感じ、自分のお手本となし得る感受性の欠如を恥じ、今から水野東太郎を学び、一歩でも二歩でも水野東太郎に近づく努力をしよう。

第3節　小文は一町辯の礼状であり詫状である

物情騒然たる二・二六事件の年、昭和一一年（一九三六）に生を享け、今日ただいまもなお、仕事をさせていただき、充実感に満たされて意欲盛んなること、身の幸せである。

この幸せは、お教えをいただき、ご指導下さり、事案解決して一別以来の方々、そしてさらに人生をお支え下さり、鬼籍に入られた多くの方々の賜物である。この小文、この幸せを賜った方々へのお礼状である。

硫黄島が玉砕し、通信が杜絶しているにもかかわらず、昭和天皇が栗林中将とその麾下の将兵に宛て、「良く戦った」と打電を促された。通信兵は、電信は杜絶しています、と申し上げたところ、「届かなくてもよい、打電をされたい」と指示された故事に思いを致しています。

お世話になった方々への届かない感謝の思いを届けたい。その礼状である。

戦時中、戦意高揚の映画を観た記憶はある。内容は記憶にない。映画の記憶は、戦後、無声映画とトーキーの混在の頃からである。この小文は、その頃子役の美空ひばりに憧れて以来、義理と人情の演歌の世界に生き、「義理と人情をハカリにかけりゃ、義理が重たい男の世界」と承知しながら、義理を果せていない人生をお支え下さった方々への詫状でもあります。

子供の予備校仲間で、鹿児島伊集院のいちご農家生まれの栫君が、東京大学法学部に合格されました。「薩摩の芋づる」と申します。大した縁ではなくとも、鹿児島ときくと血が騒ぎます。早速お祝に伊集院まで伺ったところ、お母さまが父親のことを不満気に報告して下さいました。元樹が帰ってきたら、こん人（御主人のこと）は「ワイが一人で難儀したち思うな」しか言わんのですよ、と。昔農水省の構造改善局のお役人に、いちご農家の生産性の低いことをきいていましたので、父上の御発言は、一年間の仕送りは家族の辛抱の賜物であること、同時に栫君の一年間の努力を讃える実体を言い尽くす名言だと思いました。

栫君の父の顰に倣うなら、司法試験の勉強をすると称したデモとデートと学問の真似事で、己れの義務と努力を怠った四年間、苦労をかけた母と家族への詫びが先かもしれません。

第2章　「草の根皇國史観」で語る

第1節　「草の根皇國史観」と日本文明

（1）　日本の歴史をたどるならば、シャーマンとしての天皇があり、その秩序を支え生成するエリート集団があって、その秩序により生かされる百姓があったのだろう。これが大まかな日本文明の構造であろう。弓削の道鏡の故事をはじめ史上幾度か、この天然自然の摂理に従った帝たる天皇を基とする根本秩序を、我欲のものにせんとする試みがあった。今次大東亜戦争も、我が國の文明を支えるべきエリート集団が、國際情勢を読み切っての適切な対応ができず、開戦に至ったが如くである。さらにまた、林千勝先生の『近衛文麿 野望と挫折』のご著書を私なりに読むと、文明を支えるべき指導層に、戦争をやることで日本文明を破壊して、天皇中心に二六〇〇年積み重ねた秩序体系を転覆して、彼らなりの野心の実現を図る近衛側近の朝日新聞を中心とするエリート集団と、日米協会を通じてのエリートが呼応して、國民の大量殺戮をもたらした如くである。

林説の私の読み方の是非は、識者にあるいは時の経過に委ねるとする。ただ、政府の指導に忠実に従い、「五族共和」の理想に燃えて、満洲國の開拓で塗炭の苦しみを味わったのも、朝鮮半島、台湾よりの引揚げに苦しんだのも、中國戦線に南方諸島に骸を晒したのも、そして特攻に散り、空襲に原爆に國内で焼き殺されたのも、國家経営者を信じてその指導に従った國民大衆そのものである。そして、開闢以来の他民族支配に甘んじて、自らのアイデンティティであった、生活のそして命の拠り所であった日本文明の芯を抜きとられながら、なす術なく指導者に従ってきたのが國民大衆であった。私もその國民大衆の一人として戦中戦後を忠実に生きてきたように思う。

林房雄の『大東亜戦争肯定論』と田中正明先生による『パール博士の日本無罪論』が、私の保守化の基本文献であったが、それを出発点として我が人生を顧みて、今や日本文明教への帰依状態かの如くである。それにしても知識、経験も空っぽで、二、三の文献や耳学問で日本文明への宗教的な確信をもつのはそれでよいのか、と心のどこかにわだかまりがあった。

このたび出版された斎藤英喜『読み替えられた日本書紀』という角川選書（二〇二〇年）に接して拾い読みしながら、日本の指導層自体が古文献を我流で読み解いてきていて、あるときは天照大神が蛇神とされるなど、神話は伝えられるのでなく、時代ごとに創生された、という帯の記載に納得した。

エリートの日本文明よりも百姓町民が守り育ててきたものが、神話から連綿とつながる日本文明なのである。実は、聖徳太子の十七条憲法くらいは全文読んで日本文明の源泉に接したいもので、勉強会で読み込んでみたが、どうしても第二条の「仏法僧を敬え」という条文が浮いてしまって、ここには神道に儒教が、仏教が加わり、三つの行動原理の調和のうえにあるべきで、いかに聖徳太子が仏教に帰依し、仏教を研究されていたとしても、不自然だと感じていた。このご本に、『先代旧事本紀』という偽書があって、その発見者の一人が徳川光圀であったとある。そこに、この『先代旧事本紀』は聖徳太子が書かれたもので、『古事記』以前の文献として朝廷関係の博士が講じていた、とあるではないか。偽書ではなく本物の筈である。

『先代旧事本紀大成経』における十七条憲法では、第二条が一七条に繰り下がり、

十七に曰く、篤く三法を敬え。三法とは儒と仏と神なり。即ち四姓のともに総て帰依するところ、万の國の大宗なり。何れの世か何れの人か其れ、是の法を貴ばずんばあるべからず。人は極めて悪しきもの鮮《すくな》し。能く教われば三法に帰せずして、何を以ってか枉《まが》れるを直さむ。

とある由である。とすれば、日本書紀にいう三法「仏法僧」は先代旧事本紀では儒仏神、即ち大切にすべきは儒教、仏教、神道とあり、説得的である。と心もち前向きにこの小文を書きすすめている。

(2)　ここで反省すべきは、法解釈の学徒として「法解釈学」を学び、それも「解釈無限」と自由法論を説かれる牧野英一先生のコピーだ、きっと、牧野先生の娘婿に違いないと陰口をきかれていた市川秀雄先生に、大学一年の「法学」を厭というほど叩き込まれていたのに、神話の解釈は門外漢と尻込みし目線を失っていて、自由法論の元祖に教えをうけていながら、そのことを思い出せず新刊書を目のあたりにして、ようやく原点に立ち戻り得たことである。

時代が、歴史の潮目が大きく変わりつつある。地球規模の大きな変化が人類に生じようとしていることは事実である。この時期に我が國がどこに行くべきなのか。

人類史的文明の激動期において、旗幟鮮明にする。

「原始に還れ」「惟神《かんながら》の道に還れ」日本文明の原点に還れ！　と、日本の町の片隅で日本文明を説いても、

「蟷螂の斧」「ごまめの歯ぎしり」であり、「あひるの寝言」でもあろうが、敢えて説く。
「日本文明とはこんなもので、この日本文明に従った國家経営の歴史は、我が國固有のものであった」。これを磨き育て、世界史に、人類史に、提案しよう。

慶応大学から我が中央大学に来講されていた法哲学の峯村光郎先生は、「個性的なものは普遍的であり、普遍的なものは個性的である」と申されていた。個性的な日本文明は、普遍性をもち得るはずだ。

(3)　経営していた「ぶＱ」という中学受験の学習塾を、お手伝い願っていた大手商社ＯＢの白田さんという方から、令和二年の暑中見舞の返事に「自分の器量を上回る学校と会社に入ったために、人生は爪先立ちの走り続けでした」とありました。

そうですか、私もまた市井の片隅の貧乏辯護士とはいえ、器量に余る「辯護士」になってしまって、爪先立ちで走り続け、今まだ走り続けています。前書きに載せた暑中伺いのさし絵は、回遊魚の「いわし」である。命尽きるまで泳ぎ続けるのである。

第２節　人間は動物、天然自然の一部分

(1) 人間は大自然のなかの動物

『古事記』の書き出しを思い起こせ。「天地《あめつち》初めて発《ひら》けし時、高天原《たかまのはら》に成りし神の名は、天之御中主神《あめのみなかぬしのかみ》、次に高御産巣日《たかみむすひの》神、次に神産巣日《かみむすひの》神。この三柱の神は　みな独神《ひとりがみ》と成りまして、身を隠したまひき」とある。天と地ができたときから、神々即ち人間はこの世にあったのである。ただ残念なことに、神々は独神であられ身を

隠されてしまわれるとある。

混沌とした宇宙が古事記的には、「国稚《わか》く浮ける脂《あぶら》の如くして、海月《くらげ》なす漂へる時、葦牙《あしかび》の如く萌《も》え騰《あが》る物によりて成りし」神々の世を経るのだが、山川草木のある動物の生存し得る地球ができ、太陽が輝くようになったときに、我がご先祖の神々が忽然として成られた。

ただ、今現在我々が生きている限り、この成りませる神々の原点を大切に生きる「惟神の道」、即ち神々が成られたときの原点、即ち大自然に立ち返って生きることが大切と説く。『古事記』の原点は日本文明の原点かと思う。

人間というのは所詮、自然界に存する鉱物、植物、動物のうちの一介の動物にすぎないのだ。自然界なくして、即ち、鉱物、植物なくして動物の生存はあり得ない。人間は動物である。人間動物論が、日本文明の基盤である。保守的心性の最も深い水脈は、おそらく生物としての本性に由来する（小川榮太郎『「保守主義者」宣言』育鵬社、二〇二一年、三一頁）そうである。世界中の保守の原点は、日本文明にあるはずである。動物に雄と雌があるように、抽象的な人間はいない。男か女かである。とすればその持つ特性を男と女それぞれに分けて具体的に考察しなければ、具体的な人間の考察にならない。子供を生む女と生まない男とが、生物学的、心理学的に同じはずがない。本質的行動とその行動をもたらす内発的要因は何か、自然的要因は何か、社会的、対外的要因は何か、男女に共有の部分と差異の有無は何か。

女は子宮で考え、行動するから、男が女にかなうわけがない、と言われる。子供を生むという力強さの表現でもあろう。

衣、食、住とも生存を支える力の弱い原始人は、狩猟採集では生産性も低く、自然環境の厳しいなかを生き抜くために必死に知恵を絞っただろう。定住し農業中心の社会となると、生産力の新たな供給源たる子供を生む女性を大切にせざるを得なかったはずだ。そこには原始人としての相互に協力する男と女の機能の違いを認めて知恵の集積があったはずで、それが古神道による日本文明のはずで、それを現代に生かしたい。

今我々は、原始日本人が具体的に男として女として考え感じたであろう自然のなかの人間として人間の皮膚感覚を含め、人間生体の全機能で感じ考える「原始に還る」時期かと思う。

そのためには、人類史上唯一生き残っている原始宗教といわれる我が國の原始時代の生活、あるがままの生活において、その生活を益するもの「惟神《かんながら》の道」、即ち人間にとって役立つものは価値あるものとして全てを「神」と捉えて大切にする、いわば多神教の生き方を提示した古神道の考察に還ることで、動物として自然界の一部として存在する人間のあり方が、自然界における生態系の中の人間が見えてくるのであろうかと思われる。

(2) 古神道は人間を自然の一部と説明

ヨーロッパの近代は、封建制を「古代に還れ」と標榜したのは不徹底に過ぎ、制度論に終わってしまった。そのため、人間社会の歴史として、より人間が解放される時点として知性が輝き始めてきた古代ギリシャをモデルにしたのであろうが、この政治モデルは一面で、民主主義を唱えながら、他面では戦争と奴隷制度に支えられた繁栄であった。今、本当の意味の人間の解放を解読すると「動物に還れ」「原始に還れ」である。

ただ、この「原始に還れ」は、「動物から人になるときの原始に還れ」というのである。弱肉強食の動物に還れではない。人間同志の弱肉強食の始まる農耕牧畜以前の、人間が専ら自然とのみ闘った、人間が協力し合っていた時代へである。人間共存のための「惟神の道」たる我が國の原始に還れである。

我々が今学ぶべきことは、古神道という原始時代に人々がどのような生き方をし、どのような生き方に戻るべきかであって、原始宗教と言われる神道の中にそのヒントがあるはずだろうと思う。

現在の我が天皇制は、原始神道世界の、霊性とは未知のこと、のもう一つの表現であって、「分からないことは分からない」と、それに謙虚なのが原始人であって、我が國の原始人、古代人、と相即不離であった。

さればこそ社会運用の合理的構築を目指して律令制を輸入したときにも神祇官という、天皇という秩序の顕現の背後にある霊性の世界を司る役所をその上か別系列としておいた。

昭和一一年（一九三六）生まれの私は、天津祝詞《あまつのりと》にある宮崎市の町外れ海沿いの阿波岐原、新別府町に昭和一六年頃から二〇年まで住んだ。

その頃は、すでに田畑が開発され、部落が形成されてはいたが、まだ自然が豊かで森が深く幼児には風に騒ぐ木々が怖くて寝付かれなかった。海までは田圃と防潮林しかなく、夜になると波の音が響くように聞こえて母親に「怖い」というと「何が」ときく、「海の波がここまでくるのではないかと怖い」と言って「馬鹿なことを言う」と叱られて切ない思いをした。後に知ったことだが、故郷の海は、一に玄海、二に遠江《とおとうみ》、三に日向の赤江灘というくらい我が國の三大荒海のひとつなのだ。その海の怖さに思いを致したのだ。

地引網には大小いろいろとサゴシやカサゴなど、厭というほど魚がかかった。網を引く手伝いをすると、といっても小学生のことだから「フリ」くらいのことだが、漁師さんがとれた小魚をくれたりした。

そして海亀の卵はいくらでもとれた。浜に上がった足跡で分かる。ただ、ぶよぶよ卵で、とって食べたのだが、ニワトリの卵のように美味しくはない。ニワトリの卵なら良いのにと不満に思った思い出がある。冬は今は禁鳥の「目白」とりや、キンコブといった「こがねぐも」をとるのが日課だった。目白をとる「とりもち」のことを「やんもち」といって、何の木か木の根の皮を石でつぶしてつくった。

降るような星という表現があるが、そのうちでも夏の星座の天の川の星の印象が残る。鹿児島の母の実家入来《いりき》も父の実家東郷も母屋から離れた牛小屋の横の「外便所」に手探りでゆく暗闇の星空も切なかった。怖さであるいは切なさで胸が締め付けられる思い、あれが古代人の霊性だったのではなかったか。

ついでのことで言うと、終戦直後、闇夜に入来の温泉場（小さな町場）に亀の湯やあぜろ湯（不確かな記憶では一〇円で一三枚の入浴券がもらえた）へ湯入りに行くには、畑の中の道も道とも知れず、途中の墓場で燃え追いかける火の玉も怖いのだが、「霧島どんの坂」という切通しを通らなければならない。闇夜は暗いが、切通しはさらに暗い。提灯は、祖父母の家に伯母とその子四人、母とその子四人の大家族の家に一つしかなく、誰かが使っていると家に提灯はなく、火山灰地の雨の流れで道路にできた溝に足を取られて足をくじいた痛さが思い出される。

私ははるかに原始時代をしのぶ縁を、そして得も言われぬ自然への怖れを日常で感じ得た最後の世代かも知れない。

今、人々が霊性や神々を語る時、全身で自分が幼い時に感じた怖さや切なさとは異なる。しかし、ただ、戦後の「ノミ」「シラミ」「カ」「ハエ」、今に至るネズミに悩まされた経験から、原始日本人が清潔を旨としたのは、そうせざるを得ない必然性が想像できるではないか。

(3)確かに「人間も動物」

人間の生活は大自然の一部であり、大自然の中の営みなのであって、自然環境を離れて人間の生活は成り立ち得ないのである。人間が生まれて来るのは大自然の懐に抱かれて男と女が交わって、女から生まれてくるのである。我々はそのことを日常にもっと感じ取って生活したら良い、と思ったりする。

『古事記』の國産みの神話もあるし、豊年を祈る俗信、信仰、お稲荷さんの守り神「キツネ」は、穴に住むのであって、穴は子を産出する女性の体の象徴でもある。それが豊かな稲の稔りを願う俗信となった。自然と人間との関わり、そして人間同士の関わり合い方を自然環境の中の命を惜しむ生存本能と共に種の保存本能という。縦の線として考察する必要があろうかと思う。

その考察とは、時代を現在という横の輪切りにして、男も女も性で交わって巣である家庭をつくり子を生み愛しみ、家庭を営んで次の時代につなぐという肯定的なものと、人殺しも喧嘩も強姦も盗みも嫉妬もする否定的な動物性、その両面をもっていること、感動的な人間もいるし、事件を起こす眉をひそめさせる人間もいる。

現代社会そのものが、野生の動物そのものの人間集団という一面をもっているのである。

平成二九年九月一九日付産経新聞「正論」欄における動物行動学研究家の竹内久美子先生の「人間だけが『不倫』と騒ぐ不思議」という論稿によると、人間そっくりの社会をつくっている鳥でさえ、巣の中の子《ひな》の七〇％が他の親鳥の子であった報告さえあるとのこと。誰の子を生むかは現代社会とて主導権は女にあるはずだ。その動物の集団をより適切、有効に組み立ててゆくかが福沢諭吉のいう「文明」でもあろう。

⑷動物の群

動物が「群《むれ》」をつくるのは、より強い動物から襲われた時、一番弱い一匹を人身御供に供して、群全体が生き延びるためというのが伊藤祐靖先生の『国のために死ねるか』（文芸春秋、二〇一六年、二一六頁）に弟子の考え方としてある。

襲う方だって皆殺しにしては自分の次の餌がなくなるのだから一匹しか殺さない。それが自然の摂理だという。

最近、自分の近視眼を反省させられたことがある。

宮崎県庁広報担当の長友さんという方に苦情を申し出た。日向灘に面した「一ツ葉の浜」に野ウサギの糞が落ちているそうだ。子供の頃、「野ウサギ」を追いかけて捕えられなかった思い出がある。「せっかく、神話のふるさと宮崎なのだから、古代植物園に野ウサギの保護をして、日本の神々のふるさとをアピールしたい」と問いかけたら、野ウサギの糞は知っていたが、有害鳥獣としてしかみていなかったので、と申される。

そういえば、高校のときの柔道の谷川先生のお嬢さんは、ご家族で宮崎市郊外の青島に住んでおられる。庭の「ミカン」は皆、猿に盗られて自分で食べるものはない、それもミカンの熟れ頃、「明日はちぎろう」と思う、その前日取られる、と言っておられた。

古代のロマンより、ただいまの生活が大切なのだ。

つい先頃まで、一本足の「かかし」を田圃の中に立てて、歌にまで「天気の良いのに蓑笠着けて」と童謡を歌って、雀を稲の稔りから追払うのに苦労していた。カラスの害は今でもあるし、ネズミ、ゴキブリには今でも悩まされている。ハエだって畜産農家は今でも苦労しているようだ。古代に動物としての人間が群を作ったのは有害鳥獣から身を守るためでもあったろう、と反省をした。

最近見ていないが、故郷東郷の田圃には猪除けの電線が張ってあった。お世話になっている北茨城の方も、「もぐら」を追っかけてか、猪が庭を掘って困るとのこと。現代だって原始と同居している。現在の人々の生活を豊かにすると同時に、原始人間生活の原点をどう現在に生かすかでもある。

人間とて動物だから群れる。福岡伸一先生の『動的平衡』のご本で象の群に群の長《おさ》がいて仕切っていることもある。群として行動するからには群のまとまりをつける長がいる。その長に従わなければ群が群として成り立たない。

「群」というのは、地理的条件や気候条件などでまとまりのつく範囲の生活共同体である。生産共同体であり、消費生活共同体でもあろう。この動物の群の習癖を尊重し、群長《むれおさ》を天皇という形で秩序を安定させて、群を長たる天皇に指導させ、群は長たる天皇の指導を受忍する。

他方、群長たる天皇に対しては、民を慈しむ具体的規範として、三種の神器や三大神勅などで群への忠誠を誓わせた。これが我が國の動物としての秩序感覚で、國《くに》の成り立ちであったろうかと思う。

(5)人間の行動は動物と同じ

社会を構成する最も原初的な集団は、夫婦とその子供であろう。その小さな集団は、共同社会であり、生産の最小単位でもある。後の世の「家内制手工業」の原点である。ただ、小さ過ぎて協力し合うだけで生産効率を上げうるだけの充分な労働力が無く、生産の単位としては小さ過ぎる。相協力して、稲作でも狩猟でも、協調するにはある程度の大人の力の結集が必要となる。その生産単位が大家族というか、拡大家族集団として戦前まであった「戸主」という生産単位の長であったろう。

家族集団、そしてその集合体の部落の形成であり、群即ち村となり、村長《むらおさ》が仕切ることとなる。

人間も動物としての本能として群ができ、群の長がいたに違いない。この人間という動物、いつの頃からか大脳が発達してきて現在の人間に近づいてきていろいろ知恵がついてきたはずだ。

文明論としては、人類が進化し、現在に至った、という極めて長い歴史というか、人間は猿の一種であり、猿的動物が進化して現在の形になったという考えを基盤として、自制を重ねて得られた自然あるいは人工の環境のなかにおける現在の人間を考察すべきであろう。

その動物性を基礎にしながら、どのように現在に至ったかを考える必要があって、そうすると今持っている知性豊かな人間だけではなく、進化する以前の野生そのものの姿を、現代社会においても社会的地位や権力、そして死ぬ思いで長年苦労して蓄積した多額の資産とても性的衝動で一瞬にして失う現実、そんな姿が見えてくる。

富に限らない。地位も権力も名誉も、性的衝動のみでなく、多くの動物的欲望で一瞬にして失われている。ただ、これとて人類が営々と築いてきた普通の國、一般的な國家モデルの國においてのことである。

原始社会そのものともみえる独裁國の権力者は、自らの小さな欲望充足のためにさえ、万単位の多くの人々の生命を犠牲にしているかの如くである。

(6) 神道は非宗教――行為規範の総則

①　一般的概念から広辞苑第五版によると、宗教とは「神または何らかの超越的絶対者、あるいは卑俗なものから分離され禁忌された神聖なものに関する信仰・行事。また、それらの連関的体系。帰依者は精神的共同社会（教団）を営む。アニミズム・自然崇拝・トーテミズムなどの原始宗教、特定の民族が信仰する民族宗教、世界的宗教すなわち仏教・キリスト教・イスラム教など多種多様。多くは教祖・経典・教義・典礼などを何らかの形で持つ。」とある。

また、

②　広辞林第六版によると、「①神仏などを信じて安らぎを得ようとする心のはたらき。また、神仏の教え。②経験的・合理的に理解し制御することのできないような現象や存在に対し、積極的な意味と価値を与えようとする信念・行動・制度の体系。アニミズム・トーテミズム・シャーマニズムから、ユダヤ教・バラモン教・神道などの民俗宗教、さらにキリスト教・仏教・イスラム教などの世界宗教にいたる種々の形態がある。」とある。

③　神道は、広辞苑でも、広辞林の定義でも言えることは、八百万千万《やおよろずちよろず》の神々のおわしますことを信じて、安らぎを得ようとする心の働きがあれば、宗教かもしれない。経験的合理的に理解し、制御することのできないような現象や存在に対して、積極的な意味と価値を与えようとする信念、行動、制度の体系を宗教とするならば、神道は「分からないことは分からない」とするのであって、積極的な意味と価値を与えようとしていないので、その点で宗教とはいえまい。分からないことは分からないとただただ「意宣《いの》る」、祈ることを価値とするならば、見方によっては広辞林的な宗教概念に入るのかもしれない。

仏教という語が明治以後の造語で、それ以前には仏道といっていたとのこと。神道も儒教もひたすら人間関係・社会関係における最適化を問うた。即ち行為規範を問うたのみであった。

しかし、仏道において、はじめて人間が個人として幸福を追求することを認め、個人が生きる意味を悟る、即ちブッダになる（成仏する）ための方法論として道を説いた。世の中とどう折合いをつけるかというよりも、自分がどうすれば幸せになれるかを説いた。

ただ、世の中と折合いをつけることが幸せとする神道と馴染んだのだろう。そしてまた、仏教自身が風土に馴染み、教義を柔軟にしていった、とのことである。

もちろん、仏教以前に我が國に入ってきた儒教自体も為政者の採るべき道を説いていて、虚仮威《こけおど》しの宗教的フィクションを一切語らない、神道が世の中と折合いをつけるのに、和をもって尊しとするとか、正直《せいちょく》という総論を語っていたのに対し、儒教は折合いのつけ方の各論に踏み込んで、神道の説く原理原則を充実発展させたものであろうかと思う。神道の説くところに馴染んでいたのであろう。

④　神道は宗教ではない

事実たる慣習、慣習的生活規範が生活に馴染み、宗教的情緒、情操を伴ったものが神道であろう。『古事記』、『日本書紀』は天皇家の家訓というのが私の考えだ。それとて惟神の道、即ち古来の我がご先祖さまの生活のあり方、即ちはじめに行為ありき、を古神道という形の無形の行為規範化したもの、文書化であって、それが行為規範として確立してゆく過程で、宗教そのものとは一線を画しながら、宗教的情緒、信仰的確信に至ったはずである。はじめに言葉ありきの大脳、知性重視の規範先行の宗教そのものとは、一線を画している。もちろん、現行法（宗教法人法）上、神社は宗教法人であり、神道は宗教とされており、多くの神社は神社本庁との間に包括、被包括の関係がある。

法的形式的でなく、実体的実質的には古来から蓄積されてきた行為規範が、単に宗教的情緒、信仰的確信ないし生活習慣、生活文化となっているのが神道である。宗教的情緒はもつが、「宗教」ではない。宗教とは一線を画する。単なる生活規範である。

⑺死生観

①人間いつかは死ぬ

そうである。理知的人間だけが人間ではない。オギャアと生まれて目の開かない乳児も、明日をも知れない、意識が薄かったりなかったりのご老体も人間であり、生まれては死に、の繰返しの生命のつながりで、いかに長命でも命尽きるときはあり、生命は次の時代につながれてゆく。

そして、そのことは正に人間は自然界の一部であって、動物の生の循環の内にある。

この客観的事実から出発して、人間いかに生くべきかを説いたのが原始宗教といわれる神道なのであって、福岡伸一先生の紹介で我々はシェーンハイマーが科学的に人間の生の現実を立証したことを知った（一〇二頁以下参照）。

そのことは、原始・多神教的日本文明の論拠ともなろうと思う。

和歌山県新宮に伝わる伝説によると、中國を二二〇〇年前に統一した秦の始皇帝は、仙人徐福を不老不死の霊薬を求めて和歌山県新宮に遣わせていたというが、叶わず今は歴史上の人物である。

曹操の詩と伝えられる詩においても、

　神亀は寿《いのちながし》なりと雖《いえど》も、猶竟《なおお》わる時有り

騰蛇《とうだ》は霧を成せども、終いには土灰と為る
老驥《き》は櫪《れき》に伏して　志は千里に在り
烈士は暮年にして壮心已《や》まず
盈《えい》縮の期　独り天のみに在らず
養怡《い》の福　以て年を永くす
幸い甚だ至れる哉　歌いて以て志を詠ず

とある。庶民は当然のこと。どんな英雄豪傑でも人間必ず死ぬ。そしてその人のＤＮＡを受け継ぐ子孫がその生を受け継ぐ。高い志は心を豊かにし、寿命をのばし、その人を幸せにする。生の限りあるを、そして血の永続を語り掛けたのが神道の世界であろう。「ゆずり葉」に詠われるのはこのことであろう。

②ゆずり葉死生観

日本人の死生観はよく「ゆずり葉」に譬えられる。河井酔茗の「ゆずり葉」の詩をあげておこう。

子供たちよ。
これは譲り葉の木です。
この譲り葉は
新しい葉が出来ると
入り代わつてふるい葉が落ちてしまふのです。

こんなに厚い葉
こんなに大きい葉でも
新しい葉が出来ると無造作に落ちる
新しい葉にいのちを譲つて—。

子供たちよ
お前たちは何を欲しがらないでも
凡てのものがお前達に譲られるのです。
太陽の廻るかぎり
譲られるものは絶えません。
輝ける大都会も
そつくりお前たちが譲り受けるのです。
読みきれないほどの書物も
みんなお前たちの手に受取るのです。
幸福なる子供たちよ
お前たちの手はまだ小さいけれど—。

世のお父さん、お母さんたちは
何一つ持つてゆかない。
みんなお前たちに譲つてゆくために
いのちあるもの、よいもの、美しいものを、
一生懸命に造つてゐます。

今、お前たちは気が附かないけれど
ひとりでにいのちは延びる。
鳥のやうにうたひ、花のやうに笑ってゐる間に
気が附いてきます。

そしたら子供たちよ。
もう一度譲り葉の木の下に立つて
譲り葉を見るときが来るでせう。

③柳沢光慶の死に際

中央大学三〇年入学、法学部法律学科四組の柳沢光慶が亡くなって、彼の日本興業銀行入行同期と中大同期の付合いのあった方々に、奥さまからの彼を偲ぶ会の案内が届いた。奥さまが申されるには、我が國の最高水

準の病院に入院していて、高額の費用負担が可能なら、さらに高度の治療が可能との提案を受けた柳沢は「分かった。金使うのはよそう」と治療を断り、従容として死についたとのこと。自分亡きあとの妻子が少しでも生活に困難とはならないよう、覚悟したのだろう。その潔さは、日本人の死生観そのもので、仲間であったことを誇らしく思った。

第3節　原始に還れ

ギリシャ、ローマの都市國家における民主制というのは、戦に負けると奴隷とされるか虐殺されるか、自分の意見、考えを忍んで多数に就いて戦うかの究極の選択としての民主制である。ルネッサンスが古代に還れというとき、定住社会、農耕を中心として人間社会ができて、弱肉強食化してからの生死を賭けた制度論への憧れである。

私はそれ以前の人間がまだ動物性そのものの時代、農耕以前の狩猟採取が己れの生存を全うする術として最も有効であった時代、即ち惟神の原始民主制に還れといってきたし、いいたい。

『文明が不幸をもたらす』（クリストファー・ライアン／鍛原多恵子訳、河出書房新社、二〇二〇年）という新刊書の帯に「生きのびるための鍵は先史時代にある」とあって、農耕と主従関係が有史以前にない暴力や病理に満ちた不健全な社会を生み出した、として、狩猟採取民的な思考を現代に持込むことを提案し、過去と共鳴することが第二の輝かしい啓蒙時代の幕開けとなるという。著者によると人類学、心理学、社会学、医学の最新成果のうえの結論とのこと。論拠は読み得なかったが、結論には私論との近似性を感じた。

「惟神の道」という古神道の教えは、まさに人間が動物として自然界で、とは即ち狩猟採取時代にあって、より多く生き残る知恵の道ということであって、私の発想とこのご本の主張には、添っているかの如くである。『一万年の天皇』（上田篤、文春新書、二〇〇六年）では、天皇位の継承は、天皇の男系子孫のあいだで行われるようになった。一三〇〇年間政治システムとして機能し、世界に例のない超長命王朝とされ（同書二七頁）、天災の多発する気候風土から、経験とカンの発達から、縄文時代以来一万年、予知能力の強い者、即ち女性の巫女がアマテラスであったろうかと予想されている（同一二〜一二頁）。

私も同様な感想をもつ。

第１項　古神道は日本文明を支える

⑴はじめに行為ありき

今や、自然の中の、社会の中の、「動物としての人間」のあり方をあるがままの姿として捉える原始に還って問い直す時だと思う。

「古代に還れ」ではなまじ知恵がついて、自分の属する共同体の利益のためには、共同体の外の者は奴隷として奉仕させ、そしてその共同体の中を豊かにするためには、他の共同体からの略奪も奴隷狩りの戦も厭わない、ただ、共同体内の結束を有効にして、己れが奴隷にされないための、唯ひたすら共同体維持、政治体制たる民主主義の制度を設けた。

ルネッサンスの古代に還れは、その古代の持つ都市國家共同体の生活技術たる民主主義に還れであって、他の一面、略奪と奴隷に支えられた文化、文明とそれを導く戦争の実態を無視したことが、ルネッサンスの文明論として不徹底だったのだろう。

そこで私は思う。さらに遡って、原始時代に動物の群の動物的生存の動物的行為原理、群が群長を得て群を群として守った。そんな「原始に還れ」「原始の生活に還れ」。これが「はじめに行為ありき」「生活ありき」の「惟神の道」が日本文明の原点である。

瀧川政次郎先生がシャーマニズム的古神道が我が國固有の文明といっておられることや、武術家の宇城憲治先生の身体全体で感じ、考えるものとされる「身体脳」や「気の発想」という考えを知るにつけ、大自然の生存が危険に満ちたなかで生き抜く人間的能力が古神道の「行」にあり、これが身体脳であり、シャーマニズムであったろうか、と思われる。この古神道の「行」が現在の天皇の祈りに祭祀に連綿とつながっているのであろう。ここに略奪もなく奴隷はいない。自然と動物としての人間との対峙のみである。

(2)はじめに言葉ありきではない

「はじめに言葉ありき」「言葉は神なり」とする価値絶対主義の言葉。言葉は知性の産物としてあるのだから、聖書のテーゼは知性先行であり、知性が生活を支配する西欧文明、ルネッサンス文明である。

それに反して日本文明は、「はじめに行為ありき」の先史時代的自然発生的生活重視の価値相対主義である。イギリスの歴史家アーノルド・J・トインビー（一八八九～一九七五）までは、日本文明は中華文明の亜系であるとして日本文明の独自性を認めていない。文字をはじめ、政治体制、律令制から年号も年中行事、そして儒教を通じて日常の行為規範まで中國由来だから、そう判断されかねない。

しかし、この中國というお手本の、下敷きたる古神道は、中國文明とは異質である。

日本が学んだ中國をふくむユーラシア文明は中國においては、望蜀の欲望と易姓革命の下、空念仏におわっている。日本に入って古神道と習合して、はじめて結実する日本文明の内実となったのである。

アメリカの政治学者サミュエル・P・ハンチントン（一九二七〜二〇〇八）に至って、一國一文明という珍しい文明を形成したのが日本文明であると、世界の八大文明の一つとして日本文明を評価している、とのことである。（サミュエル・ハンチントン『文明の衝突』集英社、一九八八年）

ハンチントンの日本文明論の評価は、事実としての我が國の歴史と現在を観察したのであろう。わたしは、そこにはルネッサンスとは異質なこれを越える日本文明のヒントがあるように思う。（理性的な個人を前提として）ルネッサンスは「古代に還れ」と言って、古代ギリシャに形成された都市國家の民主制秩序の人間社会を前提として話を進めている。

この一四世紀に始まるルネッサンスはヨーロッパ社会を変えた。

一方、ちょうどその頃、日本の歴史では鎌倉時代後期から南北朝時代を経て室町時代の初期にあたる。日本では文永一一年（一二七四）と弘安四年（一二八一）の二度にわたる元寇襲来をはね返した後遺症で、経済的にも混迷を深めたときで、後醍醐天皇（一二八八〜一三三九）が政治権力を取り戻す建武中興を行った。その目指したものは後醍醐天皇の御製、

世をさまり民やすかれと祈るこそ
　我が身につきぬ思ひなりけり

に見えてくる。後醍醐天皇は、原始群長そのままに群の平穏を祈っておられ、原始からの連続性がそのまま國政に生きているのである。後醍醐天皇への自制の願いと共に。

キリスト教文明は、アトム（最小の構成単位）としての個人の成り立ちで構成されている。日本文明は一面でその面を認めながらも、アトムは個人ではなく、父、子、孫あるいはそれを生んだご先祖様という生命のつながりの中で、社会を組み立てるのである、というのが佐藤優先生による「国体の本義」の解説（佐藤優『日本国家の神髄―禁書『国体の本義』を読み解く』扶桑社新書、二〇〇九年）だ。

國体の本義の解説からヒントがあるわけであるが『古事記』や『日本書紀』の世界では、人間というのは自然の中で生活する哺乳類という動物で、それが群れて共に生きる一番合理的な方法を模索するんだと。従って縁あって子を生み、その子を慈しむというその原点から世の中の構成を考えようということであろうかと思う。

そんな意味で、ルネッサンスの「不徹底な古代に還れ」を一歩進めて、最も動物的であった「原始に還れ」、原始人間社会から考えて何が最も動物としての人間が幸せであるかという視点から、人間は所詮哺乳類という動物に過ぎない。その動物、人間という動物が生を全うするという視点で人類の幸せはどのようにすることがもっとも適切かを考えなければならない。単なる大脳の思考でなく、脳全体、全身体、全生活のなかから見出すことを出発点とする日本文明は、二一世紀の文明の岐路に当たって提案するに値するはずである。

第2項　神道は神々の世界＝多神教

惟神《かんながら》の表現は、『古事記』、『日本書紀』に内在する観念である。地球ができたときの自然に生きよということが、神道であり惟神の道である。『古事記』や『日本書紀』の世界はすでに天皇を中心とする國家統治のシステムができあがった後に書かれたものである。これを宗教の原典というかどうかは別にして、もし、宗教とすると、イスラム教よりは古いとしても、ヒンドゥー教・仏教には及びもつかないであろう。原典を『古事記』、『日本書紀』とするならば、一三〇〇年前に発生した、新しい國家システムの形式もできあがったうえでの宗教であろう。

しかし、一神教的価値絶対、行動規範をもって宗教というならば、神道は多神教、価値相対主義で一義的行為規範を強いないのだから、宗教ではあるまい。

『古事記』、『日本書紀』は多分古来ご先祖様方がこの狭い島國の中で生きてきて、経験してきた最も適切な生き方を固有の表現方法で記録していたが、外来の文字である多様な表現が可能な漢字を得て、『古事記』においては、原始日本語（和語）の言葉の音を漢字で表現する、いわゆる万葉仮名で表現し、『日本書紀』においては、漢文そのままに文章化したもので、日本の原始文化そのものの文書化のはずだ。

原始文化ということは、人間がもっと動物的であった頃に「群」として生き延びるために最適として選び取った行為規範のはずだ。

第3項　万葉仮名と大和文字

原始日本語（和語）と言ったが、和語には表記方法がなく、漢字を音で表記して万葉仮名としたという考え方が通説のようである。

阿比留兼吉弁護士の『米寿の夢』という著書（私家版、一九八三年）に、田多井四郎治弁護士が「神代文字の有無について」を寄せていて、明治以前において存在説は忌部正通・新井白石・平田篤胤等で、否定説は斎部広成、荷田春満、本居宣長、貝原益軒とされている（帝國弁護士会誌『正義』における論稿の転載による）。

阿比留先生ご自身も論拠の一つとされている『日本書紀』に、「一書に曰く」とあるからには、『古事記』、『日本書紀』以前に文献が存したことは事実で、それがどのような表記であったか、であり、先生は論拠を挙げて諸文献に、「舊」「旧辞」「旧字」とあるのは大和文字のことであって、平田篤胤は、天日霊神字（阿比留文字）・象形神字（カタカナ）の原形が朝鮮の諺文《おんもん》となっているとする説を紹介される。

今の表音文字五十音のひらがな・カタカナの原型が存したとのご見解である。

私も先生のご研究による説得は力強く受け止め、表音表記の神代文学が存したものと思う。

第４項　多神教は宗教的だが非宗教

多神教であるから、神道を「原始宗教」と分類するものがある。原始宗教という表現は一面で大変適切でもある。多神教というのは、神々がおわして、二義三義、多義を認めるのだから原始と言ったのであろう。後に「宗教」とされるものは二義を許さない一定の行動規範を示すのが一般である。多神教という価値相対主義では、行為規範の一義性がない。神道の原典、『古事記』、『日本書紀』は、文字を得て明らかそうとする古来の「我が民族の生活と文化」の文書化そのものである。即ち物語であって本当のことは分からない神様方の時代、神話の頃からの生活習慣は、「惟神《かんながら》の道」である。即ち原始からの民族の生活規範を基として外来の儒道・仏道をも包摂する神道のうえに多様な外来文化をさらに包摂したのが日本文明である、とすれば、日本文明が「原始に帰る」動物としての人間の作る社会への転換点にヒントを与える可能性があると思う。

そこで、若干の文献の、そのうえで生活体験を通じての日本文明の生成と今日を説いてみた。われらのご先祖が伝えられた「惟神の道」は即ち「はじめに行為ありき」であって、現代の社会生活を営むための「解」があり得る、と思う。

『古事記』は神話と言われる。天つ神・國つ神の神々のお話で、まさに「神話」である。天皇の権威を高めるための記録とのこと。城野宏先生は、『古事記』を性と権力の書と申される。神話を信ずるだけの想像力がなければならない、という者があるが、城野先生の申されるように、この神話の中から当時の人々の生活状況から生活規範の「解」を読み取る想像力が必要なことかと思う。

しかし、もっと大切なことは、神話を感じ取る感受性ではなかろうかと思う。我が國の神話の中から人間の動物性と、その動物性を人間が社会を形成する上で、我がご先祖様方がどう制御しようとしてきたか、の理解ではなかろうか。

第5項　イザナギとイザナミの國作り

大学の一年生のとき、駿河台の校舎で、多分、「文学」の授業ではなかったかと思うが、痩身のご老体の先生に『古事記』を教わった。驚いたのは文字が全て万葉仮名、即ち漢字だったことだ。『古事記』には、日本國のなりたちが次のように書かれている。

ここに伊邪那岐命詔《の》りたまはく、「我《あ》が身は、成り成りて、成り余れる処一処あり。かれ、この吾が身の成り余れる処をもちて、汝《な》が身の成り合はざる処にさし塞《ふた》ぎて、国土《くに》を生み成さむとおもふ。生むこといかに」とのりたまへば、伊邪那美命、「然善《しかよ》けむ」と答へたまひき。

日本國のなりたちはイザナギとイザナミが、「自分の体の余っている部分で、あなたの体の足らないところを塞ぎ、國を作りませんか」とイザナギがいい、イザナミが、「そうしましょう」と応じ國を創ろうと語りかけるところから始まった。日本はイザナギとイザナミとの男女の交わりからできたという物語であった。「生み出だす」のだから「男女の交わり」だという発想大らかにして豪快。我がご先祖様に乾杯である。

第6項　原始の古神道に、惟神の道に還れ

J・W・T・メーソン著、今岡信一良訳『神ながらの道』（冨山房、一九三三年）によると、神道という語は直ちに流布するに至らなかった。元の名は「神ながら」である。ながらは「自然的」「と同じ」「―から」を意味する、とする。即ち、神道は神の時代から、ということは、アメノミナカヌシのなりませる頃、即ちあめつちがひらける頃からということは、自然ができたときからということで、人間は自然の部分として生きよ、自然の一部としての動物としての生を生きよ！　というのが、神道、神ながらの道の説くところだと思う。

メーソンの著書によると、「神ながら」が神道となったのは、神ながらが老子の道教の影響で、道教というのは古代中國で死刑に処せられた者は、みせしめにその頭部が道の十字路に置かれたことから、道という字は首を強調して首に辶（シンニュウ）をつけたのが道であって、刑死しないように人生を歩むことが道である。「神ながら」が認めてもらえなかったが、神の道として道教の考え方を導入して神道としたので、人々の納得が得られ命名として神道で据わりがよかったとのことである。

日本文明の原点は古神道である。古神道というのは、思考と共に自然と一体化する、即ち神人合一化を禊や祓や鎮魂、祝詞によって達するというシャーマニズム的「行」を伴うのである。これが現代的な宇城憲治先生

の身体脳に通ずるものでもあろうか、と思う。大脳のみならず、脳全部、身体全部を動物として動き、使い尽くして社会の在り方を体感で得られる人間関係の調和実現、規範であろうか、と思う。

我が國の現在における最も有効な自然との関係、人間関係を一試案として原始宗教といわれる「古神道（惟神の道）に還れ」と提案してみようと思う。

惟神の言葉は『日本書紀』において、孝徳天皇の「惟神の道を知らしめ給える詔」が初出のようで、詔して曰く「惟神《かむながら》も我《あ》が子治《みこし》らさむと故寄《ことよ》させき、是《ここ》を以《も》て、天地の初《はじめ》より、君臨《きみとしら》す国《くに》なり」。そしてその國というのは、「國中全てが家族のような國なのだ」というのが、同じ『日本書紀』にある「神武建國の詔」である。

神武天皇建國の詔が、「八紘《あめのした》を掩《おほ》ひて宇《いへ》にせむこと、亦可《またよ》からずや。」と言うとき、その時代の八紘は、我が國固有の領土を言っていること明々白々である。

さればこそ、明治天皇御製により、日露戦争のとき、

よもの海　みなはらからと思ふ世に　など波風の　たちさわぐらむ（明治三七年）

と嘆かれ、

国のため　あだなす仇は　くだくとも　いつくしむべき　事な忘れそ（明治三七年）

と、戦の本質が部族たる日本國を守ることにあり、とされている。

そして、平和の訪れの喜びを

まじはりを　むすぶ国々　よろこびを　いひかはす世ぞ　嬉しかりける（明治四二年）

したしみの　かさなるままに　外國の　人のこころを　へだてざりけり（明治四一年）

と詠っておられる。

『古事記』において、天照大御神が暴れ者の弟、速須佐之男命を待ち受ける際、多くの勾玉をまとった姿で登場するなど、武具として勾玉を付ける場面は非常に多いとのこと。このことが戦の精神「国のため　あだなす仇は　くだくとも　いつくしむべき　事な忘れそ」であって、「相撲の精神」は土俵を割るまで戦うが、土俵を割って國境線の外に出たならば深追いするな、「我も人なり、彼も人なり」と読める。

第4節　マルクス主義讃美とその結果

(1) 集団化と五カ年計画

そしていつの頃であったか、すでにスターリンによる共産主義に基づく農業集団化の実験として、効率よく働くはずのソ連の数次にわたる「五カ年計画」が、一方で、表面的成功をおさめ発展途上國の國家経営のお手本といわれながら、他方で生産性の非効率や生産計画の形骸化などの綻びが生じたらしく、全て國有であった集団農場で、当時のメディアが賞賛して止まなかった「ソホーズ」や半官半民で協同組合に近い集団農場「コルホーズ」などのコミュニティが、気がついたらなくなっていた。

同じく中華人民共和國でも、「人民公社」が導入され、画期的な制度として我が國メディアで賞賛されていた。農業の集団化を中心に、自力更生・自給自足を目指したものであったが、いつの頃かなくなっていたと聞いたときの驚きを思い出す。

司法研修所で同じクラスだった藤田一伯さんは、城東農民組合の委員長であり、『わが青春を賭けたもの―牢獄と戦争と抵抗』の著者である山口武秀から指導を受けて、城東農民組合で農民運動の活動に従事しておられたとのこと。「筵旗《むしろばた》をおったてて、國会で安保反対デモをやってみたところで世間は動かない」と、転身して司法試験に合格した、と言っておられた。彼に連れられて、当時のマルクス経済学第一人者と言われている先生の講演会を聞きに行ったときに、私も分かりにくい話だと思ったが、彼も納得できなかったらしく、彼が、「マルクスの時代による社会分析を、現在の社会にどう生かすかという第二のマルクスが出ないところに、問題があるよなぁ」と、感想をもらしておられたのを、その鋭さに感じながら、ぼんやりとマルクス主義が科学かどうかという枠組みでしか考えていなかった自分を反省した。

当時は第二のマルクスを現代政治的にどうみるか、藤田さんの「マルクスを現代にどう生かすか」、現代のマルクスが出ないことが問題だ、という問題意識をマルクスについてのみしか発想ができていなかった。

第二のマルクスを、我が建國の精神と結びつける発想などは、思いもよらなかった。今、我々は建國の精神を現代の社会状況にどう生かすか、第二のマルクスならぬ第二の神武天皇が求められているのだと思う。

日本会議の中野支部について日本会議本部に設立の指導を求め、偕行社社員であり陸士六〇期で、航空士官学校生で終戦を迎えられた日本会議杉並支部長の和田昭さんの指導のもと、すでに保守活動に従事しておられた広瀬さんと樺太から引揚げられた小林さんと私の三人で立ち上げて、平成一九年一〇月に設立総会をひらいて、俄保守活動の真似事をはじめた。

広瀬さんから日本政策センター伊藤哲夫先生という指導者のあることを教えられ、政策誌『明日への選択』を購読すると共に、先生の講演をおききする機会ができた。

先生のお話で、安倍晋三元総理が日本國という國家経営を、神武建國の詔や三大神勅、三種の神器を明らかにする精神で、帝國憲法的には天皇を輔弼し、現行憲法的には助言と承認を得て國政にあたっておられることを知って感動した。

藤田さんは、マルクスを現代に生かす者がいないと嘆かれたが、我が國でも建國の精神に基づく國政の運営が自覚的に行われていない、いわば藤田さんの申されるマルクスの提言を現代社会に生かす「第二のマルクス」、に当たるような神武建國の精神を現代に生かす総理が戦後いなかったのではないか、それが國家の秩序ある発展の物指しがなく運営されてきたところに、規矩を与えたのが安倍であったろうかと感得した。

安倍は、戦後レジームからの脱却を語る。戦後レジームから脱却すれば、その先は現行憲法の超克であって、帝國憲法の原理原則に返る。かといって戦に敗け、また、生産構造も消費生活も劇的に変化していて、民心の変化著しくいまさら昭和二〇年八月以前に帰りようもない。とすれば、明治が建國の精神に従って王政復古をしたように、いまさらに令和復古で何をどう生かすか。建國の精神を今に生かす、藤田一伯さんいうところの第二のマルクスならぬ第二の天照大神か神武天皇が求められている。

即ち、我が建國でいえば、天照大神が國を授けられた精神、三種の神器や三大神勅の心を、そして建國、創業の精神を今に生かす神武天皇の御心を現代に生かす、藤田さんの申される第二のマルクスを伊藤哲夫先生は、それを安倍晋三に現代における神武天皇の御心を我が心とすることを期待されたようである。昔、吉田茂が「臣茂」と言って、メディアの袋叩きに合った。しかし、政権を背負うもの、「臣」たるの謙虚さ、その心も要るはずだ。

天皇の役割が、原始に稲穂で飢えを防ぐことにあり、民安かれと祈ることであり、他の群から國民という群を護ることであったのだから、このことを現代に生かすには、景気をよくして國民すべからく豊かに、具体的には景気対策にアジア、太平洋、インド洋の諸國家の意見をきき、政官労使の会議をもち、労働者、労働配分率を上げた会社は法人税を安くする政策をとり、秩序を守って生活でき、外敵から國民生活を守ることという答えがでてくる。

戦後レジームからの脱却を憲法改正におき、アベノミクスで景気を良くして、國民を豊かにして、価値観外交で民主主義を國是とする國際社会と協調し、当面の安全保障は同志である日米安保強化で民を守る、という建國の精神を現代に生かす「藤田さんの申される第二のマルクス」であって、日本的にいうならば『古事記』、『日本書紀』を現代に生かす政治を、第二の神武天皇として行うべきことを教えられたのは、伊藤哲夫先生であった。

ちなみに、成田空港反対闘争の団結小屋が建設中の広大な空港用地の中にあり、反対派の拠点だった。多分、励ましに行ったのだと思うが、藤田さんと二人で監視の防禦線を「弁護士だ」といって越えて、団結小屋に入った。そこに小柄な老人がおられて、藤田さんに声を掛けられた。山口武秀その人だ。藤田さんは、「山口武秀が出張ってきたからには局面が変わるぞ」と言っておられたが、局面の転換はなく、遅々としてながら空港は建設された。

多くの後進國が権力集中による五カ年計画のソ連モデルを見習って経済的発展を夢見たが、それが経済的に挫折した。

しかし、それはチャーチルの言う、鉄のカーテンで仕切られたブロック経済による柔軟性喪失の結果でもあったろう。

(2) 中國の台頭

それと同じことを現在の中國の一帯一路作戦がたどることはあるまい。

それは地球上を一つの市場としての経済活動に参加しているから。そしてしかも、意思決定速度の迅速な、独裁体制による反対意見封鎖による政策的意見実現と、強力な科学技術的にも経済的にも小回りの利く現実があるからである。

新しい中國の描く中國主導の世界秩序が、千万単位、否、億単位の虐殺、虐待という共産革命を越える人権無視のうえに、効率的な人類の幸せという名の中國共産党の世界支配を招来するのか、そんな悲惨な歴史を経て、どんな易姓革命に至ることやら、とこわごわと眺めている。

第5節　文明とは何か

碩学橋爪大三郎先生の『世界は四大文明でできている』というご本が平成二九年（二〇一七）一〇月ＮＨＫ出版新書として出版された。この碩学の意見に対する感想からはじめる。

(1) 橋爪大三郎先生

橋爪先生は、

文明とは、多様性を統合し、大きな人類共存のまとまりをつくり出すものです。文化は、民族や言語など、自然にできた人びとの共通性にもとづいています。それに対して、文明は、多くの文化を束ねる共通項を、人為的に設定することです。文明のほうが文化より、レヴェルが高いのです。（二〇頁）

と申される。

中國文明がチベット、ウイグルを束ねることにより、中國との共存のまとまりを作り出されているとするならば、チベット文化、ウイグル文化がどのように包摂されたか案じられ、我が國の文化もやがてその中に包摂されるとすれば、チベット、ウイグルは束ねられることを潔しとせず、強硬な情報閉鎖の下、洩れ窺うチベット、ウイグルの残虐の再来にならないか怖れられて、明るく肯定的な響きを持つ「文明」の語が橋爪先生のお考えからは難儀に感じられてならない。

また、日本を現代中國と対比され、

日本人は、目に見える多様性が、日本の中にあるものを認めさせたいと思っていない。裏を返すと、日本が普遍的な価値を備えていて、世界にそれを認めさせるべきであると、考えていない。文明として行動していません。

日本はやはり、文明ではなく、文化なのです。そして、外の世界から、自分たちに必要なものを取り入れること（だけ）に、いまも熱心なのです。（二一六頁）

と記されます。

私は、一般的用語例の文明概念は碩学の申される文化を束ねる共通項を人為的に設定するという作為のみを媒介とする概念だけでなく、より社会学的というか、事実として存する人々の、その社会を存立させている価値基準・行為規範・行動形態としてあるものが文明概念で、橋爪先生が申されるように、人為的な設定は、征服などによる場合のように然らざるものもあろうか、中南米諸國はスペイン・ポルトガル文明圏なのかと落着かない。

長谷川三千子先生は、『からごころ』（中央公論新社、二〇一四年）で、「「これは人類普遍の原理である」という言い方は、或る一つの文化が他の文化に、自分達のものの見方を押しつけようとするときの決まり文句であるが、それを日本人たちは疑わぬばかりか、自らの言葉として繰り返している。本居宣長は、我日本人が善悪是非の判断まで漢国に委ねているといい、これこそが「漢意《からごころ》」といふ名の文化的倒錯の構造である、と宣長は見抜いているのである」（二八頁）、と記されている。

今やアメリカに「これは人類普遍の原理であり、この憲法はかかる原理に基づくものである」と、憲法前文第一項を賜って、我が國はこれに拳拳服膺《けんけんふくよう》している。

本居宣長がいうのは昔のこと。今、リベラルを自称する諸君の中國批判を聞くことがない。善悪是非の判断を中國に委ねているとすれば、日本文明を中國文明の亜型とするトインビー説が正しいやもしれない。あるいは、今やアメリカ文明の亜型が日本文化と言えるやも知れない。

私は、日本文化は文明であり、サミュエル・ハンチントンも認め、『八大文明』（外村直彦、朝日出版社、二〇〇八年）で外村先生が認められ、その危機を訴えられるように、世界八大文明の一つであろうかと思います。人為的に設定されたものでない一國一文化一文明である。その文明を世界に認めさせるべきである、と行動していると思っています。

橋爪先生は、文明は多くの文化を束ねる共通項を人為的に設定することで、文明の方が文化よりレヴェルが高いと申される。現在、中國は中國共産党の一党独裁である。中國文明があるとすれば、その文明、即ち中國文明とは中國共産党文明ということだ。

党とはParty（英）やPartei（独）の訳語でPart（部分）の派生語だ。とすれば、中國共産党というのは、中國の一部の人々の利益のために行われる政治文化であって、中國ならざる國、地域が包摂され、中國人の一部分たる中國共産党に奉仕させられる文明なのではないか。

橋爪先生は、日本人は文明として行動していません、と申されます。

しかし、何しろ大東亜戦争で戦に敗れたとはいえ、列強の経済封鎖に抗《さから》って自らの文明、生き方を守り抜こうと圧倒的な西洋文明に戦いを挑み、さらに日本文明の持つもう一つの核「人種平等」をアジアの解放のみならず、世界中にもたらした。

英國人ジャーナリストのヘンリー・スコット・ストークスさんに言わせれば、「日本は戦闘に負けて戦争に勝った」のだそうである。

さらには戦後世界第二位のGDPを達成したこと、今でこそ中國に次いで三位であるが、対外債権は中國より大きく、世界一とのこと、國の規模からみれば驚くべきであること、発信力ではないでしょうか。そして今、知的財産＝即ち日本発の文明そのものの大幅な輸出超過、そして特許出願数も中國に次いで二位であることを考えると、文化を超える文明ではないのではないでしょうか。

文明の発信はしているが、押しつけをやらない、温和な文化の発信の形をとっているだけのことではないでしょうか。それは日本文明がいわば多神教ともいうべき価値相対主義文明のゆえと思われます。

当然、橋爪先生が申されるように、日本は、外の世界から自分たちに必要なものを取り入れるのには熱心でしょう。外来文化に憧れ、本居宣長の「からごころ」批判も、明治の文明開化の「西洋かぶれ」、戦後の「アメリカかぶれ」の極端もあります。

しかし、原則は相互交流である。

それが外の世界の利益でもあるからかと思います。自分のことだけで外の世界と交われるとも思われません。他の文化を熱心に採り入れること、それ自体が日本文明の発信でもあろうかと思われます。日本は、「これは人類普遍の原理である」と他國の文化に干渉しないという文明を発信しているのではないかと思います。

⑵福沢諭吉

他方、福沢諭吉は明治八年（一八七五）刊行の『文明論之概略』において、

文明論とは人の発達の議論なり
一人の精神の発達を論ずるに非ず。天下衆人の精神発達を一体とし、その一体の発達を論ずるものなり

という。

文明とは、英語にて「シウヰリゼイション」と云う。即ち羅甸語の「シウヰタス」より来たりものにて、国と云う義なり。故に文明とは人間交際の次第に改まりて良き方に赴く有様を形容したる語にて、野蛮無法の独立に反し、一国の体裁を成すという義なり。文明の物たるや至大至重、人間万事この文明を目的と

せざるものなし。制度といい文学といい、商売といい工業といい、戦争といい政法というも、これを概して互いに相比較するには何を目的としてその利害得失を論ずるや。唯そのよく文明を進めるものを以て利と為し得と為し、これを却歩せしむるものを以て害と為し失となすのみ。

という。

国の独立は目的なり、今の我文明はこの目的に達するの術なり。

国の独立は即ち文明なり。文明に非ざれば独立は保つべからず。

と文明の語の語源と当時の國際情勢から文明化による國の独立を説く。

日本文明とは、日本國の独立を保つことであり、独立した國内における社会生活の折合いのつけ方の進化即ち日本人全体の精神の発達の現在に至る道程をたどること、そしてその未来を考察することが日本文明論であろう。

福沢流の文明論を語るならば、日本國の独立を贏《か》ち得て、日本文化の源流、自然の一部分たる日本人の原始に還って、先人達の生活のあるがままを、『日本書紀』のいう惟神（かんながらのみち）を大切にする。

これに加えるに、当初は中國、後に西洋の文明、そして今次敗戦によるアメリカ文明という生活の様式とそれに伴う精神生活を融合して行動様式たる外来文化を同化し、ここに我が國独自の行動様式、即ち日本文明を形成し、さらに時代と共に、これに全人類の精神活動の成果を採り入れて、逐次現在に至る日本文明を豊饒なものとして今日に至っていることを明らかにしよう。それが今日における「日本文明論の概略」であろう。

⑶瀧川政次郎先生

瀧川政次郎先生は、その著書『日本人の歴史』（新潮社、一九五五年）で、

日本と大陸との関係は、深くしてかつ古い。ローマン・グラスの玉碗が現れている。アジア大陸は、インド及びヨーロッパに連なる大陸である。故に日本は、文化伝播史の上では、欧亜をつなぐシルク・ロードの終点に位している。半島を通じ、又は通せずして日本に流入した文化は、このユーラシア大陸の文化であって、単なる中国文化ではない。ギリシャ、イランを含むユーラシア大陸文化を中国が固有文化の如く装っているにすぎない。インドに興った仏教は、最初西流して月氏国に入り、そこで東漸してきたギリシャ、イランの文化と合流して中国に入った。後漢時代に洛陽に入った仏教は、早くも欽明朝以前に極東の孤島に到達している。エンタシスのついた法隆寺金堂の柱や、葡萄唐草の玉蟲厨子は、ギリシャ・イランの文化が、仏教に伴われて日本に流入していた証拠である。

等々、その他の論拠を掲げて、

かように日本が、陸から海から外国の文化を絶えず輸入して、これを消化し、発展せしめただけで、「シャマニズム的古神道」の外に、この国土に発祥した固有の文化を持ち得なかったのは、この国の位置が然らしめたのである。

さらに、

日本人は、模倣は上手であるが、創造力をもっておらぬということである。しかし、他国の文化を模倣する能力と自国の文化を創造する能力とは、本来別個の能力ではない。文化を模倣する能力も文化を創造する能力も、共に文化を享受する能力であって、文化を模倣する能力のある者は、また文化を創造する能力をもっている。文化は伝播性を有するものであるから、固有文化、伝来文化の区別はなかなかむつかしい。

と。

「シャーマン的古神道を固有文化」と認めたうえで固有文化を持っていないと申される。私の日本文明観、神道文化に他の文化を吸収同化するという習合論、価値相対主義の雑食論、融通無碍論などは、瀧川説に、山本七平のキリスト教も日本に入るとキリスト教日本派になるという見方を加えたものでもある。

大学院学生の頃のこと、福岡県太宰府近くに遺跡が出て、日本法制史学会で昔の建物の遺構の見学をしたあと、学会参加者が全員天満宮近くの小さな宿屋で宿泊することになった。部屋割で瀧川政次郎先生と同じ部屋に泊まることになった。

食事の後部屋に帰って、沢山お喋りして下さったのに、その多くは忘れてしまった。今でも強烈に思い出すことが二つある。

一つは、共産主義だ。一〇〇年前のマルクスの学説を今でも金科玉条にしている。そんな古い学説が今の役に立つものか、と先生が金科玉条という言葉をお使いになったことだけ忘れられない。もう一つは、宮澤俊義の学説は学問ではない。宮澤は妾の子だから妾の学説だと申される。そんな噂でもあったのでしょうか。今ならシングルマザーにも社会が寛容な気もするが、当時としては真偽の立証なしといえども、思い切ったご発言だった。

子供のとき誰の金で育ったかが大人になって影響あるでしょうか。そんなことはないと思います、と申し上げたけど、強い口調で誰の金で育ったかで考えは決まる、と聞き入れて下さらなかった。

「氏より育ち」の諺はある。人間環境の影響は止むを得ない。

全学連とか新左翼とか呼ばれて、激しい学生運動が行われていた頃、ほんの一部ながら過激派学生と批判される学生諸君の弁護活動に参加していた。

若い弁護士で参加希望者があり、二人採用した。一人は、名門進学校から東大法学部にすすみ弁護士になっていた。もう一人は、夜間中学、夜間高校、そして中大の夜学で学んで、司法試験に合格していた。

二人が在籍中に東大学長だった林健太郎先生は、学校の教員室を荒らし、学内で乱行する学生諸君に、常に同情的立場であられた。そんな折、学生諸君が林先生の研究室を荒らした。林先生は激怒され、以後、学生諸君の行動に批判的になられる。その様子をみていて、中大君は「彼の学問の本質が分かった。御都合主義そのものだ」といえば、東大君は「学長の気持は分かる。自分の研究室が荒らされて、それで良いという者がいるはずがない」と議論が分かれた。中大君は「志があれば、どのようにでも生きられる」というし、東大君は「研究する勉強するという生き方を選んだ以上、他の生き方はできない。どのようにでも、は生きられない。自分でも、この生き方が否定されたら怒る」と議論していた。

生育環境次第で、どのようにでも生きられる者と、どのようにでも生きられない者とがあることを知り、今は言葉はどうであれ、瀧川先生の言わんとされた真意を理解できたつもりでいる。

そういえば、高校の柔道仲間である渡辺弘志が捜査一課（強行犯捜査）担当の刑事になって、刑事手続の議論をよくした。現場の実務、実情の他、現場で鍛えた法の心を教えられた。ただ、小理屈なら辯護士の私が小賢しい理屈が言える。議論で行き詰ると彼は、「やかましい！　泥棒の銭で飯喰うとるくせに。だまれ！」と負け惜しみを言っていたことを思い出す。成程、俺も「盗人にも三分の理」でやっている。やっぱり誰の銭で育ったかが大事かもしれない。瀧川先生のご発言のご趣旨を感じたりしている。

共産主義についても、変だ変だとは思いながら、スターリンや毛沢東が何百万人、何千万人虐殺の情報が出て来て、「人間」をアダム・スミスの経済合理性で動くと見た誤りのように、あるがままの人間を見ず、マルクスが人間を経済の鋳型に入れて見ていたことに、世界中が気づいたのはベルリンの壁崩壊（白門会研究室の同級生三浦顕君が、國家プロジェクトの視察の途中で、この瞬間に立合った感動を語ってくれた）後だった。

中央大学名誉教授長尾一紘先生が『明日への選択』（日本政策研究センター発行）平成二八年九月号の講演録で、宮澤俊義は戦前から変説を繰り返し、戦後はマッカーサー教徒と変節した、という記事を読んで宮澤説の変説改説の歴史を知り、瀧川先生の頑なな宮澤批判も一理ありか、の気もする。

教壇から説かれた峯村光郎先生の「通説からの自由」「師の説からの自由」、そして「昨日の自分の説からの自由」に従って、自分の頭で考え、自分の皮膚で感得した結論である。ウスラ左翼の言説を真理と説きたった我が子たちには、理由の分からん育て方をしたことを詫びておく。宮澤先生の母君が長じて先生にどう語り掛けられたかは存じ上げないが、だ。

それにつけても、お袋に甘え放題に甘えて幸せだった。司法試験受験の執行猶予のつもりの大学院に行き、法制史の隈崎渡先生（先生はほとんどご発言がなく、御定書百箇条の解説は、荒井貢次郎先生が主で、大久保治夫先輩が助手役をしておられた）に、法制史学会に入れてもらい、市川秀雄先生に刑法学会に入れてもらってスリーピングメンバーながら、たまに参加させてもらえて、今でもささやかな大学院時代の遺産になっている。

当時、小野清一郎先生の白髪の気品に憧れながら、先生がドイツ語で話されるジョークに皆が笑うのに何のことか分からず、屈辱というか悲しい思いをしたことや、団藤重光先生の歯切れの良い学会運営を仰ぎ見た幸せと共に。

法制史学会では、見学で訪れた京都府宇治市にある黄檗山萬福寺の入口に「不許葷酒入山門（葷酒《くんしゅ》の山門に入るを許さず）」とあって、先生方が寺内での食事に、やかんに茶碗酒で「般若湯」と無邪気に喜んでおられたことなど思い出す。

私の今の住まいの向かいが昔「ほととぎす」という料亭で、御茶ノ水とことどこかが江戸三名水といわれるとかで、庭に湧水がしつらえてあって、なかなかの風情であった。ご招待で食事に伺った時、「黄檗流普茶料理」とあって、萬福寺での先生方の嬉しそうなご様子を思い出していた。

大学院に行って、司法試験の執行猶予中にデモ暮らし、デート暮らしと学問ごっこで、法解釈実務、法運用の勉強をしなければ司法試験に受かる訳ない。

(4) ブローデルと森井敏晴先生

文化人類学専攻の和崎春日先生の中部大学退職記念論文集『響きあうフィィールド、躍動する世界』（刀水書房、二〇二〇年）所収の、森井敏晴先生の論文「文明論試論―ブローデルの「文明の集合心性」について考える―」（七三三～七五一頁）の論稿をテキストにして我田引水的に考えてみる。

文明は空間である、文明は社会である、文明は経済である、文明は集合心性である、として、〈文明〉とは心理学を含む歴史的視点に立つ集合心性であって、諸文明はほとんど常に宗教や超自然や魔術によって侵略され、侵食されて来たとされ、今、次第に実証性を伴った科学的文明へと展開していて、個別から普遍へ移行する可能性を秘めている。

文明とは文化財の総体であり、その文化の総体はでき事の奥底にある魂、それは人間の魂から発出するもので、それによって歴史が、文明が明らかとなる。地理的、空間的、社会経済的制約こそがその集団心性たる文明を規定する。

この論稿においては、動物行動学として、生得的行動として、その種のなかに遺伝子的に組み込まれているものなどの議論がある。学問的な分析や理解は私の及ぶところでない。

ただ、この論稿をヒントにすれば、日本文明を語るなら私は人間という動物は一面で征服を事とし、人喰いも厭わない。菅原道真が遣唐使を廃したのは、唐の人喰いの影響を我が國が受けるのを怖れたから、という説があった。時の中國の忠臣伝に、我が子を皇帝に捧げる話がある、と日下公人先生のご本で読んだ記憶だ。

残虐も趣味嗜好的な側面を持つ、獣でもあり得ない凶暴性の面で同類たる人間に対する一方、他方では生きとし生けるものに対する共感の歌心、悉皆成仏の仏心という多様な、複雑な存在が人間であって、時間と空間と制度とがそれを選び取って集団心性たる文化、文明が歴史の深層として形成されてきたものを文明というのだと思う。

歴史が物語とすれば、古代ギリシャ・ローマの、中國古代の残忍の物語に現れる。

文明論とその発展としての現代文明と「惟神の道」という我が國原始の物語の文明の比較からも、人間の持つ生得性は自然、環境、社会、経済制度に制約されて、多様な文明を生むのであろう。ただ、人類が肌の色や人種を問わず等し並に「動物としての人間」という共通の存在であるとするならば、人類という類の最小の犠牲で最大の幸福を得ようと、我が「惟神の道」を自ずと選択するのではないかと思われる。

(5)デュラント

デュラントの『世界の歴史』（日本ブック・クラブ、一九六七年）第一巻では、文明の定義を

文明とは文化を作り出す社会秩序のことである。これは四つの要素、つまり(1)経済上の準備体制、(2)政治組織、(3)受けつがれる道徳、(4)知識や芸術の追求、から成り立っている。そして、文明は、混乱や動揺がなくなるところに、芽を出していく。つまり恐怖心がなくなると、好奇心や建設欲が自由に頭をもたげてきて、人間は、もって生まれた衝動にもとづいて人生を理解し、美しくするようになるのである。（二三頁）

としている。

この考え方を私なりに要約し、自説とするならば、ある特定の自然的、社会的環境・日常性のなかで採られる人々の行為形態の総体ということにでもなろうか、と思われる。

(6)日下公人先生

日下公人先生の『日本経済　やる気の研究　先端産業国への条件』（ＰＨＰ文庫）一四七頁以下に記載されているお考えを私なりに要約する。

かつて、國家は城壁に囲まれた都市國家であった。

都市の生命は城壁である。城壁は住民の安全追求行為を共同化したものである。城壁が破られるときには、都市住民は全員虐殺されるか奴隷にされるときで、都市内住民はそれ程強い共同体意識をもっていたのが当初の都市である。

しかし、城壁工事は大事業である。都市住民が増えても城壁の拡張は容易に行えない。しかし、仲間が多いことは良いことなので、必然的に内部は過密になる。過密状態の中で、しかも産業活動や住民生活を円満に進める必要に応えるため、〝共同生活の技術〟が都市で誕生する。

技術のハードとして、城壁・上下水道・公園・高層建築・電車・電話など、ソフトとして、行財政制度・治安警察制度・公衆衛生制度等の社会制度と、個人マナー・エチケットがある。

他人の迷惑を考えて、時には自分の欲望を抑制して暮らすことが身についている人は「文明人」と呼ばれる。エチケットやマナーは、共同生活の円滑化と能率化のための約束だからである。シビライズに穏和化の意味があるのはこのためであろう。無闇な内輪もめはしないのが文明人である。文明には、組織を結成して全員の総力を一点に結集することを知っている、との意味があるのである。

「文明」とは共同生活の技術であると定義し、「文化」は情緒的満足、または感性的満足と定義し、「文明と文化の合計としての生活様式」であり、「ある国のある時代の生活様式を分解すると、その時代の共同生活技術の集大成である文明と、その時代の人々が何を喜びとしたかの文化、との二つになる」とされる。

福沢諭吉の『文明論之概略』（本書五一頁）で、

「国の独立は目的なり、今の我文明はこの目的に達するの術なり」

「国の独立は即ち文明なり。文明に非ざれば独立は保つべからず」

という。

日下先生のご本で、福沢の文明観と現在の立ち位置が、立体的に理解できたように思う。

もちろん、日下先生も申されるが、文明の利器というときの文明の意味するところは異なろうし、文明病という言い方もある。「文明」の語も相対的に多様な意味で使われている。

⑺八大文明論――ハンチントン「文明の衝突」と一國一文明

我が國の教育では、人間の文明の発祥を以下の四大文明として習っている。

1　エジプト　　ナイル川

2　メソポタミア　　チグリス・ユーフラテス川

3　インダス　　インダス川

4　中國　　　　　　　　　　黄河

これは、それぞれの文明が川の流域から発生したもので、人間集団が川を中心にして土着し、文明として定義されているものである。しかしながら、文明は変容していくもので、現在の國際政治のなかでの文明の位置づけは、宗教性がかかわっているとされている。ハンチントン『文明の衝突』では以下の八大文明を定義し、さらにこれから細分化すると一國一文明が考えられる。

1　中華文明　　　　　　　　儒教
2　ヒンドゥー文明　　　　　ヒンドゥー教
3　イスラム文明　　　　　　イスラム教
4　日本文明
5　東方正教会文明　　　　　ギリシャ正教
6　西欧文明　　　　　　　　西方教会
7　ラテンアメリカ文明　　　カトリック
8　アフリカ文明

そもそも文明の定義は、インターネットの國語辞書では以下のように定義されている。

ぶん‐めい【文明】の解説　　goo 国語辞書

人知が進んで世の中が開け、精神的、物質的に生活が豊かになった状態。特に、宗教・道徳・学問・芸術などの精神的な文化に対して、技術・機械の発達や社会制度の整備などによる経済的・物質的文化をさす。

河川を基に人の集合体であるいわゆる都市國家が形成されたことが、「人知が進んで世の中が開け」たことにあたるのであれば、その結果としては「精神的に生活が豊かになる状態」と「物質的に生活が豊かになる状態」の二つがあると考えられる。後者の主として「物質的に生活が豊かになる状態」が四大文明であるとすれば、前者の主として「精神的に生活が豊かになる状態」が加わった状態が八大文明といえるのか。「宗教・道徳・学問・芸術などの精神的な文化」に対して、「技術・機械の発達や社会制度の整備などによる経済的・物質的文化」を特に「文明」という定義からすれば、「経済的・物質的文化」を失うことなく、「精神的な文化」がそれに加味される状況が、新たな文明の成立といえるのではないか。

現在の國際政治（＝國際関係）では、経済的・物質的文化は成熟したパラダイムと考えて良いとするならば、今後の國際関係を決定する要因は精神的な文化であり、その枠組みは八大文明で代表され、さらに細分化すれば一國一文明として成り立つのかもしれない。國家間の連携・同盟は、究極的には親和性を持つ文明どうしの関係性から考えられ、それを総括すると八大文明にまとめられるのかもしれない。

『文明の衝突』では文明という言葉に対する再定義が論じられているのではないか。なぜ再定義しなければならなくなったかというと、文明に精神的文化の要素が加わり、それが國家の形成・維持にも影響を与えているからなのではないか。

國家は、

領土　食料、農業……

國民　人間の創る文化性

主権　國家間における立場

で成り立つと定義されているのであるから、いずれにせよ人間を中心とした文化の究極性が文明であり、一國一文明とみてもよいのではないか。

尚、外村直彦著『八大文明』（朝日出版二〇〇八年発行）は比較文明の研究書にして、私が賛同するところである。私の草の根文明論の学問的裏づけが得られたような励ましを感じている。

第3章　國家とは

中世においてヨーロッパでは、魔女裁判、異端審問が行われていた。価値絶対主義、価値単一主義の下では、その価値を認めない者の存在を許さない。三十年戦争という宗教戦争がまさにそれであった。この講和条約ウェストファリア条約において、異なる価値との共存を認めた。ある意味での価値相対主義になった。

第1節　ウェストファリア体制＝國際社会の価値、相対主義への転換、國民國家へ

——住民自治と団体自治の國家（お前のものはお前のもの俺のものは俺のもの）

社会学的にみて、今、「民主主義は参加と社会的包摂である」と言われる（本書二二二頁、宮台真司先生参照）。今頃そんな当たり前のことをいう。ならば我が國の政《まつ》りごと、皆で神議《かんばか》って、即ち会議して心を一つにすることが政《まつり》という現代社会の原形が、原始日本の政治の理念なのであった。

日本國憲法では、地方自治の本旨が「住民自治」と「団体自治」であるとしている。これは、幕藩体制が主として地形の自然形態に即して形成された生活圏が藩という行政範囲となり、生活協同体であり帰属意識でもあったので、明治の維新でもそのことを大切にして、市町村から県という行政区域に発展し、生活を扶け合う

共同体として、人々がそこに帰属意識をもって集団が形成されてきた。この原初的な部族集団の現代的表現が郷里であり、郷土であり、故郷でもあろう。

世界史上はじめてウェストファリア条約で地球上の気候風土に合わせた住民の意識を大切にして、その集団の自治を認めようというのだが、それは我が國が古来から採用していたことだった。

このように人間というのは、人間関係と自然と人間との関係、この二つの側面をもって少しずつ発展してきた。このさらなる発展形が國家であり、その先が國際関係であって、度重なる戦争の後に「國家という形の住民自治と団体自治」が意識され、グロチウスという天才を生んだのだろう。

グロチウスは、新教と旧教との三十年戦争という神の名による虐殺に次ぐ虐殺の悲惨さから、「神が許しても許されないことがある」という「自然法」の観念を認め、「自然法の父」といわれた。

ウェストファリア条約（一六四八年）を機に各國に「住民自治と団体自治」を認める國境線を引き、そこを領土とし、そこに住む人々に自治を認め、これを主権と認める國際法の確立をもたらした。

現在の國際関係はこの基本の上に発展している。

もっとも、『日本人がつくる世界史』という日下公人先生と宮脇淳子先生の共著（KADOKAWA、二〇一五年）のなかで、参加された倉山満先生は、三一三年ローマ帝國がキリスト教を公認した瞬間からヨーロッパの堕落がはじまり、聖書に悖《もと》るといって古代ローマの上下水道をこわし、不潔になり、不潔になると凶暴になり、精神面の退廃と物質面的不潔で、一三〇〇年間ひたすら殺し合ったと申される。十字軍も異教徒審問も魔女狩も異教徒は殺さなくてはならなかったが、ウェストファリア条約で異教徒も殺さなくて良いことになったとのこと。

第2節　天才グロチウス

このグロチウスの発想もまた、時代が生んだものでもあろう。ルネッサンスの洗礼の後、三十年戦争という宗教戦争のあとにくる啓蒙的発想での國家間における、近代的所有権観念の母胎であったろうか。即ち、個人間の近代的所有権概念と契約自由の社会構成が國家理念であったとすれば、國際社会も同様の構成が可能であったろう。

即ち、國境で画された領土を持つ國家の主権を認める。近代的な個人の所有権絶対論の延長として、その領土自体は國家、即ちその土地に居住する國民のものであり、國家法人的な考え方で、他方契約自由の思想の延長として住民自治があり、個人の権利の発想を國家に適用して、団体自治と住民自治とを構成し、契約自由の発想を國家間の条約として、國際法を構想して「國際法の父」ともいわれたのであろうか、と思う。

國際関係は、この地球上の位置も海洋か山岳か砂漠かツンドラか、いろいろの気候風土のうえにその土地に適した生活の歴史があり、その集積のうえにできたのが國家であり、このそれぞれの國情や生活の仕方を大切にしようというのが、グロチウスではなかったか。グロチウスの『戦争と平和の法』の英文からの一又正雄訳（厳松堂書店一九五〇～五一年発行）があるが、読み得ていない。

彼グロチウスは、当時すでに金子みすゞの「みんなちがってみんないい」というやさしい眼差しを、それぞれの國々に、國際社会に向けていたのだろうか。

「私と小鳥と鈴と」　　金子みすゞ

私が両手をひろげても、
お空はちっとも飛べないが、
飛べる小鳥は私のやうに、
地面《じべた》を速くは走れない。

私がからだをゆすっても、
きれいな音は出ないけど、
あの鳴る鈴は私のやうに、
たくさんな唄は知らないよ。

鈴と、小鳥と、それから私、
みんなちがって、みんないい。

國家という主体間の自由意思に基づく契約自由の原則が適用されるとしたものが國際法かと思うが、賢しらにグロチウスやウェストファリア条約だと言ってはいるが、条文を読み込んでのことではない。耳学問からの独断であり、史実や学問的論拠によることのない思い込みとしてきいてほしい。

第3節　グロチウスの後は

(1) 中國には國境の観念がなく、國境線は固定したものでなく、國力の盛衰で変わるものとの考えだ、とは石平先生の講演で伺ったと思う。そういえば、ヨーロッパだってウェストファリア条約以前は融通無碍であった気がする。この考えが今の中國の真実ならば、弱肉強食の古代社会になってしまわないかと案ずる。ご講演で石平先生は、中國には國境という概念がない、といっておられた。

(2) 杖道で日本一を極めた夢想流杖道の師範松村重紘君は、私の妻公子の弟長谷川泰造の大学院仲間で、早大大学院生のとき、結婚して我が事務所でアルバイトをしていた。あるとき、何かのついでに、「お前のものはお前のもの。俺のものは俺のもの」と言ったところ、そこが「俺のような町の武芸者と、先生のような本物の武道家との違うところです」という。それが個人でも國際社会でも当然の前提だと思う。せっかくだから、グロチウスに習い、そして杖の道を極めた彼松村の期待に応える本物の武道家であるよう心掛けよう。

(3) 現代の法的責任の基礎は、具体的妥当性から修正を迫られているとはいえ、①所有権の絶対、②契約の自由、③過失責任の三原則であり、ローマ法由来であろうかと思う。

グロチウスとて、ローマ法の素養のうえに「住民自治と団体自治」の法的組立をなしたはずである。確かにヨーロッパを中心として、未だ國民國家形成には至っていないとしても、この思考の妥当する一定の國際社会は形成されていた。しかし、列強の支配してきたアフリカ中央、東アジアなどは、この原理原則が実現されようとすると、残酷な事態を惹起した。ヒンドゥー教とイスラム教に二分して國家としたインドとバングラデシュでは、民族の大移動の過程で民衆の殺戮は、八〇〇万人を超えたといわれている。

令和二年（二〇二〇）一〇月二一日付産経新聞は、「国際問題の本質を抉る視点から」、と題する論説において、グロチウスの原理原則、領土保全（國境線）と民族自決（自決権）をめぐり、今なお大國が自國の利益のために、この大義を掲げて武力介入を繰返していること、カフカス、チェチェン、旧ユーゴ解体、グルジアなどの紛争やEUの問題など、「自決権と領土保全の視点から見ると非常に分り易い」と結ぶが、理解できずじまいであった。牧歌的なグロチウス讃歌などできない、新聞紙上の報道では読み解けない厳しい國際関係の現実があるようである。

第4節　ルネッサンス文明論

一八世紀末のフランス革命（一七八九～九九）や、一七八三年のパリ条約によるアメリカ合衆國の独立承認が現代資本主義を作ったといわれている。その基礎をなす生みの親はルネッサンスという文明論の深化普及である。

ルネッサンスは「再生、復活」を意味するフランス語で、「古代に還れ」を合言葉に古典・古代（ギリシャ、ローマ）の文化を復興しようとする文化運動として、一三世紀末から一四世紀初頭にイタリアで始まり、やがてヨーロッパ全土に波及した。ルネッサンスの現世の肯定、個性の尊重、感性の解放などを主眼とする清新な気運が、神中心の中世文化から人間中心の近代文明への転換の契機となった。

しかし、このことは、神の名による免罪符にみられるような不合理な富の教会への集中や、身分に固定された政治システムの不合理からの人間解放、即ち知性、理性という人間の知的活動を尊重することからする、経済的に人々を豊かにする方策の模索であった。

そのことが政治的に自由、平等、博愛の思想として、市民革命の原動力ともなった。ひいては現代資本主義を育む原動力となったと思う。

ドイツの政治学者・社会学者・経済学者であるマックス・ウェーバー（一八六四～一九二〇）によると、資本主義の発生は、ルネッサンスに先行し、時代的に相呼応する宗教改革に負うことが多いとのことである。すなわち、ウェーバーは『プロテスタンティズムの倫理と資本主義の精神』（一九〇四～〇五）と題する著作で、西欧近代文明を他の文明から区別する根本原理を「合理性」とし、その発展の系譜を「現世の呪術からの解放」と捉え、西洋近代の資本主義を発展させた原動力は、主としてカルヴィニズムにおける宗教倫理から産み出された世俗内禁欲と生活合理化である、という。

平たく言えばカルヴァンは、「神は六日働き、一日休んだ。したがっていかに資産を形成しようと六日は働き、休むのは一日しか許さない」と言い、このカルヴァン派の宗教改革により、ウィーンなどでは宗教警察が監視し働いていない経営者を処罰の対象にしたとのこと、小室直樹先生のご本で知った。そこで、いかにお金を儲けても、さらに働きにまわさねばならなかった。その結果、資金が蓄積され、それが資本主義を作ったというわけである。

資本主義のもとは宗教改革にあったというのであるから、ルネッサンスに先行して行われた宗教改革が資本主義の生みの親であり、生成発展に寄与したとされる。

近代ヨーロッパ社会を生んだのは、「古代に還れ」というルネッサンスだったのか。免罪符を出して堕落した旧教の改革だったのか。

いずれにしろ、ギリシャ・ローマあるいはキリストの生誕、そこまでしか還っていない。「古代に還れ」という標語がそれを著している。古代ギリシャの文明、都市國家の民主制への回帰を求めて、それを支えた被征服民族の奴隷制に支えられていたことにまでは思い至っていないと思われる。既述のように（五九～六一頁）、日下先生の考察に従えば、ルネッサンス文明論のもつ底の浅さは、ここにあるはずである。

ルネッサンスの理性万能の指標として、デカルトの「コギト・エルゴ・スム」「我思う、故に我在り」、これが後にマルクスの批判にさらされるのだが、デカルト的観念論も、唯物論というマルクス的観念論も、所詮知性万能主義の観念論であって、自然の中の社会の中の動物としての人間をとらえていない。これが、はなはだ不徹底なまま文明論として世界を覆って、現在に至っている。

第5節　近隣諸國と我が國

第1項　「憧れの支那」・「懐かしの支那」

「支那」には四億の民がある。「大國支那」と聞いていた。「大人《たいじん》」とか「大陸的」というのは支那人を表わし、島國根性でこせこせしていない。日本人離れした、物事にこだわらない包容力があるという誉め言葉で、子供の頃ぼんやりものの私を、伯母や従兄弟が「経ちゃんな、大人じゃってや」とか大陸的だとか言って、単なるぼんやり者でなく包容力のある大きな人物として慰めていた。

母の従兄弟である森山清隆の持歌は、「涙ぐんでる上海の　夢の四馬路《すまろ》の街の灯」であった。私の好きな歌は「支那の夜」であった。

本居宣長が飽かず批判する「からごころ」は、武力や経済力で他國を支配せんとする中國ではなく、「文化」のあるいは「文明」の行為規範として中國の先進性への憧れであり、さらに遡れば遣唐使であり、律令制である。

何よりも表現手段・伝達手段たる文字は、表意文字たる漢字を得て、さらに仮名読みにして万葉仮名として活用してきてこその日本文明である。儒教でも仏教でも、我が國からみれば全て中國由来である。

そこではトインビーが日本文明を中國文明の一支流と誤解するほどに、年号とて令和で初めて、我が國古典由来の命名であったが、今まで全て中國漢籍由来であり、我々の日常の故事成語のほとんどが中國由来であって、我が國の文化文明は中國文明由来で成り立っている独自の日本文明なのである。

中國の方々に問いかけたい。何故、今、野蛮人への先祖返りのようなことをなさるのですか。いつまでもかつてのように我々のお手本であっていただけないでしょうか。

・文明の衝突

中國の手法に異議を唱えて、歴史的に積み上げてきた法秩序、取引秩序を前提とする政治体制の継続を求め、「アメリカ・ファースト」の標語を掲げてトランプ大統領が挑戦してきた。

この文明の危うい岐路に立って、私は、「共産主義が観念的で人々のその目の眩むような知的体系にあって、人々を興奮のるつぼに巻き込んだ。歴史上もっとも偉大なのはキリストとマルクスである。なぜなら、キリストに関わる文献とマルクスに関わる文献が最も多く出版されているからである。キリストは二〇〇〇年、マルクスは二〇〇年。マルクスの偉大な証拠ではないか」と、ある人に語りかけられたことがある。

今、中國のマルクス的観念論の看板を掲げる漢民族による文字通りの弱肉強食の世界的独裁が功を奏するのか、米國の國民が「積み上げてきた文化の集積の世界」というウェストファリア体制によるいわば「保守」に回帰するのか見えていない。

何よりも、今の中國共産党の権謀術数を事とする孫子の兵法を現代に生かす政策とその勢いでは、日本も、中國のこの政治文化、中國共産党の利益に奉仕する枠組みに組み入れられ、その政治的支配下に置かれるのではないか案じられてならない。

共産党というのは、マルクス、エンゲルスによる「共産党宣言」がその源流である。つながれた鎖以外に失うものは何もないプロレタリアートを資本の桎梏から解放するために、人間解放の至高の価値実現のための独裁をプロレタリアート自身が行うはずであった。

その理念と乖離する漢民族至上主義、中國共産党益至上主義で、厳正な報道規制の下、漏れてくる情報はプロレタリアートや少数民族虐待の歴史的、そして現実的な現在である。

中國より帰化された石平先生（日本名は太郎）は、令和三年八月三一日付産経新聞で、「覇気」を失えば日本は生き残れない、と題して、「習氏は極めて危ない存在です。ウイグル人やチベット人ら少数民族の弾圧を強め、民族浄化をすすめていく。覇気や気力を失ったら一巻の終り」と書いておられる。

石平先生の忠告に従おう。我が身は我自身で守る。我が國は我が國が守る。令和三年一〇月一八日付産経新聞は、中國が極超音速兵器で地球周回核搭載型を八月に実験、と報ずる。兵器技術力という人工衛星や電子空間を自在に使いこなす力、原子力という圧倒的大量破壊兵器を持ち、我が國の何倍何十倍の兵力をもつ中國と正面の戦争で中國を打ち負かし、我が國が勝利することは叶わないかもしれない。しかし、我が國と戦ってその戦利成果をやすやすと得させる無気力な日本であっては、石平先生が申されるとおり一巻の終りとなる。日本という豊かな戦利品を得ようとすれば、戦利品に見合わない膨大な人的、物的、そして経済的、さらには何よりも文明的、歴史的犠牲を伴う。それだけの覚悟が我が日本にあることを、明確に知らしめることである。我が國が日本文明を守り抜くため特攻をやった、東京大空襲も広島・長崎の犠牲も甘受した。その愛國の至情を中國に対して示したい。

そのための物的人的技術的制度的な安全保障体制、防衛体制を構築しよう。そして、國民全てが心を一つに合わせて戦う気力、胆力を蓄えよう。日本を襲っても、何一つ奪わせないぞ！　半端な損で済むと思うな！　特攻隊の精神は、日本男児に今も健在だぞ。戦時中「いざ征け強者、日本男児」（「出征兵士を送る歌」）と歌った日本男児を見くびるな。

一國日本人の生命、財産、主権を守ることもちろん、人類が苦しみ重ね来て得たウェストファリア体制という文明の到達点への攻撃は、一國の主権を守る以上に人類そのものの築き上げた文明への侵害であり、これを守るために命を捧げる気力をもつのが日本男児たることを知らせよう。自存自衛、アジアの解放のため、我が身を亡ぼして戦った大東亜戦争の國であることを、思い起こさせよう。世界人類の自由と人権を守るため、我が身を亡ぼして厭わず闘う民たりうることを。

悲惨な虐殺の歴史の上に築かれた今日の平和。それは各國の「住民自治と団体自治の主権國」による國際法遵守のうえに危うくも乗っている仮初の平和でしかない。それをどう護り育て、維持するか。各國が努力していて、その価値を守るためにアメリカという大國が軍事力という多大の犠牲を支払ってくれてきた。

我が國もその価値を守るため、即ち自國の安全と國際平和の維持へのささやかな努力を重ねている。

「出征兵士を送る歌」

一、我が大君《おほきみ》に召されたる
命栄《は》えある朝ぼらけ
讃《たた》へて送る一億の
歓呼は高く天を衝《つ》く
いざ征けつはもの日本《にっぽん》男児

二、華と咲く身の感激を
戎衣《じゅうい》の胸に引き緊《し》めて
正義の軍《いくさ》行くところ
誰《たれ》か阻まんこの歩武《ほぶ》を
いざ征けつはもの日本男児

三、輝く御旗《みはた》先立てて
越ゆる勝利の幾山河《いくさんが》
無敵日本の武勲《いさおし》を
世界に示す時ぞ今
いざ征けつはもの日本男児

四、守る銃後に憂いなし
大和魂揺るぎなき

國のかために人の和に
大盤石の此《こ》の備へ
いざ征けつはもの日本男児

五、あゝ万世の大君に
水《み》漬《づ》き草生す忠烈の
誓《ちかひ》致さん秋《とき》到る
勇ましいかなこの首途《かどで》
いざ征けつはもの日本男児

六、父祖の血汐《ちしほ》に色映《は》ゆる
國の譽《ほまれ》の日の丸を
世紀の空に燦然《さんぜん》と
揚げて築けや新亞細亞《あじあ》
いざ征けつはもの日本男児

第2項　かつての支那への親近感

・ソ満國境の話

藤田一伯弁護士の依頼者の方が雑談の中で、中國だか朝鮮だかで、ソ連軍の捕虜になり、ソ連に連行された。「こいつらだけには殺されたくない、何としても逃げたい」と思い、思い切って逃走して、ソ満國境を越えたとき、「これで良い。支那人が自分をどうするか分からないが、支那人にならば殺されても良い」と安心した、と言っておられた。思い出の印象であるが、ソ連というと無機質で人間の感情の通じない人工國家で恐怖の対象であった。凍死者・餓死者相次ぐ強制労働を強いられた同胞のシベリア抑留への無念も、そしてまた北方領土のこともあろうが。

支那人とは、戦いながらも、どこかに仲間意識や親しみを持っていなかったか。お互い人間なんだ、という親しみはある。現在の共産党の中國への印象も旧ソ連に近似した会話の不可能な硬直性、無感情、無機質で人間的会話との無縁を感じる。

「異国の丘」でも祖國の地を踏むまではと歌った。

白系ロシア人がキャラコ（反物らしいがどんなものか知らない）を売りに来ていたと母が子供の頃の話をしてくれた。「ソ連」に追われ、母國を逃れたロシア人は、喰わんがために鹿児島の農村にまで物売りに行っていたのだ。ただそのことを語る母の表情には、白系ロシア人への限りない親しみの語感が感じられた。日本人はソ連嫌いのロシアひいきという者もある。

「異国の丘」

歌手　竹山逸郎・中村耕造
作詞　増田幸治
補作詞　佐伯孝夫
作曲　吉田正

1
今日も暮れゆく　異国の丘に
友よ辛かろ　切なかろ
我慢だ待ってろ　嵐が過ぎりゃ
帰る日も来る　春が来る

2
今日も更けゆく　異国の丘に
夢も寒かろ　冷たかろ
泣いて笑って　歌って耐えりゃ
望む日が来る　朝が来る

3
今日も昨日も　異国の丘に
おもい雪空　陽が薄い
倒れちゃならない　祖国の土に
辿りつくまで　その日まで

私の父方の叔母である北山桃枝が、富山神通川のほとりの町で縫製工の工員をしながら、

子のために 生きるにあらで 子によりて たどたどしながら 人の世を生く

と和歌に詠んで、帰國を待った。夫がソ連抑留から帰國したのは、この歌「異国の丘」が流行して、後大分経

てからだった。

それでも國民が歌い継がなければ、解放されることがなかったかもしれない。

藤田弁護士の依頼者の方も、ソ連という非人間的な人間に殺されてなるものか、という感情と、支那人という仲間に殺されるのは仕方がないという気持が働かれたようである。

満洲は満人の國家だが、我が友朋國であった。友朋國なら止むなしと感じられ、あるいは、そのことは満洲ならずともまた、中國人を歌う戦時歌謡の歌詞の親しみの眼差しで理解されよう。

・城野宏先生のお話

そういえば、（山西独立戦争に破れた）城野宏先生も戦犯として山西省太原の監獄に入れられ、相当に厳しい犯罪者としての獄中生活を送られたとのこと。

ただ、一八年の獄舎生活から釈放された途端に、汽車は一等車になり、日本側に届けるまで従者がついて、山西省の総理扱いであったと中國の考え方を評価しておられた。

最後まで戦った奥羽越列藩の庄内藩に対して、西郷が戦の政治目的達成したとて、指導者への処分を行わなかったのは、クラウゼヴィッツの戦争観「戦争とは政治目的を達成するための手段である」に通ずるかの如きも、『闘戦経』における、我が國における戦闘の目的は新しい秩序の形成、文武合一だとすれば、西郷は統一國家による國外勢力の我が國への侵攻にそなえるところまで戦闘目的を読み込んでいたのかもしれない、と思ったりする。

・中國を歌う歌謡

「支那の夜」「上海ブルース」「上海の花売娘」「支那むすめ」「蘇州夜曲」など、小学校一、二年生が知るはずもない。こんな歌が流行した時期から考えても、私がこの歌を覚えたのは戦後のはずで、こんな歌が戦後まで歌い継がれているくらい、中学生、高校生が覚えている位に國民的共感があったということだ。

大学入学以来、白門会の寮での学生歌、猥歌の高歌放吟は戦後の異界で、その生活を誇らしくも懐かしくも思う。ただ、大学の自治会や学生運動では、反戦歌、革命歌が威勢よく歌われ、町に出ると主流は「カチューシャ」「灯」の歌声喫茶のロシア民謡や反戦歌であった。だから、戦時歌謡は中高生までに覚えているはずだ。記憶では、同居していた母の従兄弟の「兄さん」と呼んで親しんでいた森山清隆が、「涙ぐんでる上海の 夢の四馬路《すまろ》の街の灯」と歌っていたことは憶えている。レコード針の上に小さな丸いスピーカーのついた手回しの蓄音機で、東海林《しょうじ》太郎《たろう》の満洲の匪賊討伐の歌を聞き、ビクターレコードのマークになっていたラッパ型スピーカーでレコードを聞いた。

これが中学までで、その後、高校ではSP盤は電蓄に発展するが、その頃は東海林太郎でなく、もう雪村いづみの時代だった。文明論としては傍論のようであるが、親族相扶けた原点のように思う。レコードはSP盤、手回し蓄音器、ラッパ型スピーカーも共存で、レコード針は一～二回で取替という時代で、レコードだってそう安くない時代であって、電蓄にやがてとって代わられようとする時代の、まだ我が國が貧しかった頃に子供心に憧れた中國を歌う歌謡の普及なのである。

そんな牧歌的な中國への回帰を願うや切である。

・日中國交回復の禍根

日本と中國の國交回復が急がれて禍根を残したか。

なお、日中國交回復交渉が進展しない理由を城野宏先生は、講和条約が締結されるまでは、戦闘状態はなくとも、日中は戦争状態にあることを日本の政治家が理解しないといって時の公明党の大久保直彦議員に意見されていた様子があった。

当時の衆議院議員山口敏夫氏は、中國側が國交回復を急ぐ理由を中國の要人が、「私たちは日本と戦争、即ち殺し合いをやったのです。ということは、我々が両國のもつ良さも欠点をも最も理解する世代です。この機会を逃すと相互理解が困難になり、國交回復は遠のくでしょう」と言って國交の回復を促した、といっておられた。山口さんからきいたときは感動したが、今にして思えば中國に対してとても付合い切れないと不信感をもっていた我々を、不信をこえて理解しようと働きかける「孫子の兵法であったか」と甚だ後味が悪い。

当時、外交不慣れというか國際関係への意識の高くない馬喰の小倅宰相の田中角栄はじめとする我が國の盆栽的・箱庭的・牧歌的政治家が、三國志の國、権謀術数三〇〇〇年の孫子の兵法、偽計奇計の戦闘経験を持つ百戦錬磨の革命家世代の中國外交に押し切られたのだろう。当然巨大な人口、國土をもつ中國の後進性による、経済的需要と安価労働力に着眼した事業家の後押しに押された、側面即ち市場と安価な生産コストを、他國に先を越されて我が國の経済的競争力を案ずる側面も大きかったはずだ。

戦時歌謡で軍歌は細々歌い継がれている時代でのことで、中國への共感が知られようというものである。貧しい時代に高校生が覚える位に國民的共感が中國に対してあったということであろう。さらには、私は歌えないが、当時中國語をあしらった中國を歌った歌も流行していた。

日本人は基本的には中國人に好意的なのだ。戦後、「恩は石に刻め、恨みは水に流せ」と言って、日本人は我が國に寛大でもあったと、蔣介石が大好きで、彼の台湾における二・二八事件をはじめとする暴虐を許容していると、台湾の人々はその点で我が國への眼差しは厳しい。

「所謂南京事件」の責任者として断頭台の露と消えた松井石根《まついいわね》は、支那事変の日支両軍の死者を「怨親平等《おんしんびょうどう》」と弔いお祭りし、熱海伊豆山に支那の地の土をもって、興亜観音を昭和一五年に創建している。

我が國は我が國民は、中國への眼差しは常に温かであったのに現在は「恐怖の対象」となっている。

礼拝興亜観音

今、中國は一二月一三日を南京大虐殺の日として國民の祝日とし、國連の記憶遺産に登録し、記念館で架空の展示をし、韓國は、韓國の慰安婦像をアメリカを中心に世界中に設置する努力をしていて、國連でのこれらの件につき、両者協力している様子が窺える。

蒙古来襲のとき、主力は高麗軍だった由、北朝鮮の核開発、ミサイル開発も、アメリカの圧力をかわして中國が協力しているかの観もある。

中韓北朝鮮相携えて、我が國への軍事圧力に加え、メディアの情報操作工作で日本人皆殺しか、全員奴隷化のプログラム実施中に疑われてならない。

中國は北京郊外に原爆に堪えられる、強靱な、そして超効率化された電子都市を建設中とのこと。他方では科学技術はコンピューターが目と耳を持ち、汎用性のあるＡＩが人間の頭脳を超える可能性がそこまで来ているとのこと。この分野で中・米の厳しい開発競争が行われているとのことである。社会科学的システム構築を怠って、人間の能力を超えるロボットが、軍事的にも日常的にも人間を支配する中國の人類支配を招来する怖れなしとしない。

今や中國はソ連の経済政策の行き詰まりから挫折したことを鑑として、経済至上主義による効率化で國内外に独裁の利得を配分し、それこそかつての資本主義の帝國主義化を踏襲しているかの如くである。

もちろん、あるべからざる圧政は今に引き継がれているかの如くであるが、動物としての人間の根源を無視する効率化の失敗、つまりコルホーズ、ソホーズ、人民公社は直ちに廃止している。

それにしても、米國の政治学者のマイケル・ピルズベリーという人が中國共産党の秘密戦略「百年マラソン」に目先の甘言をもって、百年後の世界制覇の計画の実行であることを秘匿していて欺かれた、と書いた本の訳書が日経ＢＰ社から出版されていた（『China 2049』野中香方子訳、日経ＢＰ社、二〇一五年）。

米國に誠実な日本をないがしろにして中國に肩入れし、今や中米逆転の怖れのところまで追い込まれて、「いまさら何ですか」と言いたいところである。

それでも自覚されるならば、どうなさるのですか、と問い掛けたいところではある。

オバマは、二〇一六年一月の施政方針演説の中で「アメリカは世界の警察官ではない」と議会で演説し、トランプは米國自らが主導してきたＴＰＰも離脱し、アメリカ・ファーストといって大統領となった。極限の内向きで形を変えたモンロー主義かの如くである。パクス・アメリカーナを放棄して、世界の覇権を中國に譲ろうとするのだろうか。

グロチウス以来重ねてきた國際法秩序を尊重し、國家間の利害の調整をする人類の歴史の現段階の文化水準を守り抜こうと、我が國はオーストラリアとインドを含む日米豪印四カ國の「価値観外交」クアッドを必死に、孤独に展開しているかの如くに見える。当時唐突に感じたこの構想、故安倍晋三の慧眼に敬服する。國際社会はその未来に責任を持とうとする國とてなく、孤独に中國の恐怖侵略の怖れに堪えている如くである。

民主主義という、その場の、その時の人々の意見で決めるという短期判断の積み重ねという頼りない政治体制に較べ、中國は國内政治の実態を國家的にも人民個人の発信も禁じ、國際社会に秘匿して國際社会に中國と協力し合うとお金儲けできますよ、と働き掛けているかの如くである。少数で政治目的の意思決定ができる中國の世界制覇を目的とする活動の目的を語らない。その最終的な世界戦略と現実の戦術を読み解いておかないと、ナチスドイツのホロコーストどころではないナチスを超える中國の日本人浄化作戦があるやもしれない。

今の様子からはきっと、中國共産党に全世界を奉仕させ、その邪魔になるものは徹底排除（それが恐ろしいが）するつもりかと思う。

おぞましい南京大虐殺記念館を作り、國民的記念日とし、ユネスコの記憶遺産への登録などもその地ならしではないかと疑ったりしている。

第3項　韓國への目覚め――任錫欽さん

⑴昭和五二年暑中見舞

ついでに韓國についても語っておこう。

戦前の韓國人との接点はなかった。

小学校五年生頃のことかと思うが、近所に住んでいた韓國人のおばさんに気の強い人がいて、「朝鮮チョセンパカ（馬鹿）するな。日本来てチュ（十）年経つよ。冷たい飯《めし》喰って、熱い糞するよ」と友達がおばさんの口まねをして噂するのを聞き、韓國人は濁音が言えず、食事は熱いものしか食べないことを知って、驚いた記憶がある。

戦後の戦勝國で被抑圧民族が一夜にして支配者に転じたかの如き、我が國の國法秩序を無視する乱暴狼藉があったようである。

庶民の怨嗟の声をよそに、警察も新しい支配者への遠慮か、我儘を是正する干渉をしなかった。その状態は私が辯護士登録した後まで続いており、町金融、いわゆる高利で取立てに脅しや暴力を用いる乱暴な諸君で、上は組織暴力団から下は町のチンピラまで朝鮮金融が際立っていて、警察も借りた方が悪いという態度が強く、脅された証拠がない、と言って相手にしてくれず、私も厭な思いを大分した。朝鮮人は庶民の怨嗟の的であった。

そんななか気がついてみると、いつの間にか在日韓國人の方々が事業に成功され、國内で市民権を得ると同時に、それなりのステイタスを占めて来られた。

あるときうちの事務所に仕事を頼みっ放しにして連絡がつかなくなった依頼者があった。ようやく連絡がついたとき、「何故連絡しないのか」となじったら、「田舎に帰っていて連絡できなかった」と申される。

どこからでも電話くらいできようなものと、「田舎、どこ」と聞いたら、「慶尚南道」とのこと。当時のこと、それでは連絡つかないと納得したことがあった。

別掲のとおり、昭和五二年の暑中見舞は朴正功こと任錫欽さんの追悼文を書いた。任錫欽さんは、我が國へは不法入國であったことから、本國韓國への送還のため、大村収容所に収容されていた。この時の体験を書いた『大村収容所』（京都大学出版会、一九六九年）という題のご本もあった。このとき、身柄の日本國内への解放を求める闘争に白門会研究室の後輩で、京都で弁護士登録していた中元視暉輔君がかかわっていたらしく、中元君のことを「彼は闘争の側面では非常に誠実だ」と評価しておられた。

彼任さんは、私を評価してくれてか、多くの時間を共に過ごしてくれた。

昭和五二年（一九七七）暑中見舞解説にあるように、あるご本で本多勝一さんが、多分、任さんと思われる

五二・四・二四
朴正功
生者必滅
会者定離
色即是空
空即是色
諸行無常
友のいなくなった春
寒い夏
五二年夏
内野経一郎
公子
KIMIKO

1977年（昭和52）　暑中お伺い

本多勝一さんが漢方を評価する御本のなかで「被害に遭った」とイニシャルで書いておられますが，多分僕の友人だった任錫欽（朴正功）さんのことです。

彼は中元視暉輔君（京都弁護士会）の結婚式で「1人の男と寝てめしを食らうのを主婦といい，多くの男と寝てめしを食らうのを売春婦という。主婦と売春婦のちがいは単に寝る男の数のちがいだけか」と問いかけ，そうではない。夫婦が信頼し合って社会にかかわってゆく。家庭の意義，大切さを説いていた。その後付合う毎に事物の本質に迫る洞察力に敬服していた。彼が死んで淋しくてならなかった。そこで生者必滅会者定離となり，彼との充実した交遊「色」は即是空であり空はさながら是であって，今でも自分の生きる糧となっているといいたかった。

人物を、固有名詞を出さないまでも名指しで財産的被害に遭ったと口を極めて批難しておられた。

当時、憧れの存在であった本多勝一と任さんが仲良しの感で、幾度かご一緒したことがあった。本多さんの記事を、任さんは、彼は生態学をやっているからその視点で書かれた鋭さがある、と評価しておられた。

任さんとは中元君の結婚式で面識を得た。結婚式での任さんの挨拶が「一人の男と寝て、飯を喰うのを主婦という。多くの男と寝て、飯を喰うのを売春婦という。主婦と売春婦の違いは、寝る男の数の違いだけか。そうではなく、夫婦として社会へどうかかわるか、である」というのであった。私がどんな挨拶をしたか覚えていないが、初対面の翌日ご自宅に呼ばれた。

私に「革命党を作れ、お前ならやれる」と説得された。「昨日会ったばかりの貴方をすぐに信用できない」というと「バカを言うではない。小学校以来の友達がいるだろう。その友人の言うことなら信用できるのか。その人間が信用できるかどうかは付合いの長さではない。話す内容が信用するに値するかどうかだ」と言われる。そこでさらに私が、スパイが入党したら「縛り首にあう」と断ったら、「スパイなど革命的直感で分かる」と説得された。革命など今考えると真平御免ながら、そんな時代だったたし、そんな世界だった。今でも尊敬の念を持ち懐かしんでいる。

韓國の諸君も日本を全部悪しざまに言うよりも、任さんの顰に倣い、日本人である私が、亡くなられて何十年も経つのにその教えに感謝し、生きる「よすが」と尊敬し、懐かしむ、そんな韓國人であって欲しいし、本多勝一という我が國の知識人の象徴的日本人を「たぶらかす」くらいの器量を持ったらどうですか、である。本当はどうだったか分からないが、本多さんの批難の筆の激しさから、品のないコトバを使ってみた。任さんはそんな批判を受けて、TV出演で釈明されたこともあったものであるから。

私が感動をもって語りうる友人、任さんは韓國籍の方なのである。

⑵スローガンどおりの人間になる

多くのことを教わり、おかげで私の以後の人生が大分充実したはずだ。その一つ。彼と付き合っている頃、日本共産党が微笑作戦というか、「歌って踊って恋をして」という標語を掲げた。誰が言ったのか知らないが、若者に大人気で日本中に共産党が溢れている感じであった。

その現象を見て、「任さん、あんなに調子の良いことを言って人気を煽って、凄い人気ですよ。そのうち共産党政権になるのではないですか」と問うと、彼は「何を言っている。スローガンを掲げるとそのままの人間になってしまう。歌って踊って恋しかしない奴に革命ができるか」、と答えた。政治的スローガンを掲げるときは、そのスローガン自体が胸を打つもので、その通りの実効性、実行性を求められることを理解し、生活のあらゆる場面にその考えが生かされることを教えられた。

任錫欽さんは、金大中が大統領になったら、俺が文部大臣をやる、と言っておられたが、金大中の大統領就任を見ることなく逝ってしまわれた。

職業は、國家転覆業と言っていて、南朝鮮労働党員として農村ゲリラ活動の経験を語ってくれたことがあった。

銃をもって農村に入ると歓迎される。しかしこの歓迎は、本物ではない。銃が怖くての歓迎である。農村に入って宿を借りるにも土間までだ。土間で寝起きして、皆が一番嫌な便所掃除をしっかりとやり遂げ、農作業で一番大変な仕事を手伝って戦闘に向かう。その繰り返しのうちに本当の歓迎となる。本当の歓迎かどうかはすぐ分かる。農村で最も貴重な鶏が食事に出てくる。どこに隠してあったか分からなかった、と言われる。庭で飼っていた鶏は卵をとるためにも、いよいよになったら潰して食するためにも、農民の貴重な資産であったこと、私は過ごした鹿児島の農村の子供の頃を思い出して納得した。

鶏が出てくるだけではない、「誤解していました。こんな立派な方々が土間にお休みということはなりません。どうぞ上がってお休み下さい」とすすめられる。ここで上がってはいけない、人民を「農民を守るため、その幸せのためのゲリラなのだ。だからどう言われても土間にとどまるのだ。それでこそ、本物のゲリラであり、真の意味の革命の戦士としての尊敬が得られるのだ」と語りかけられた。

革命の戦士の自己犠牲というか、命を賭してなお、そのストイックさが人民の信頼と支持を受けて革命が成就するのだ、と感動した。

そういえば、訴訟という闘争の側面でも、徹頭徹尾、依頼者の幸せを願って活動していることを理解してもらってやらないと「手抜き」や「報酬目当て」と疑われるようなことがある。そうなると「権利のための闘争」も成功はおぼつかなくなる。農民のための闘いというスローガンを樹てた以上、それに誠実でなければならないし、そのことを身をもって示してこその共感と理解した。

後に北区王子の米軍弾薬庫実力闘争デモに行く電車のなかで、北小路敏が、引率する学生のことを「可哀そうだと思うんだが、叩いておかないと使いものになりませんからね」と言ったのを聞きながら、革命の戦士たらんとする者の日常の大切さに思いを致し、任さんの「スローガン通りの人間にしかならない」という話の延長上に聞こえた。

(3)モンゴリアン、ウラルアルタイ語族同士の日本と韓國

一時期、発展途上國の韓國や東南アジアへの買春ツアーが流行したりした。私は韓國のみならず、台湾、フィリピン、タイの現地でも、その状況があったことは知っている。韓國も生産性の低かった時代だったのだろう。何かのツアーに勉強と思って参加したことがあった。

料亭で至れり尽くせりのもてなしをしてくれる女性の方、御一方、私につききりの接待に、接待とはこうあるべきなのかと感動した。しかし、このあと、ホテルへのお持ち帰りがコースとなっていたらしく、見学と思って参加したので、「買春」のつもりはないとお断りした。するとその女性の方がしくしく泣き出して、若くて美しいその女性が一段と女らしく、愛らしく感じられた。

実は料亭でのサービス係の女性は登録制で、他に多くのウェイティングの女性があって、お持ち帰りを断られた女性はウェイティングリストから外され、収入の途が断たれるとのこと。

「買春」できるくらいの小遣いは持っていたので、その娘さんの窮状を聞き、お持ち帰りしようかと思ったが、あの若さ、飲食時のやさしさ、愛らしさを考えると、ホテルに二人きりになって、心が身体が動くのはみえていたので、心を鬼にして自制した。

一旦店を出て解放することも考えたが、一度店を出てしまうと心はホテルへと向かい、そこであの魅力、自分の心の誘惑を自制する自信はなかった。悲しく切ない思い出である。

当時、韓國はまだ貧しかった。今でもそのときの個人的な自制が正しかったのか、個人的な享楽が社会全体の進行の方向と一致していたのか、賢しらな貧弱な正義感が異國の一人の女性を不幸にしたのではないか惑っている。任錫欽さんが朴正功というペンネームで書いた『顎を上げて空を見なさい』という本のなかで、朴正

熙が権力をもったとき、一時売淫が禁じられ、ソウルだけで四千人の接客婦が路頭に迷った、とある。あの可愛いお嬢さんも今はおばあさんのはず。届くはずもないお詫びを言おう。

かく言うは、韓國を貶めていうのではない。我が國も昭和三一年売春防止法制定まで売春は合法で、遊廓もあった。そして、終戦直後の極限まで貧しかった頃には、米軍の要望に応えるパンパンと呼ばれる売春婦があったし、オンリーという形もあった。

慰安婦像問題が決着つかずにいる。今やサムスンは東芝の技術を上回り、日本企業は相手にさえされていない。世界中に韓國があらゆる面で日本と競い上回る勢いがある。電子製品はもちろん、製鉄にしろ、造船にしろ、自動車にしろ、韓國の今日に至るまで、我が國が相当の協力をしたかに聞き及んでいる。

我が國の諺には、「金持ち喧嘩せず」というのだがなぁ、の感が深い。

日韓交流史、通信使がきている程度のことしか知らない。近現代史は、最近に至って少しずつ文献を目にするようになったので、追々には勉強したい。『並べて学べば面白すぎる世界史と日本史』（倉山満、KADOKAWA、六八頁）によると、光仁天皇の妻は高野新笠。百済系渡来人の子孫、つまりコリアンである。現在の皇族はすべて高野新笠の子孫で、皇室にはコリアンの血が入ることになりました、とある。

感動したのは、金完燮（キム・ワンソプ）の『親日派のための弁明』（草思社、二〇〇二年）である。事実を丹念に掘り起こしての記述で、日韓の歴史も冷静なら、世界史的視野で、有色人種が白人の心胆を寒からしめたのは、チンギスハンと日本だけだ、いずれもモンゴリアンだ、という立言がある。韓國もモンゴリアンでお尻に青いものつけているとか、ウラル・アルタイ語族で語順だって同じだ。

長くご指導いただいていた韓國籍の政・経コンサルタントの方がある。その方がソウル五輪の主題歌を作曲され、「ソウル讃歌」というヒット曲もある吉屋潤さんと親しくしておられた。その方はまた当時、韓國の有力議員さんとも交友がおありで、有力議員さんが来日されるので、吉屋潤さんの経営されるライブハウスを兼ねる洒落た酒場のようなお店で歓談しませんか、とお誘いを受けたことがあった。韓國の有力政治家の方は、流暢な日本語で、話題も豊富なので喜んで参加させてもらった。

吉屋潤さんとは京城帝國大学の同級生だったとか。当時の我が國の標語「内鮮一体」を、まさに我が國は実行していたのであった。当時に話が及び、吉屋さんに「授業が終わったあと、お前のサクソホーンで隠れて「鳳仙花」をよく歌ったなァ」と申される。日韓併合下、日本のエリート大学京城帝國大学に籍を置きながら

暑中お伺い

モンゴルと日本の隆盛は、過去一〇〇〇年における有色人種、とくにモンゴリアンの偉大さと可能性を示して、白人の人種優越主義を打倒したふたつの事例である……。日本の台頭がなければ、いまごろ世界の文明圏の中では、あらゆる有色人種がヨーロッパ人に搾取され、永遠の貧困の中をさまよっていたかもしれない。

（親日派のための弁明　金完燮　二〇〇二　草思社　より一部）

韓国の青年の我国先人への評価は現状への厳しい叱声でもあります。不沈とやらに肩を落とさず、ネオコンの勢いや中国の影に驚かず、遠くを見つめ、人類的視点で今為すべきことを為す、透徹した彼の識見と批判に堪え得る、緊張感あふれる、国家民族でありたいものと、夏を迎えました。

平成一五年　盛夏

内野経一郎
公子

2003年（平成15）　暑中お伺い

キング牧師が殺されたのはつい最近のことで，アメリカは今でもカリフォルニアはゆるやかだが，ボストンあたりは人種偏見がきついと云われたりで，未だに世界的には白人とくにアングロサクソンの支配に服しているようなところがある。

第二次世界大戦だってそんな対白人戦の側面もあったろうし，あの韓國でこんな本が（出されないまでも）書かれたこと自体が時代の変化を思わせる。

そして，著者は韓國人とは同じモンゴリアンであることを誇らかに宣言しているのかもしれない。

韓國民の日本への抵抗歌と位置づけられていた「鳳仙花」を歌っておられたとのこと。南北分断は不幸なことやもしれないが、とりあえず大韓民國として「自分のことを自分で決める」國家になっている今を、感動をもって迎えられたことを思い、昔日を懐かしまれたのか、お店で吉屋さんのサクソホーンで「鳳仙花」を歌いながら涙ぐんでおられた。

我が國とて伊藤祐靖さんの著書（『国のために死ねるか 自衛隊「特殊部隊」創設者の思想と行動』文藝春秋、二〇一六年）にあるように、我が海上自衛隊は、現在もなお屈辱に甘んじて旧敵空母での訓練に甘んじておられるのである。その屈辱をバネに次の時代を見据えて誇り高く、である。

韓國からは違って見えましょうけれども、大東亜戦争然りであるが、我が國にしてみれば國家自存自衛のための日韓併合のはずである。日本のエリート養成大学であった京城帝國大学にお二方とも在学しておられたのである。

日韓併合の歴史など、民族興隆のための一コマであろうから、キム・ワンソプさんの申される有色人種として、モンゴリアンとして我が日本への悪口三昧でなく、私が任さんを尊敬するように、日本人誰もが心から尊敬する國家経営を期待します。

この小文で私は神武建國の詔を引いて建國の精神を今に生かすことを説きながら韓國の建國理念を学ぶところなく韓國の反日が理解できなかった不勉強を恥じる。大韓民國憲法の前文には、現在の國家は、一九一九年三・一運動の鎮圧を逃れて上海に渡り大韓民國臨時政府を樹立した現在の國家はこの臨時政府の流れを汲むものだと説明されているのだそうだ（藤原正彦『日本人の真価』文春新書、二〇二二年、一六一頁「日韓断絶」の項）。臨時政府の創立理念を学んでいないが、どんな國家を創るのかでなく、ウィルソン米大統領が一九一八年に提唱した十四ヵ条の平和原則に示された民族自決の理念に触発され、これに乗り、キリスト教と天道教中心に神田駿河台のＹＭＣＡに結集し、反日独立志向の「独立宣言」を発表した。これでは反日独立志向のみの國家になるとみえて成程と腑に落ちた。

第４項　正直な我が國のスローガン

とすれば、大東亜戦争を世界最終戦争という石原莞爾の企画という満洲國建國が、満・蒙・漢・鮮・日の五族共和の「王道楽土」を目指すというスローガンで、國民挙って本気でそんな夢を持ったのだ。幾十万の同胞が建國にたずさわり、敗戦でどんな悲惨に遭ったか思い返そう。

大東亜戦争だって白人支配を排除して大東亜共栄圏を目指したスローガンそのものが國民的コンセンサスであったはずだ。

昭和一六年一二月八日の開戦の詔勅は、戦争目的を「自存自衛」としているが、これに伴う政府声明が、アジアの解放目的とそう言っている。日本國民本気でそう信じて戦ったのだ。

その指導的立場であった大川周明は、アジアに派遣する大川塾々生に対して、「各國に赴き、一人でも「日本人とはこんな生き方をするのだ」ということの分かる心の友を一人でも二人でも作ることだ。大きな仕事をすることはない」と諌め励ましたとか。心底スローガン通りの白人の植民地支配から脱して亜細亜人たる日本人との共栄の実を夢見ていたのだと思われる。

「内鮮一体」の標語の下、旧韓國籍で受験も入校も許される、日本人と朝鮮人とが半数ずつの東京立川の陸軍少年飛行学校に入学された方が一年後、二年生になったとき、中隊が四五人の区隊に分けられて、その区隊と自分の勉強をしながら後輩達と寝食を共にしながら指導する指導係に任命されたことは、朝鮮戦争従軍で多くの勲章を得たが、そのどの勲章より栄誉と思っている、とのこと。四五人の半分の日本人を含む一年生の指導係に任じられたという韓國籍の崔三然さんという方の講演会でお話を伺いました（『致知』令和二年四月号、四四頁の記事あり）。内鮮一体の標語の下、朝鮮人が日本人の指導係に命じられたことを栄誉とされている。

そういえば、「反米」一色であった我が國の野党側の政治スローガンはいつの頃からか聞かない。

今韓國では、反日一色で米を取りこんで反日を國際世論化し、我が國を孤立化しようとする政治勢力によるもので、日米離反を図る草の根活動である米國への慰安婦像の設置はその手段であろうか。

時代の流れは新平民とされた部落の諸君が声高に人権を叫び、傍目には暴力や脅しで利権を得ているような観を呈しながら、気がついてみれば、水平社も松本治一郎も死語化し、「部落問題ってあったんだっけ」というくらい、落ち着いてきている状況である。

在日の人々の社会への融合は、大分自然化してきている。それどころか、我が國で最も成功している事業家はソフトバンク孫正義氏で、韓國人とのことではないか。

あるとき、研修所のクラスの藤田一伯、小沢と一緒に韓國旅行をした。妻の女子中学校時代の友人の韓國籍の方がソウル在住でその方を訪ねた。民族村の見学で、李方子さんにも挨拶させていただいた。さらには、会社の方に夜の接待もお願いし、楽しく、そしてお店の方に接待の哲学を「リフレッシュ」であると伺い、接待の心を理解した。

妻の友人の方にソウル在住の知合いの弁護士との夕食会の会食の招待を受けた。

我々も四〇歳前後の頃であったか、と思うが、同年輩の弁護士はアメリカに留学し、アメリカの弁護士資格もあり、大統領制である韓國で大臣に任命されるのではないかとの噂さえある実力ある弁護士とのこと。たどたどしい日本語で口を極めて日本の悪口三昧の感で、あんな気持ちなんだ、とその語気の鋭さに辟易していた。今の聞いていた年嵩の六十代以上くらいの、頼りなげな老弁護士が、「そんなことを言うもんじゃないよ。今の韓國の差別の酷さを考えてみよ。日本人は平等だよ。俺は軍にいて、一万人の部下がいた。全部日本人だった。世界の歴史で、植民地人に本國の軍人を預けて戦争をやったことがあったか。日本はそれをやった。植民地と本國とを平等に扱った。今の韓國とは違う」と流暢な日本語で若い弁護士をたしなめられた。そのときは分からなかったが、後に当時韓國では慶尚道と全羅道で差別が激しく、全羅道の金大中が迫害されるという話を聞いたので、そのことであったろうか。

何の変哲もない爺さん弁護士に見えたが、一時代を命を晒して人生を過ごされた方の見識の広さに、そして母國の現状を憂えておられる様子が窺え、我々島國育ちで自分の立ち位置を世界史的に置いてみる発想がなかったことを反省すると共に、大陸にあって民族の衝突に翻弄され苦しんだ韓國の知識人なればこその発想であったかと思っている。

第5項　台湾は

台湾へは何回か行った。お世話になっていた自動車用品情報誌の会社のご子息が、台湾から嫁をもらうというので、仲人の真似事で行き、澎湖島まで足をのばしたこともあった。そのとき、お嫁さんの身内の方々からの夜の接待は、カラオケスナックの日本軍歌であった。他のときもそんな接待を受けたことがあり、カラオケスナックの日本軍歌接待は定番のようだった。接待する方々の方が気合が入っていた。あるとき、台北市内の観光を、ホテルの白タクにたのんだ。年寄の猫背のオッサンが、ホテルのドアマンにまでペコペコして、この人大丈夫かなと思っていた。車がホテルを出ると共に、俺は大和魂だ、アイツらに今は辛抱している、と日本時代の話をして下さった。

また、日本人は奥地にまで小学校をつくって、子供の教育をする。現地民が反発して日本人の先生を殺す。そして、二人目の先生が殺されても、三人目の先生が使命感をもって赴任する。こんな民族は、日本人以外にない。俺は、大和魂だといっておられた。後に二・二八事件のことと知るのだが、中國軍の台湾人への虐殺があり、当時中学生だったが、橋の下に隠れて難を逃れた、といっておられた。

はじめて台湾へ行くことになったとき、台湾のことを少しは知っておこうと、新書版の解説書を読んだ。内容はすっかり覚えていないが、「君が飲むホテルのコーヒー一杯の金で、女性が買える現実をどう思うか」という文言の記憶だけはある。北投温泉への買春ツアー華やかな頃だったかと思う。満洲の麻薬王里見甫に戦後信頼を得られた、という中森芳明さんと知合ったのも、この頃かと思う。

高砂族の酋長の娘がムコ探しをしているが、というお話があった。高砂族といえば、首狩族と恐れられた存在だった。養鰻事業に成功した事業家の娘で、アメリカに行ったり来たりしているとのこと、旅客機のタラップ上の写真をみせてもらった。当時の流行語、八頭身美人そのものであった。俺の世界の住人ではない、とあきらめていたら、それきりになってしまった。中森さんには亡くなられるまで、國際情勢の読み解き方や國内における中國暴力団の浸透の話など、歌舞伎町の店の動きや日常生活のなかから、読み解き方などお教えをうけた。そのなかで極めつきは、ベトナム戦争中に戦争見物を誘う英文の観光ポスターをもらったことだ。目をつり上げてベトナム反戦をとなえているとき、アメリカが疲弊してゆくとき、さめた目の諸君のいることも教えられた。

今、台湾は独立國家としての歩みを強めている。独立國家のアイデンティティをどこにおかれるのか知らない。しかし、我が日本國がその一部として愛おしみ、語りかけた歴史もアイデンティティのなかに取り入れてもらえないものかと思う。我が日本が外来の諸文化文明を、全て日本教化して自國文明化しているように。台湾の独自性をもちながらも、我が國の良さは採り入れて。先日、台湾の歴史教科書の日本語訳（薛化元編・永山英樹訳『詳説　台湾の歴史—台湾高校歴史教科書—』雄山閣）をみせてもらったが、これからの國家として、荒々しさも要るとしても、日本の一部であったことの歴史も貴重かと思ったりした。

第6項　國のために死ねるだろうか

（1）伊藤祐靖先生の『国のために死ねるか』というご本、どこを読んでも全部刺戟が強すぎて思考がまとまらない。

黒人とネイティヴ・アメリカンのお話（二〇八〜二一六頁）は身につまされる。日米共同演習のリムパックに参加し、米空母キティホークに乗艦したときのルームメイト黒人中尉の話。

「艦内で軍事裁判の被告人は全て黒人で、軍刑務所も黒人だけで犯罪を犯すのは黒人だけだ。お前のおじいさんは人間から生まれたろう。しかし、俺のおじいさんは奴隷から生まれた。部屋の鍵は内から掛けるのでなく、外から掛けられ、白人に閉められる。食べ物の好き嫌い、そんなものはない。あっても意味がない。白人に与えられる餌を食べるだけだ。そして白人が決めた異性と同じ檻に入れられるだけだ。」

つい一〇〇年前の黒人の現実をもって、今の軍規違反、軍刑務所の全員が黒人である背景を理解せよとのことと。これに納得した。

しかし、翌日、仲の良いネイティヴ・アメリカンが食事のとき、隣に座って、何故黒人と仲良くするのかと聞く。

「黒人というのは、生きていたいからと奴隷になったような奴だ。俺達黄色人種はそんなことはしない。日本人だってしないだろう。そうだろう。誇りがあるんだ。奴隷になることより、白人の侵攻をうけ、アメリカの原住民であった我々の九五％は死んだ。日本人も死ぬまで戦うことを選んだではないか。硫黄島、サイパン、日本人は死ぬまで戦った。カミカゼは米空母に突っ込み、爆弾を身体に括りつけた少年兵は戦車の下に跳び込んだ。

本土が焼かれても焼かれても戦い続け、原爆も二発、それでも銃も弾も無い中、竹槍を持って母親は米軍に向かったではないか。その国の戦士のお前が、何故黒人と仲良くできるのか。」

という。

「黒人の悪口を言うお前は、黒人と共に米海軍に属して同じ空母に乗っているではないか。インチキアメリカ人なんかやってないで、独立戦争しろ。」

と憎まれ口きいてみても、

「自分だって海軍の先輩達が特攻機に乗って突っ込んで行った米空母に乗っていて良いのか、終戦を機に我々日本人はネイティヴ・アメリカンの生き方から黒人的生き方に変えてしまったのか。」

とある。俺の要約では迫力が落ちるが、原典の文春新書にあたってほしい。

（2）アメリカ主導の東京裁判で最も問われるはずの緒戦の真珠湾攻撃が問題にされなかったのは、事前に察知していて味方を見殺しにしたことだけでなく、支那事変中のアメリカの蒋介石支援、その他の國際法違反を裁判に出さないためであって、日本と中國とを先々まで争わせて米國の國益を守るためだった、と聞いた。成程、それが成功もしているが、米國の災いともなっている。この困難を乗り切る努力をどう役立てるか、知恵のいるところでもあるが、「國益」を目先で判断せず、筋を通した我が國体の精神で判断すべきという気持をもった。

東條英機が戦陣訓で「生きて虜囚の辱めを受けず」と、捕虜になるくらいなら、戦死するまで戦えと訓示したことにかねがね違和感を持っていた。

しかし、松元崇先生の『高橋是清暗殺後の日本』（大蔵財務協会、二〇一〇年、一三〜一五頁）では、中國戦線における戦争の実態があり、日清戦争の記録（石光真清『城下の人　石光真清の手記1』中公文庫、一九七八年）によると、清國兵が捕虜にした日本兵を耳や鼻を削いだ上に虐殺した記録があり、米も敵をことごとく殺し捕虜にはしない、何千人かの捕虜のほとんどは殺したり、投降した日本兵を、戻って最後まで戦えと追返して皆殺しにした記録があるとのこと、加瀬英明先生のご本の中でも、日本で鬼畜米英といったように、米でも日本人を動物扱いするプロパガンダを行っていたとのこと。戦争で人を殺すのは、人間誰でも厭なもので、殺すことに抵抗を無くするために敵國人を人間扱いしないキャンペーンをはるとのこと。

そして米兵は、日本軍が白い旗を掲げて投降してくると、捕虜として扱わざるを得ないので、もともと有色人種を人間扱いしていない土壌のうえに、動物視プロパガンダが重なり、動物同様の人間だからとて心の痛みを感ずることなく、全員撃ち殺していたことを知った。

このことでようやく戦陣訓の「生きて虜囚の辱めを受けず」の意味を理解した。

さらに言えば、戦陣訓は道徳として作成されたもので、「敵を屈服せしむとも　服するものは撃たず　従ふは慈しむの徳は欠くるあらば　未だもって全しとはいい難し」「皇軍の本義に鑑み　仁恕の心能く　無辜の住民を愛護すべし」とある由、本来本書第八章第三節の『闘戦経』における戦争目的たる秩序の形成と戦闘倫理の具現化そのままであり、本書第二章第三節の「古神道に還れ」の項に記した明治天皇の御製「国のため　仇なす仇はくだくとも　いつくしむべき　事な忘れそ」そのままである。

昔、『スイス民間防衛教本』という本の邦訳が出版され（スイス政府編／原書房編集部訳『民間防衛―あらゆる危険から身を守る―』原書房、一九七〇年）、そこには占領されたらゲリラはやるな。大量虐殺を招くとあった。占領中は四面敵で誰がやったか分からないと、占領軍としては皆殺しもやりかねないと納得した。しかし、戦陣訓ではないが、どの道殺されるなら徹底的に戦うしかない。健康診断といいくるめて、誰の臓器がどう使えるか調査しておいて、人民解放軍病院の臓器移植の犠牲にされているウイグル人の映像をみたことがあったが、米議会で批難決議があっても臓器移植ビジネスが止んでいないと、中野ゼロホール別館での講演会でのこと。我が國が中國の支配に屈した暁には日本の若者が、仲間が、その臓器ビジネスの犠牲になるのを同胞として黙視することになるのか。恐ろしい未来が待ちうけてるやもしれない。

任錫欽さんの「掲げるスローガンどおりの人間ができる」話や北小路敏の「可哀想だが叩いておかないと使いものになりませんから」という話や、加瀬先生の戦争準備としての「殺すに値する人間」とするキャンペーンの話など併せ考える。

そんなことを勉強しているうちに中・韓・北朝鮮の我が國への鬼畜視、プロパガンダは日本への侵攻の精神的現実的準備やも知れぬ、日本人の明日はウイグル人か、と甚だ居心地の悪い思いをしている。

林千勝先生の『近衛文麿　野望と挫折』（ワック、二〇一七年）によると、支那事変も大東亜戦争も、我が國権力の中枢に風見章とかゾルゲと通じた尾崎秀実など朝日新聞関係者をはじめ、学会、言論界、などに他國と通ずる者が多く、我が國が他國の利益に供するメンタリティと技術をもっている國とみなされて、日本の國家中枢がコミンテルンと中國共産党の策謀に乗せられ、協力していたようである。

日本文明の「底の浅さ」には開き直ってはいるが、「浅い」ばかりを是として良いか、「禍事《まがこと》」に乗せられてきた薄っぺらな我が國の現実を知った。「日本文明」の深化が求められる、と反省しきりである。松元崇先生の前掲『高橋是清暗殺後の日本』「第一章　さきの戦争は何だったのか」（二一～二五頁）によると、政治、國家の指導者だけでなく、戦争指導者も問題かの如くである。

人類史、國家史、地方・地域史、家族史、個人史を縦、横、斜めに切って、事実を否定的に把え、否定的事実の側面は「仕様事もない動物としての人間。色んな「芸」をやるもんですな」と横目で睨んで、人類史、國家史、家族史、自分史に至るまでいろいろあった。思い起こせば、ハラワタの煮えくりかえることばかりのようにも思える。

我が祖國日本に生をうけ、誇り高い人生を求めながら、貧弱貧困な生で祖國に生きる幸せを生かし得なかった。ただ、母校中央大学の教え「質実剛健」「家族的情味」のスローガンに従って、「糞真面目に生きる」だけは実践してきたか、とこれを慰めとし、「我が祖國讃歌件の如し」である。

第4章　科学的に検証された日本文明の基礎＝人間は天然自然の一部である

キリスト教聖書では「はじめに言葉ありき、言葉は神なり」が原点である。しかし我が日本文明では、あるがままの人間そのままの「はじめに行為ありき」で全てが組立てられているという私見である。

大脳は脳の、思考の最重要機能である。この機能の働きで現在の最先端科学がある。福岡伸一『動的平衡』（木楽舎、二〇〇九年）を参考に考えてみる。

第1節　シェーンハイマーの生物としての人間

福岡伸一先生は、生命が流れであり、私たちの身体が「その流れの淀み」であるならば、環境は生命を取り巻いているのではない。「生命は環境の一部、あるいは環境そのものである」と『動的平衡』というご本の中で説かれる。

これが現代科学の現在の到達点とするならば、我が原始宗教と言われる神道の人間は自然の一部にすぎないのであるから、生存のためには自然を大切にせよ、という人間観（神籬《ひもろぎ》磐境《いわさか》の神勅）、自然観そのものではないか。

このことをユダヤ人科学者ルドルフ・シェーンハイマーは実験により次のように論証した。
彼はアイソトープ（同位体）を使い、アミノ酸に標識をつけてそれをマウスに三日間食べさせてみた。

標識アミノ酸は瞬く間にマウスの全身に散らばり、その半分以上が、脳、筋肉、消化管、肝臓、膵臓、脾臓、血液などありとあらゆる臓器や組織を構成するタンパク質の一部となっていたのである。そして三日の間、マウスの体重は増えていなかった。（中略）マウスの身体を構成していたタンパク質は、三日間のうちに、食事由来のアミノ酸に置き換えられ、その分、身体を構成していたタンパク質は捨てられたということである。（二三〇頁）

だから、私たちの身体は分子的な実体としては、数ヵ月前の自分とはまったく別物になっている。分子は環境からやってきて、一時、淀みとして私たちを作り出し、次の瞬間にはまた環境へと解き放たれていく。（二三一頁）

標識アミノ酸は、ちょうどインクを川に垂らしたように、「流れ」の存在とその速さを目に見えるものにしてくれたのである。（二三〇頁）

シェーンハイマーは、これを「動的な平衡」と名付けた。
そこにあるのは、流れそのものでしかない。（二三三頁）
その流れ自体が「生きている」ということなのである。（同前）
「生命とは動的な平衡状態にあるシステムである」（同前）
と申される。

……環境にあるすべての分子は、私たち生命体の中を通り抜け、また環境へと戻る大循環の流れの中にあ

り、どの局面をとっても、そこには平衡を保ったネットワークが存在していると考えられる……。（二三四～二三五頁）

生命が「流れ」であり、私たちの身体がその「流れの淀み」であるなら、環境は生命を取り巻いているのではない。生命は環境の一部、あるいは環境そのものである。（二四九頁）

とするならば、日本人が原始から皮膚感覚として感じており、「惟神の道」即ち「神話の時代からの生活」を大切にして、それをもとに「生き方」の規範を定めていた、その基本の原理が実証されたということだと思う。

第2節　大脳は最重要機能脳、最大脳だが、万能ではない

文明は人間によって生み出されてきた。そして、科学は文明に対し大きな影響を与えてきた。

現代科学は言うまでもなく理性、つまり大脳で行う。大脳が人間にとって最重要な機能を営んできた。これは事実である。しかし、他方で、科学では、即ち大脳では、未だに解明できていないが、それでも存在するであろうことが感覚的に分かっているものもある。このようなものを人間が直感的に感じるのは、大脳ではなく間脳なのだそうである。

人間は経験から知識を蓄えて行ってきた。東洋医学や道徳や古来の生活習慣などはその典型であろう。それらは、確実に存在していると感じられるが、しかし、それを大脳で行う西洋科学は解明しきれていない。もっとも、西洋科学は日々進歩し、今までは解明できておらず、「トンデモ」とされてきたものが次々に科学的に解明されるようになっている。つまり、大脳で理解できる分野が広がってきている。

我々が今すべきこと、というよりも、すべきでないことは、科学で解明されていないことを軽んずることで

ある。大脳で理解することができるのはほんの一部であるということを理解し、解明できていないが歴史的に事実だとされてきたものをあるものはあるのだとして尊重する態度が「一応」という留保はついたとしても重要なのである。もちろん、今後科学で解明されることを受け入れながらではあるが。

第3節　宇宙からくる波動と人の脳

このように、新たに解明された分野の一つに、「波動」がある。

二〇一七年のノーベル物理学賞は、マサチューセッツ工科大学のレイナー・ワイス名誉教授他二名の米物理学者が授賞された。

重力波は重い天体同士が合体するなどした際も、その重力の影響で空間にゆがみが生じ、波紋のように遠くまで光速で伝わって行く現象で、一九一六年アインシュタインが重力と時空に関する一般相対性理論でその存在を予言しており、このたびの授賞は授賞者らが「二つのブラックホールが合体して空間にゆがみが生じ、重力波が発生し、一三億年かけて地球に到達したことを二〇一五年九月に検出に成功した」（『産経新聞』平成二九年一〇月四日付より）ことに対するものとか。

「波動」とは何か。今でも科学的に立証されているといわれても腑に落ちない。納得して、「ああそうか」という感じにならない。でも真実らしい。

ある水の研究者の方（『いのちの調律』きれい・ねっと、二〇一四年、『水は知的生命体である』風雲舎、二〇〇九年の著者増川いづみ先生）が、「人体は七〇％が水だ。だから水の波動で生体は如何様にもなり得る」と言っておられた。

そういえば友人の矢野雅誠から、指先に彼自慢の小瓶に入った水を少しだけつけて、拇指と人差し指で輪を作って、「この輪を開いてみよ」と言われて、何をどうしてもぴったりくっついた指はピクリとも動かない。不思議な経験をしたことがあった。今でも健康の素という加工水が健康食品にある。

そういえば、『古事記』に出てくる豊雲野神《とよくもののかみ》とは波動の神様で、波動によって「無」から「有」を生ずると聞いていたので、「『古事記』に波動の神様がおられるそうですが」と増川いづみ先生に問いかけたら、「出てきますね」と「國之常立神」だか、違う神の名を申された。

原始人・古代人は、大脳よりも感覚の質に加え、脳の他の部分が鋭く、その最も鋭いシャーマンが天皇となったのかもしれない。

帯津良一先生は、今、川越で帯津三敬病院を開設しておられる。

妻の公子が帯津先生の健康カルチャー教室に参加し、健康体操の指導の後、宇宙からの生気を胸一杯に吸い込むんだと言って、宇宙を向いて深呼吸を指示されたと言っていた。その報告に、先生の権威と言動に落差、違和感を感じた。

先生は漢方的療法で知られ、多くのガン患者に信頼され、治療実績も高いものがあるとのこと。その先生の教えを受けに行ったのに、先生が宇宙からの生気を、と何だか「神がかり」みたいなことを仰ると言っていた。

しかし、どうも我々夫婦が不勉強だったらしい。

かねてご指導いただいている、人吉航空隊で少年兵であられた中大昭和三四年夜学卒の薄衣岩雄さんが、間脳を鍛えよ、と主張される。お薦めいただいたご本『宇宙とつながる間脳開花』（嶋野鶴美著、青山ライフ出版、二〇一七年）では神がかりの疑い解けず、同じ著者の『間脳発想革命 潜在意識と顕在意識のハーモニー』（ＰＨ

Pエディターズ・グループ、二〇一九年）のご本によってようやく理解できた。

このご本に脳の断面図が出ており、脳は全体の大部が大脳で、その一部に小脳があり、この二つの脳で囲まれて、視床・松果体・視床下部・視交叉上核があり、これら全てを間脳と呼び、この間脳部分を支える脳幹が描かれている。

このご本によると、間脳は脳の中心にある松果体など自律神経を司り、ホルモンの制御などの重要な働きをしており、自然界にアクセスして自然界の植物はもちろんのこと、太陽光をはじめ大宇宙からも活性化のエネルギーを得ているとのこと。

間脳が宇宙からのエネルギーを得ているとするならば、それはノーベル賞を得られたワイス名誉教授の発見された重力波であるかもしれない。

暑中お伺い

明治神宮の森に大鷹が棲《す》んでいるそうです。樹林の先端に望遠レンズを向けている方に教わりました。大鷹は日本の森の生態系の頂点に立つものとか。

明治神宮をお参りすると心が洗われ、森の道を歩くと身体に生気がみなぎります。

天武天皇は六七六年、「畿内山野の伐木禁止の勅令」を出されたとのこと（日本書紀）。生活と自然が相即不離であった古人《いにしえびと》の心を今につなぎ、「本来の日本」を取り戻し、後世に伝えたいものです。

平成二十九年　盛夏

内野経一郎
公子

2017年（平成29）　暑中お伺い

帯津先生の宇宙を向いて深呼吸が論拠あるやもしれない。科学的論拠を得て喜ぶと同時に、大脳偏重の文明論に否をつきつけながら大脳に頼り切っていたことを反省した。現代日本で「神がかり」、「スピリチュアル」は、大脳的に理解できないので、「あいつはスピリチュアル系」だと変人奇人扱いで切捨てている。神道的精神によって、もっと謙虚に向かい合い理解する努力が求められている。明治神宮の森に入る

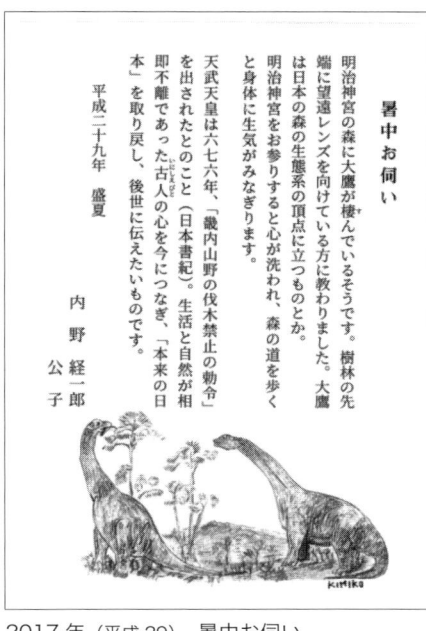

と不思議に体が活性化し、女性の肌恋しくなる経験をしておりながら（平成二九年暑中伺い）も脳に関する勉強がもっと必要であると感じている。

そういえば、解剖学的な最先端医療に加え、古くからの言い伝えや古文書、「おまじない」「漢方的手技」、サプリメントなどを総合的に研究しようという医師の王瑞雲先生をはじめとする先生方で、総合医療、統合医療という提案がなされ、活動があると聞いている。大切なことだと思う。

ただ、新興宗教の興る初期に「病気が治る」という話の拡がりが多い。近頃それは嘘かもしれないが、本当かもしれないと思うようになった。増川いづみ先生は、祈りの波動と共鳴共振すると、そんな不思議とも思える現象がおこると申される。

京セラを率いた稲盛和夫の『君の思いは必ず実現する』（財界研究所、二〇〇四年）というご本で、谷口雅春の『生命の實相』から引用しながら（三八頁以下）、叔父の結核から逃げていた自分が結核に罹患し、叔父をいつくしみ叔父の病に向き合った父や家族が、事なきを得ていたことから、心のなかの磁石が逃げれば逃げるほど、災難でも病気でも失業でも引きよせると申されるのを読んで、増川先生の共鳴共振論から、強い思いはその思いに共鳴共振する波動によって必ず実現する、という稲盛の人生経験からする確信であろうかと読んだ。あり得ることであろうが、大脳皮質で考える限り、分からないことは分からないで仕方がない。

大金をダマシ取られる怖れある危ないことは信じない。ただ、信じて害少なく益のあることは信じ祈ってみることかと思ったりしている。己の小ささを自覚した。町場の実感としては病気の弱みにつけ込む詐欺師たちへの用心もいると思うも。

太陽の恵みは万國共通としても、古代ギリシャの昔から占星術があり、我が國も中國渡来の星の伝説「牽牛織女」をはじめ、星や月の物語に事欠かない。

地球上の自然の不思議だけでなく、天体の不思議に思いを致した古代人・原始人は、潮の満干に月の満ち欠けとの相関をみたり、実証的に分かることは分かるとし、その余の宇宙は謎のまま、分からないことは分らないとして、その点において我が國先人は謙虚であった。

第4節　分からないことといっぱい

子どもの頃一家総出して畑仕事に出ていて、日暮れにはまだ間があり、雲も出ていないのに、「雨が来っど帰ろうか」と働き者の祖母が珍しく早仕舞をしたのを不思議に思って、今でも記憶している。口惜しいことには祖母の予言通り雨になったのかどうか、記憶の糸がぷっつり切れている。

疎開した母の実家ではカイコを飼っていた。カイコは、小さな黒いつぶつぶの卵から、小型の芋虫になる。これを平べったい広い竹カゴ（バラと呼ぶ）に入れて、エサの桑の葉を入れてやる。桑の葉を千切ってカイコのエサをやるのは子供の仕事で、桑の葉つみが結構大変なのに、カイコはドン欲にバリバリと小さな音をたてながら桑の葉を喰ってゆく。その食べる勢いが早くて、せっかく苦労してつんできたのにと、また仕事がふえるなと思いながら、他方では桑の葉を食べる勢いを小気味よく眺めたことを思い出す。やがて自らの口から糸を吐いて、自らの体を巻いてまゆになる。

そのまゆを煮て、数個まとめて糸にして、糸車に手廻しでまいて糸にしてゆく。まゆが糸になったあとにはさなぎが残る。残ったさなぎは、後に鯉のエサにしたのは覚えているが、この頃さなぎの処置をどうしたか覚えていない。

この糸車でとった糸をハタ織機にかけて、タテ糸を張っておいて、ヨコ糸を小さな木製の飛び道具（杼《ひ》）で左右にとばして、布に仕立ててゆく。家の裏の狭い場所で、この一連の作業を伯母の橋口エンがやっていた。それを、伯母は辛抱強いなあ、とぼんやり眺めていた。

どこでいつ染色したのか、濃紺に染まって簡易な地味な模様のついた私のチャンチャンコができていた。チャンチャンコの綿は真綿につつまないと玉になってしまうので、丹念に綿を真綿につつんでぬってくれたのを見ていた気がする。

伯母にチャンチャンコを渡されたときの嬉しいとも何ともいえない気持。自分にだけ伯母がつくってくれたので、いとこや、妹たちへの遠慮の気持や伯母への感謝と、そして卵から育てたカイコで着物になった、それを全部自分も参加して行ったたし、作業するのをみていた伯母が、あれだけの手間をかけてくれた感動、そして農家のあの忙しい女手が、労力の多くの義務を尽くしたうえに、私一人のためにこれだけのことをしてくれた身の置き所のない嬉しさと申し訳なさの気持を、今でも時々思い出す。

七夕の時期になると、伯母が織ってくれたハタ織機も、タテ糸をピンと張って、ヨコ糸を飛び具で忙しくとばして、布に仕上げてくれたあの情景を思い出して、織姫が、古代が、伯母と重なって、そんな季節には懐かしく幼かった頃の思い出にひたったりしている。

桑の葉つみだけの苦労ではない。カイコは、竹あみの大きな平べったいものにびっしりと飼われていて、夜は天井に仕舞ってあるのだが、そのカイコを狙ってヘビが家のなかに入ってくる。大人の背丈以上に大きなヘビが天井から落ちてきて、怖かった思いもあるから、カイコの全部がまゆになったのではなく、ヘビのエサになって、せっかく飼ったカイコも少なくなっていたのだろうが、そんな不平をきいたことはなかった。

昭和二〇年の秋の深まった時のこと、神話の時代がそのまま鹿児島の百姓の生活だったのである。私が百姓の真似事をしたのは昭和二〇年の終戦から一年足らずのことながら、庭で飼っていた鶏も、しっかり鶏小屋に入れて鍵を閉めておかないと、そうしておいてさえ、当時「イタチ」に襲われた、といっていたと思うが、朝鶏小屋に行くと鶏の羽根だけが無残にも残って、一羽二羽の鶏が喰われたか、どこかに消えていることがあった。

すでに江戸もすぎ、明治の文明開化後の農業も近代化し、集落も固まったあとでさえ、飼っている家畜が野生動物の被害に遭うのだから、昔々は天然自然を読みとる感受性や、ささやかな生活を野獣から守る知恵なくして、人間は生き残れなかったのだ。大脳も大事だが、その他の動物的能力も全開で現在の生活に至っているはずである。それ以前の我がご先祖さま方は、生活にどんな知恵を働かせ、どんなご苦労をなされたことかと思う。我が國を「稲作社会」と簡単に言ってくれるな。私は子供のときのたった一年くらいの百姓の真似事だけでも、あんな厳しい労働をその後にやった記憶がない。

我がご先祖さまは、あんな厳しい労働の危険のなかで、部落の人々と折合いをつけ、家族で協力し合って今日に至ったものかと思う。こんな古代をしのぶ縁から今、現代日本文明に思いを致したりしているのである。我が天皇始発の由来の文明も、天皇がこの鋭い感受性で農業生産の向上に裨益《ひえき》し、人々の信頼を集めたことにあろうかと思ったりしている。

『古事記』にも、天地《あめつち》の分かれるときに現れたのが、天之御中主神《あめのみなかぬしのかみ》といい、その後、七神が生まれたものの、独神《ひとりがみ》で皆お隠れになった。混沌とした宇宙から天と地が分かれたはずだが、神々も忽然と現れ、独身でその辺の事情は分からないということになっている。

さらに大八島は、天沼矛《あめのぬぼこ》の滴でできたとか。

我が國はイザナギ、イザナミの交わりから生まれたとか言って、「分からんことは分からん」「そんな夢を語ってみた」と正に神話の世界となっている。

以前ラジオから、アナウンサーがリスナーの手紙を「森羅万象知らんことばっかりだけど、カアチャン頑張るからな」と読んでいるのを聞いた。これこそ、我が原始人の今日に至るまでの生活信条であると感じ、心のなかでこのセリフを繰返したりしている。

第5節　未知の多い人間の能力

現代医療でも代替医療に素晴らしいものがある。公式に認めると國民の健康保持体系が乱され、障害も多いとして規制されているが、医者でさえ帯津先生が宇宙を向いて深呼吸を、と言われると神がかりとの誤解を受ける。

しかし、ノーベル賞の重力波の健康への貢献を思うと、人間の生体を活性化させる宇宙からの恵みがあり、帯津先生はそれを感得されていたのではないかと思う。

今でも最先端の医学で治癒しない病が民間療法で治癒するのは現実である。現に私の手術の後遺症の足のむくみを施術された医師に伺ってみたが、強いストッキングを使用する他に治療法は「ない」とのこと。

しかし、自律神経を整えるという簡易な「ゆらし療法」という民間療法で際立って改善し、現在ではほぼ完治と見てよい。ただ、その説明がつかないがゆえに陽の目を見ずにこの素晴らしい技術が葬られ消えてゆくのが惜しい。今でも人類が知らないことばかりなのである。

私が言っても迫力ないので権威を藉《か》りて言う。

我が宮崎大宮高校から同期で唯一人だけ東大医学部に進んだ、今は故人の荒木駿二君が、同窓会で、「現代の医学が知っているのは人間の体のほんの一部だけなんだよなぁ、時間が取れるようになったら治療方法の記事を時系列で整理すると面白いだろうと思う」と言っていた。

やたら、高飛車に治療法を押し付ける医者に違和感を覚えていたので、彼の謙虚な発言を嬉しく聞いた。

我らが部族長、天皇の祖先は、本書第一一章で紹介する私の柔道体験、常人に図り難い宇城憲治先生や植芝盛平先生、西野皓三先生のような生体的「気」を持ち、祖母が畑仕事の早仕舞をしたように、雨の空気を読み、原始人には摩訶不思議に思える能力をもって群を統率する能力を持つシャーマンだったのであろう。そのシャーマン性は植芝盛平先生や、宇城憲治先生のように武術の修行によって獲得されたものかもしれない。あるいは古神道行法にある大本教の出口王仁三郎が修行したという神道の行者の修行や僧侶の荒業のような鍛錬があったのかもしれない。限りなく強く人智を超えることは、畏敬の対象であろう。それが現代に生きる宮中祭祀の厳しさでもあろうか。

ただ、総合的統治能力たるシャーマン性の獲得維持には、宇城先生の申されるような「形と呼吸法」に基づく「神ながらの道」たる行法の修業によっているのではないかと思う。大宮司朗先生の『古神道行法入門』（原書房）の「言霊神法」「鎮魂帰神法」「太古真法」「霊胎結成法」「禊行法」が、古神道五大神法とされるところや、同じ大宮先生の古神道行法秘伝にある「行法」の記載からの示唆である。

ここに、今東光が「もっている財布の内味を小銭の額まで言いあてる霊力をもつ」と紹介している（出口京太郎『巨人出口王仁三郎』講談社）。出口王仁三郎が長沢雄楯や本田親徳を師に、鎮魂帰神法その他の行法の霊的修業により到達したという。

生長の家の谷口雅春や世界救世教の岡田茂吉、合気道の開祖、植芝盛平なども、不思議な霊力をもつ弟子群を育成している。現代においてさえ、大本教という神道の秘法の「行」を究めた者が、他人の財布の内の小銭に至るまで見通す力をつけ、その弟子が何万何十万の信徒のある神道系の新興宗教家を生むとすれば、古代天皇はそれ以上の霊力をもって、國民の信頼を得ていたはずであろう。

上皇陛下が、「全身全霊で國民の幸せを祈る体力が限界」とて譲位を願われたのは、「宮中祭祀」という古代からの形式に則った、身体的に苛酷な民安かれの霊力を生む行法の修行に、体力の限界を感じられたからかと思う。

天皇は、この厳しい自己規律をもって一つならず他の群《むれ》を「まつろはせて」、即ち、「祭ろはせる」心を一つにする群を束ねて、多くの群をまとめ上げた。その拡大した群の秩序を維持するために、その権威を血脈相続の形をとったのが天皇の制であり、日本國家の成り立ちではあるまいか。

斎庭の神勅で、稲穂をもって民を豊かにしなさいというのであるから、稲作民のなかにおける天皇の持つシャーマン性の第一は、稲作技術に秀れていて、その指導で部族民が豊かになったのであろう。だから、人々は天皇をたてたのであろう。

稲作農民が豊年に湧くことによって、天皇を神格化する支持があったのではないか。我が文化は人の役に立つもの、すべからく神とする多神教文化なのだから。

宮中祭祀の最大の行事が、新嘗祭《にいなめ》だといわれているのはこのことを示していよう。生産性の低い原始時代においては喰えることが第一のはずで、稲の恵みを寿ぐ新嘗祭が大切であろう。歴代天皇は国民《くにたみ》が飢えないよう、治世を工夫されたに違いない。

新嘗祭とは、お米が収穫できたお祝の祭りだ。祭りとは、心を一つにすること、皆で協力し合って、豊作になったと喜ぶ心を一つにすることが「祭り」だ。

政事《まつりごと》とは、皆の心を一つにまとめて和に至る、即ち秩序を保つことである。

仁徳天皇の「民の竈は賑いにけり」の説話のように、生産性の低い時代には、食生活ができることが、第一であったろうが、時代の進展と共に衣・住の豊かさを含む社会の安定による豊かさ、そして戦争の悲惨のない國際的な豊かさ、天皇は常に國民の豊かさを願ってきておられるのである。

「衣食足りて礼節を知る」とか、お互いの立場を理解しあう、生活のゆとりのある社会の実現は國家経営の理想である。我が天皇をいただく政事《まつりごと》の目指すところである。

しかし現在、「足らざるが常」の社会から生産性の向上で、生存的安定はまた、精神の緊張を欠いて、金美齢先生は、「衣食足りて礼節を失う」と嘆かれている。ただ、それ以上に人類が今まで知らなかった「足りるが常態」の世界では、現代型「鬱病」など、新たな人間的歪みが生じ、在来型の足らざる人間と充足型人間の混在で、生活感覚や価値観が分かれ、新たな解決が求められている。

第6節　波動理論・量子物理学

量子物理学とは、原子論に基づき、量子力学を基礎に考察する物理学の諸分野の総称であるといわれる。

「量子は目に見えない超微細なエネルギーであり、その量子が全てお互いに影響をし合っているというエネルギーの関係性を学ぶ学問が、量子力学であると思います。その大いなる存在によって創造された量子の絶妙なバランスが宇宙や自然界にミクロ、マクロレベルで存在しています。それらを水や身体にハーモナイズして取り入れることで、心身ともに調和がとれて理想的な健康生活を送れることと思います」というのが増川いづみさんの解説であった。この量子物理学を医療に応用する動きがあるそうである。

量子物理学において「波動」が解き明かされはじめている。原子は、中性子および陽子の周りを電子が超高速で回転している状態で存在しているそうであり、この電子は、粒子および波動の二つの性質を持っているそうである。そして、いわゆる「超ひも理論」によれば、物質の全ては素粒子でできており、素粒子が振動する「ひも」であることから、この世のすべては、固有の振動パターンを持つ振動エネルギーであることとなる。

銀座で医院を営まれ、量子物理学応用の「メタトロン」診療に関心をもたれる吉野教明先生の書かれた冊子『僕はノリちゃんである』（万代宝書房、二〇二〇年）によれば、ガンや自己免疫疾患などは、現代の西洋医学では治らないが、この量子物理学的治療を施すことによって治すことができるらしい（二四〜二六頁）。

しかし、同書曰く、医学界にはタブーがあり、それは、「治療に量子力学を使用してはならない」という不文律になって表れているという。

現代西洋医学は、ニュートン力学的診断、すなわち触診・視診・打診・聴診・手術といったものや、薬で治療する生化学に基づいている。そこに検査方法としての量子力学を組み込んではいるものの、あくまで検査方法であって治療方法ではない。この現代西洋医学のタブーに切り込み、量子力学を医学に応用してできた機器が「メタトロン」とのこと。吉野教明先生は、現に横浜や銀座でメタトロンを活用したクリニックを経営されている（医療法人社団誠敬会）。

メタトロンは、人体の各部位から発せられる周波数や、エネルギー情報を読みとり、評価を提示する測定器である。機種によっては感情やストレスの原因をも読みとることができるそうである。私も、在京宮崎経営者会議の山中祥弘会長のお世話でこの検査をうけている。結果に半信半疑で未だ精密検査をうけていない。いずれ「未病治療」と申される吉野教明先生のクリニックで自ら治療を受けてみたい。西洋医学では説明がつかず、オカルト扱いをされそうなものであるが、たしかに治療が行われ、西洋医学で治らなかった病が、回復した患者もいるとのことである。

また、量子力学を応用した治療法にレーザー治療がある。昨今ガン治療の最新技術として、このレーザー技術が注目されている。

楽天メディカルは、ガン細胞を壊死させる医薬品と、その医薬品と組み合わせて用いる医療機器レーザー装置の製造販売承認を國内で初めて取得したとのことである。このレーザーシステムは、切除不能な局所進行または局所再発の頭頸部ガンに対し使用するらしい。

このように、現代医学界のタブーに切り込む流れが発生している中、それを非科学的だとして排除する動きもまた発生しているという。西洋医学は、「大脳」の学問である。これを軽んずることはできない。しかし、その大脳とて完全でないことに思いを致せば、人智の開発著しい現在、このような技術に期待を寄せたいとも思う。今まで霊的とされ「信じるかどうかだ」とされた「宗教」に科学の光が当てられるのかもしれない。

第5章　近代史に見る人間観

第1節　五臓六腑で考える

兄弟の相続争いの事案であった。父が常軌を逸した異常行動の末、家庭が崩壊して兄弟が仲違いをした上のことであった。

依頼者の方が申されるには、父が大腸ガンで「放置すれば手の施しようがなくなり、一年後には死亡するはずだが、手術すれば人格は変わってしまうが、それでも五年、一〇年は生存可能ですが、どうしますか」と医師から問われ、放置すれば死ぬと言われているのに、人格が変わっても生きているならば、と手術をした。退院後日がな一日、怒りっ放しで、母親に罵詈雑言のみならず、殴る蹴るの暴力を振るい、母親が早死した。そんなこんなで兄弟も争いになった。

「人格が変わると言ってもあんなことになると思わないもの。おふくろに悪いことをした」と言っておられたのを思い出す。大腸が人間の感情を制御していることは、今では広く知られてきているが。大脳至上主義への反省の一材料である。

人間は全頭脳を使い尽くすだけでなく、人体全部で、特に感情の制御は大腸によるとか、五臓六腑をもって自然的環境、親子兄弟、その他の人間関係という社会的環境のなかで考え、感じ、行動する。

繰返すが、人間は、そのものの持つ皮膚や、肉体、骨格、脳のみならず全内臓、そしてこの総体としての、人間への影響の大きい宇宙を、天体を、海、山、川、大地を含む天然を、捨象してなす「人間」はあり得ないのである。

宇城憲治先生の「身体脳」という表現も、武道からみた人間総体かもしれません。「五感をもって」という生体全部という表現に、第六感という摩訶不思議な感覚もあって、その全てが人間というものだ。

最近、古本屋で、宇城先生の『「気」でよみがえる人間力』（どう出版）という本を見つけた。二〇一二年出版であった。そこに書かれていることが不思議の連続で、先生がさらに修行を積まれて、人間能力の限界を拡げられていることが分かる。二〇二五年の今が知りたい。

第2節　大脳全依存・知性万能観

ただ、近世ヨーロッパは、身分制度に身動きが取れなくなり、ルネッサンス期に「古代に還れ」と叫び、これが「人間性の解放である」と主張し、新しい時代を拓いた。

確かにギリシャ都市國家の民主制に還ることは、硬直化した中世の身分制度を打破し、人間解放を呼ぶものであったかもしれない。

デカルトが提唱した「我思う、故に我在り」という命題は、ルネッサンス期を象徴する知性万能主義の表現であろう。観念論の表現として象徴的だったのであろう。

一方で、マルクスはこの考えに抗い、これは観念論であると批判し、唯物論を提唱する。「ものがそこにあるから我々は認識できるのであって、自然も社会も、我々がそこに物があると考えるから、そこに物があるわけではない」と主張する。

近代に道を開く西洋文明で大切にされたのは、人間の意思、頭脳的思考であった。ルネッサンス期からマルクス的思考に至るまで、そして現在に至っているのであるが、皮膚感覚を含め、人間の生体全体で考え、感じるのでなく、人間の頭脳だけでひたすら大脳のみによる思考を大切にしようとする歴史の形成であったかと思う。

視点をずらすと、いわゆる唯物論で言う人間論は、やはり大脳限定、知性万能論で、しかも、経済社会的見地に重点を置いて考察されて、社会を形成する枠組みを提案し、その限度の外界の制約のもとに行われるものであって、その「外界の制約」というのは人間関係、例えば「人のために働くことは苦痛でしかないが、自分のために働くことは喜びとなるのだ」という一面の真理、他面の虚、の評語を生む。

自己疎外というが、禁欲が歓びともなり、献身の喜びもある。他人のために刻苦精励して他人に喜んでもらうことはまた喜びでもある。そんな社会の組立て方が日本文明の説くところかと思う。

唯物論は観念論同様、知性のみの産物であり、しかも経済論を労働価値説に限定して、社会現象全てが読み解けるとした。かつて、その時代における社会構造に視点を置き、外界の制約を専ら経済的見地における人間関係に限定し、組成社会の変化、発達を論じていたように思う。

いずれにしても、観念論だ、唯物論だ、と議論してみたところで、両者ともに、所詮は思考至上主義、大脳至上主義という観念論の枠内のことであろう。そして、現在に至るも強力に主張されている流れである。リベラルといわれる人々がこれで、その多くは唯物論思考の枠から出られない方々であろうかと思う。

「身分から契約へ」という世界規模の社会のあり方の変革という近代の形成は、アメリカ独立はピルグリムファーザーズとよばれるキリスト教新教による建國であって神を前提にする。そしてフランス革命は、カトリック教会の権威を、神を否定する社会構造の変革であった。

そして、この原理を認めないロシア革命は神を無視する神不在のこれに抗う構造変革であった。そこに至る近現代史は、いずれも観念論たるこのような理知至上主義思考に基づいて行われてきたようである。

もっともマルクスのスポンサーはユダヤ教徒であって、唯物論共産主義はユダヤ教の亜型といい、現在の国際連合＝国連自体もユダヤ教の支配にあるという噂も聞いて理解を超える。

早稲田大学を卒業され、司法試験受験のため白門会研究室に参加され、寮生活を共にし、生きる姿勢をお教え下さったのは、石川博臣先輩である。今でも先輩の教えに違わないよう、精一杯生きています。生きたお手本として先輩を見習っています。何かの機会に「西洋よ、その傲岸な頭を東洋に垂れよ」と申されたことがいつまでも何のことか分からず、頭の中を駆け巡って今日に至っている。私が今になって気づくことを、石川先輩はすでに学生時代に体感しておられたのだろう。

それこそが理想だとして完遂したフランス革命は、革命という流血の惨事を経たが、それでも「身分から契約へ」の標語にあるように、契約社会への進化という意味で相当程度の成功を収めたかの如き観はある。

しかし、人工國家を作出したロシア革命や、そして中國革命も、出現するはずの理性的なかつ効率的で平等な社会とは似ても似つかない社会が現出し、悲惨な歴史を重ね、今日なお中國の独善に世界中が苦しんでいないか。

それも現代におけるミクロの人間研究、社会科学研究の水準を活用して、さらに帝國主義的地平の開拓と共に、科学技術による利益の効率化・増大化を重ねて、世界制覇にいたるプログラムを研究、実践しているかの如くである。

そして、今なお力を持つリベラルを標榜する理性万能主義は、真実理性の実現を期しておられる方々もあろうが、故意と過失の別はあろうが、理性の衣をまとわせて、己が利益や感情を実現しようと試みられる場合も多いと思われる。日本文明として國内の民の心を一つとすることを是としての発想だが、民心を引裂くことを是とする政治勢力もあると聞く。門田隆将氏の共産党批判を知ってほしい。

第3節　「國体の本義」における人間観

(1)　佐藤優の『日本国家の神髄』は、「国体の本義」の解説書であり、西欧思考をアトム（原子）的人間観から出発しているといい、我が國も「個」からの出発ではあるが、自然の中の人間、それは個別的な意思の働く人間ではなく、祖父母、父母、自分、そして子供、孫とつながる人間の生の連鎖を自然環境の中から説き起こすのが國体の本義における人間観である、としている。さればこそ子孫のために自らは特攻で命を捨て、子孫のために我が國のもつ自然的、人的、精神的生活環境、即ち日本文明そのものを残そうとした。

(2)　私の家の庭先にある旧勤労福祉会館（＝勤福、現在名は中野区産業振興センター）の庭園の緑の保護活動をしてきた（後出、三六六頁）。その活動報告集会で、元中野区公園緑地課長を勤められた井出良夫さんに緑の大切さのお話を伺った。

そのお話の中で、「緑は人を忍耐強くし、かつ優しくする」という内容の文献があるとのこと。

この前の暑中見舞で「明治神宮の森に入ると生体が活性化する」、と書いたばかりなので、この文献による傍証を得たい。生体の活性化とマイルドに書いたが、神宮の森に入ると実は女性の肌が恋しくなったのだ。

女性の肌が恋しくなるという実証は、「優しくなる」という実証でもあろう。女性の肌恋しくば優しくしなければ得られないだろうから。若者の間で明治神宮の森が東京一番のパワースポットという評判とのこと、納得する。

そしてまた、忍耐強くなるということは、岡潔先生の『私の履歴書』（第三〇巻、日本経済新聞社）のなかであったろうか。何かの随筆風の読み物のなかで、数学上の功績について、「豊かな情操のうえに、強固な意志が養成され、その強固な意志に支えられて高い知性が磨かれる」とあった。その強固な意志ということは、忍耐強いことであって、女性の肌恋しくなるという情緒の満ちるゆえであろうと、これまた経験的に実証されたとしておこう。

戦前はもとより、今でも照葉樹に覆われた鹿児島や宮崎の山や林は心が和む。

緑は忍耐強さを養うというよりも、怒るとか憎むとかいう否定的感情を生じず、人々に心優しく接する作用があるのかもしれない。

十七条憲法の書かれた一四〇〇年前は、一部の田畑ありといえども、日本中が照葉樹の原生林に覆われていて、人々は皆柔和で優しかったので、「和を以って貴し」が実践的だったのかもしれない。

その後、現代の都市開発ではないが、國土全体を覆っていたであろう、優しく豊かな常緑広葉樹は生育が遅いせいか、山林の乱開発で日本中、針葉樹の杉や檜という燃料材や建築材が植栽されて、心の和みには傷みがあったやもしれない。それとて國土全体からみれば部分的であり、四季の巡りと相俟って、さらには狭い國土で生産性を上げるための集約農業では、集落の「和」は生産性向上のための必須条件でもあったろう。そういえば、現代資本主義の生みの親、キリスト教もこれに抗うイスラム教も共に、砂漠を発祥として妥協を許さない荒々しさを感じるのは緑の少なさのせいか。

緑を守る活動の井出先生のご講演ではまた、生態系を大切にしないと人間の生活が損なわれるとして、中野区の生態系の破壊を憂えておられた。

「惟神の道」の生活の仕方からすれば、人間も地球という大自然の生態系の一部であって、その大自然の中の人間という発想から、もっと謙虚に自然の中で生かされている人間に気づき、そういった日本文化的原点に立ち返ることで、諸施策を各國に働き掛けるならば、世界中が緑に満ち、世界中が忍耐強く、優しくなってくれないかと夢想したりしている。

生態系といえば、プレハブ住宅のはしりのミサワホームをはじめられ、後に会社ごとトヨタ自動車のものとなったが、二代目社長だった三沢千代治さんが住まいの大切さを説いておられた。ネズミを鉄とコンクリートと木という違った材料で作った三つの箱の中に入れると、寿命はこの順番で長くなり、木の箱では飛躍的に伸びると言っておられた。

人間の生活も生態系の視点で社会全体が組み立てられることが期待される。

第6章　多神教と色即是空

峯村光郎先生が、価値相対説のラートブルフはナチスの暴虐の前に苦しみながらも、ついに価値絶対説たる自然法を認める発言をせず、価値相対主義否定の発言をしなかったので、亡命せざるを得なかったと言っておられた。

自然科学と異なり、社会科学ではどこかに無理が生じても、より無理の少ない立場を取らざるを得ない。そんな意味では、日本の文化は、人に役立つもの全て神とする多神教であって、ある意味プラグマティックでもある。神道は価値相対主義そのものかと思う。

初めてヨーロッパに行ったとき、最初に着いたのがフランクフルトであった。フランクフルトの街に降り立ったとき、重厚な石造りの時代を感じさせる建物、敷き詰められた石畳の道路、そして、道行く人々の彫りの深い顔立ち。この街で暮らしたい、職業など何でも良い。タクシーの運転手でも職が得られないものか、と思った感激が思い出される。

終生パリを描いて永住した画家、藤田嗣治のパリの街並、街並の重厚さへの憧れに全身で同意する。

帰國して、羽田に降り、木造の貧弱な建物の街並の迫力のない、表情のない平板な木造建物に、コンクリート造りとて昨日今日の安手薄っぺらなものに住まう人々とて、自分と同じように表情に乏しいのっぺらぼうの顔立ち、國全体の底の薄さで自己嫌悪に陥った。我が先人達が、中國文化に触れて夢中になった気持も分かる。長谷川三千子先生が佐伯祐三の絵について、日本の街の風景の底の浅さとパリの風景の深さを対照して論じておられた。それで、自分の体験で感じたことを思い出した。

本居宣長が、「からごころ」に夢中な同時代人に「否」を突き付け、「やまとごころ」を説いて止まない気持も理解すると共に、初めてのヨーロッパ体験の感じから、私は素晴らしいものは素晴らしいと認めて我が物とするのが、やまとごころかもしれないと思う。

中國由来の論語だって、『論語と算盤』で渋沢栄一が日本型資本主義を創出して我が國の近代化に成功したように、「からごころ」も我が國の「やまとごころ」として採り得る心は自家薬籠中のものとして身につけて、渋沢論語によって現代日本の礎をつくった。この新たな文化の創造は、すでにやまとごころそのものである。からごころの片鱗もない。

そして採り得ざるは採らなかった。國家政策としての戦争目的には、専守防衛を國是としながらも、戦争技術、戦術における、戦闘現場における墨子という思想家の待ちの戦闘思想は、「戦」の現実に適応しないので、「やまとごころ」の内容となっていない。

戦闘技術としての「墨子」の思想は、むしろ守ってはならないことを守り続けることを「墨守する」として、否定的に捉えて、日本文化として生かしている。日本文明は雑食文明とはいえ、他國の採るべからざるは、採っていないのである。酒見賢一の小説『墨攻』（新潮社、一九九一年）で知ったと思う。

もっとも、今我が國の國是かと思われる「専守防衛」は、「からごころ」ではあるまい。彼の國（中國）の今の國是とは似ても似つかないのだから。

当然我が國は専守防衛を國是としている。國際関係が複雑化し、多様な文化摩擦の中で、そして限りない科学技術、戦争技術の発達した現状で、「専守」の概念確定の困難さがある。墨守であってはならず、同害報復も古代のこと、倍返し、十倍返しの知恵と能力を保持して、自制することかと思う。我が國古来の戦争哲学、秩序の形成と戦争倫理に従って。

このように、外来文化を我が父祖が積み重ね養って、我が國に生かしてきたのが「やまとごころ」なのではないかと思う。このたび、令和二年（二〇二〇年）六月に地上イージスの設置を山口と秋田にする予定を取止めにしたのは、北朝鮮がイージスを無効化するミサイルを開発したためとのこと。総理が配置取止めと同時に敵地攻撃を説かれたのも、防衛の技術の開発は困難な上にできたとしても、天文学的開発費がいる。従って、やられる怖さを承知で報復力で抑止効果を得ようとされるかに思えた。中國の墨子という思想家は、専守防衛を説いた。しかし、これは不可能ないし無意味として退けられ、今日は「墨守」という否定用語として残っている。

ただ、中國のあの厳しい自然環境で形成される生活意識と易姓革命の権力の興亡の歴史を繰り返す中國史と、温和な自然環境の下、天皇という権威の下での箱庭的な権力闘争によって歴史的に形成された我が國とは異質のものがある。従って、採るべからざるは採らないことである。

価値の相対性については、中学の頃、アテネ文庫という薄い文庫本で知った。そのなかの「パスカルの言葉」というのが好きで、何回か繰り返して読んだ。「一人を殺せば殺人罪である。一万人を殺せば英雄である」

とか、「川のこちら側の人を殺せば殺人罪である。川の向こう側の人を殺せば称賛される。何故ならば、川のこちら側と向こう側では王様が違うから」というのを読んで感じていた。川の向こう側の価値基準でこちら側を図ってはならない。

何かの本で福沢諭吉が、人々がいつも拝する神社に何が入っているか開けてみたら石ころが入っていた。皆、石ころを拝んでいたのだ、と批判的に書いていたのを読んだ記憶がある。

何もなくて良いのだ。拝むものと決めたから拝むのだ。

「祈り」というのは「意《い》宣《の》る」であり、誰かに頼んでやってもらうのではなく自らやるという宣言なのだそうだ。

「神仏に祈って神仏を頼らず」というのが日本文化だ。「分からないことは分からない」のだから、ただ祈るのだ。「祈る」とは「意宣る」であって、自らの目的達成宣言なのである。「あるかないか分からないが、未知なる力よ、我に、その不思議な力を藉せ」であろうか、と思う。自らの意思で努力して得るのだ。

我々日本人が一番好きなお経は、般若心経である。般若とは知恵のことだというけれども、我が國では、鎌倉武士以来の無常感そのものの表現ともいえる。

色即是空、空即是色

空とは無でなく零のことであって、頭に数字を入れると一〇にも一〇〇にも一億にもなり得るとのこと。それこそが般若＝知恵なのかもしれない。

「生命現象は自然現象の淀みであった」（福岡伸一先生）

我々が肌身で感じとって生活感覚としていたことが自然科学的に立証された、とするならば、今一度日本文化を原点に立ち返って見直してよいかもしれない。

パリの建造物、フランクフルトの建造物や石畳への感動も我が身につけて日本文化を豊かにしてゆこう。それこそが価値相対主義、我々の役に立つものはすべからく神とする我が日本文化の精髄であろう。「からごころ」に夢中の人も、もう一度「やまとごころ」を見直して欲しいものである。

第7章　日本民族の伏流水

第1節　保守とは何か――はじめに行為ありきの不易流行

（1）保守とは何か＝それは、我が國においては、神話の時代からの人間を自然の一部とみる惟神《かんながら》の道に従った建國の理念の実現である。

我が國で保守とされるのは、人間は所詮大自然の一部分たる動物にすぎず、動物としての生を全うする最も適切な行動、即ち惟神の道を実現する建國の理念と制度の枠組みという形式を守り、より合理的・効率的に改良をすることで、松尾芭蕉いうところの不易流行の実現かと思う。

（2）我が國の場合、天地を地球を神々が創造していない。天地創造の神の言葉を信ぜよ！　と言わない。「はじめに言葉ありき」という頭でっかちでなく、「はじめに行為ありき」の、即ち生活の実態からの思考であろうか、と思う。このことは、イギリス法が判例法であって、生活の積み重ねの上にあることと類似するが、その社会経済的、歴史的背景を学び得ていない。

『古事記』の記述は、神々の誕生からはじまる。

天地《あめつち》初めて発《ひら》けし時、高天原《たかまのはら》に成りし神の名は、天之御中主神《あめのみなかぬしのかみ》、次に高御産巣日《たかみむすひの》神、次に神産巣日《かみむすひの》神。

この三柱の神は、みな独神《ひとりがみ》と成りまして、身を隠したまひき。

とあり、我が國の神々は、天地を創造するのでなく、天地ができた頃に「成れる」のである。その後に天之常《あまのとこ》立神《たちのかみ》など二柱の神が成れるが、

この二柱の神もみな独神と成りまして、身を隠したまひき。

とある。さらに、國之常立神《くにのとこたちのかみ》など二柱の神が高天の原にあらわれたのであるが、みな独神でおかくれになった。その次に成れる十神の最後に伊邪那岐《いざなき》神と伊邪那美《いざなみ》神があらわれる。

はじめての夫婦神は

伊邪那岐神と伊邪那美神

であって、神々はこの二神に「このただよへる国を修《をさ》め理《つく》り固め成せ」と詔《の》りて、天の沼矛を賜って、その沼矛をかきまわして、塩が固まりできた島がオノゴロジマである。そこで、この二柱の神は、このオノゴロジマに天降って、語り合って今の日本列島、即ち大八島が生まれた。そこで、このとき以後のことは語りつがれることとなって、物語として伝えられることになっている。

惟神の道、即ち神代の昔ということは、神話の世界の昔から原始人たるご先祖様方が、生活してこられたあるがままの生活を守ってゆこうとする精神である。即ち『日本書紀』にみる「建國の精神」の原点に立ち返って「民《たみ》に利《かが》」有りやなしやであり、天照大神が天孫瓊瓊杵尊《ににぎのみこと》に預け給った「稲穂の飢え防ぎ、勾玉のやさしさ、剣の知恵を怠るな」と自省の鏡を賜った精神に則るか否かであり、それが民を豊かにする。正直であれ、人間は大自然の一部の存在にすぎない故、自然を大切にし、自然と共にあれという。三大神勅や、三種の神器の意

味するところや、神武建國の詔、十七条憲法という建國の精神を直接、間接に語り掛けるもののほか、『古事記』の物語性の中に現れる生き方の語り掛けに応えているかどうか、であろうかと思われる。

神武建國の詔に正しきを養いとあり、神武天皇が御祭神の宮崎神宮の奉賛会は「養正会」という。

(3) 保守概念の結論

ここでいう「保守」の語は、政治的言説であって、その背景、源泉は人間を自然界の一部として考察する思考かと思う（本書一七頁小川榮太郎先生の著書『「保守主義者」宣言』でも同旨か）。各國によって、局面によって異なる「保守」があるはずである。概念の相対性はここでも明らかになる。さはさりながらも、法典学派の「立法者の三つの提言が全法律文庫を反古にする」（鵜飼信成『憲法』岩波全書、一九五六年）という頭脳主義、理性重視主義、権力主義でなく、歴史法学派のいう歴史の文化の積み重ねのうえに、制度が合理化されるべきという考え方が保守である。

歴史、文化を基礎としての不易流行が即ち保守かと思う。時代に生活に合わせても変えないものと常に変化に対応するものがあるのが不易であって、そんな意味で、世界秩序的には「グロチウスの住民自治による団体自治で國境の策定と、その主権を重んじる考え方」を守り、より改善する考え方か、と思う。

「奴隷狩り」の古代は言うに及ばず、「進歩」や「革新」「革命」の名の下、人類が虐殺に、抑圧に、苦しんだ歴史をかえりみるとき、保守とはグロチウスのもう一つの提言、神が許し給うても許されない、「自然法」そのものの遵守を前提とするであろう。そして、その遵守のうえに各國が「主権」を行使し得るのであって、ウェストファリア条約以前に戻ること自体が國際法に反する。即ち主権は、自然法と確立した國際法の下でのみ許容されるとするのが、ウェストファリア条約であろう。それでこそ保守であり、全人類的に歩一歩《ほいっぽ》と文明化を求める価値相対主義の結論なのであろう。

保守という概念で時代の人間の淀みや沈滞を許さない、人々を歩一歩と幸せにする努力を内包させる、不易流行を語りかけたい。即ち「保守」という概念には、人々の生活に適応する不易流行を内包する。時代は、時々刻々進化している。歌は世につれ世は歌につれ、という。法も世につれ世も法につれ、人々の喜びとするところも進化する。人々の國難とするところも、改善を要することも進化する。進化に適切に対応することこそ保守である。神君家康公の言葉といわれる「手習は坂に車を押す如し、油断をすればすぐ戻るなり」だ。保守概念自体に、時の進展に添う時代遅れを許さない意味を含ませたい。

［註］

＊バークの『フランス革命の省察』からすれば、反革命が保守という政治思想のことであろうかと思う。保守概念を一般化して言えば、「はじめに行為ありき」であって、あるがままの現在の生活がここに至った歴史に思いを致し、より合理性、効率性の高い制度に改善する政治的思惟とその活動とでもいえるかもしれない。

ただ、より高い合理性、効率性の概念そのものが各國の事情、価値観によりその國民の意識から多様化する。今までの生活習慣を尊重することが必ずしも保守とは言わず社会構造や生活意識の変化に柔軟に対応することが保守のはずである。しからば変化への対応の基準は何か。各國各様にあるはずだ。

＊アメリカの建國は、ピルグリム・ファーザーズの課税自主権から建國に至ったとすれば、カルヴァン的宗教情操の上に立つ神の下の自己決定権が基準であろうし、フランスの場合は中世カトリックの宗教的権威の否定のうえにブルジョワジーの打ち立てたルネッサンス思想の延長としての理性尊重主義、自由、平等、博愛の価値観が基準やも知れない。

＊「保守」概念は、日本的一般概念はあるとしても、各國で異なる相対概念であって、現にロシアの保守とは、ソ連時代回帰願望とのことを指しているとか。

＊古き昔を尋ぬれば、ローマ建國は狼に育てられたロムルスとレムスの兄弟はどんな理念で建國されたのか、世界史の教科書の狼の乳をふくむ幼子二人の挿絵しか思い浮かばない。

第2節　戦後民主主義の価値観からの転向

「戦後民主主義」という時間と空間で青少年時代を過ごした者として私は、教育のなせる業か「正義」とか「正しさ」という言葉には罠があり、正義とか正しさという言葉は人をタブらかすための、他人を縛るための、そしてその人と社会を破滅に導く仕掛けの言葉と教えられ、「正しさ」という言葉はいかがわしいものとして使用を躊躇してきた。

最初に弁護士の職務を正しいか正しくないかでなく、國家権力という強大な権力の下であろうが、然《さ》なきだにその方が置かれている立場が弱いものであるか否かで、弁護するに足る者、常に弱者の立場で強者と対峙する職業であって、その方が正しいか否かを問うて、正しくないならばその味方をしてはならないのではなく、正しくなくとも弱い立場にあって、その弱さを法の運用として許される限界まで守るお手伝いであると自覚したことに、我が辯護士人生は始まる。

行動の美学＝日本人の行動準則は美しいか否かである。

鈴木義司の『キザッペ』という漫画の「キザッペ行動の美学」という文章を読んだ記憶がある。日常を茶化しながら日常の中にも行動の美を追求しうることを感じたこと、こんな物に関心を持ったのは何かの機会に「日本人の行為準則はその行動が美しいか否かにある」という文章を読んだからだと思う。

そんなことも伏線になって今、ようやく日本語の概念としての「正しい」とか「正義」というのが単なる「意」としての概念でなく、情として美しいかどうかを含む「真」「善」「美」の総合された日常性から出た心の働きであろうことを感じられるようになって、これからは正しいとか正義の語も自分なりの理解で使おうと思う。それは、生まれ育った南九州の生活の中から自然に感じとられたことのように思う。

美しいといい、正しいといい、所詮人々を感動させ、納得させるということかと思う。人、等しなみにか、日本人ならば、二つの種類の感動があるかもしれない。

（1）一つは、アメリカ発と聞く「美」とは、機能である。機能の優れたものを人間は美しいと感ずるとするならば、我が國では古来優れた機能を神といい、優れた多くの機能を神々として崇めたではないか。

美という字自体が羊が大きいと書き、美の概念自体に機能性が含意されている。

男としての機能が発揮されて美しいのは、大和魂と呼ばれ、励まされ、女性の美しさはその女性としての機能の発露として「やまとなでしこ」と讃えられたのであろう。

（2）もう一つは、長渕剛の「気張いやんせ」という歌がある。その歌詞の中に

「一度どまけ死ん限い　気張いやんせ」

とある。人がその人の価値とするところに、極限まで価値努力を尽くすことである。

「やっせんぼ　やっどからん　よかぶいごろの　あげんな　汚っさね　真似やできん」

とあるが、「けしんかぎり（死ぬくらい）」気張ることは真であり、正であり、美なのだが、やっせんぼー（役立

たず）のよかぶいごろ（見えっ張り）は汚いのだ。

これが、鹿児島の田舎で我々が育った日常感覚であり、今思い出せば、それは美意識であり、正義でもあるのだ。

宮崎の方言だって嘘偽りがあったり、他人への配慮のない行為は、「そんげな品の悪いことすんな」である。

そういえば、柔道仲間で、超人的な運動神経と運動能力を持つ幼馴染の渡邊弘志がいる。そして刑事になったことによって、終生法律論を議論する仲だ。その彼が県内のある市の警察署長のとき、その市の市長を収賄罪で逮捕し、市長は起訴され執行猶予はついたものの有罪判決を受けた。検事正が彼の功績を讃えて昼食会を催してくれた。異例のことだ。警察内部の表彰は同期の誰よりも多いと自負がある。にもかかわらず、同期の仲間が皆叙勲を受けてきたのに自分だけこの栄誉が受けられていない。そんなことはどうでも良いが、「有罪判決を受けた市長の叙勲のお祝の案内が仲間に届いている」と言って、「収賄罪で有罪の市長が叙勲を受けて、その捜査指揮をとった責任者の自分が叙勲されないのは何故か調べてみてくれ」と言ってきたことがあった。

しかし、ほどなく「調べるな」と言ってきた。勲章が欲しくて調べると疑われるのは「品が悪い」というのだ。これが日本文化そのものだ、と思う。正直で心遣いのある人は、「あん人は品が良いがね」と称賛される。

シドニーオリンピック柔道一〇〇キロ超級の決勝で、篠原信一が鮮やかな内股返しでどうみても一本勝ちのところ、審判は内股を掛けた方に技ありの判定であった。結局は試合に負けて、試合後の記者のインタビューに篠原は、「弱いから負けたんです」と答えて、技だけでなく、人間としても鮮やかなことを示した。

神武建國の詔の「正しきを養う」というのは、鹿児島弁や宮崎弁で子供の頃から言いならわし聞きなれた

「品のいい」というその感覚として理解し、そんな意味で「正しい」という日本語を使って良いのだ、と納得したのは最近に至ってである。もちろん「正しさ」に潜む「いかがわしさ」を用心してであるが。

自分の生活体験からのことであるが、あるいは農業國で協力し合わざるを得なかったこと、山の間の僅かな平地での低い生産性の中で生きていくには、お互いの協力や配慮の生活を強いられていたことによるかとも思う。

今、棚田が農村風景として大切にされて写真集も売れているとか。牧歌的とみられる往時の生活は、長野県ご出身の峯村光郎先生が「耕して峯に至る。以って民の貧なるを知るべし」と、授業で幾度語りかけられたことか。協力し合うことによって、かろうじて生活できていた低い生産性と厳しい労働の名残である。学校で教えなくても、宗教がなくても不文律として「養正」が生活のなかにあったのだと思う。『日本書紀』の語り掛ける養正と正直と和とは、小さな地域で共に生産し、生活するための我がご先祖様方の生きる知恵でもあっただろう。

一人の人間の中には、性善と性悪が同居しているのであって、性善の感動に喜びを感じるのはこのような生活環境のなせる業ではないかと思う。

第3節　命の極限

戸塚宏先生は、戸塚ヨットスクールで鬱病や精神疾患を治すと言い、それなりの多くの実績を挙げられ評価されていた。にもかかわらず、何人かの死者が訓練生に出たことで、傷害致死罪で実刑判決を受けられた。

戸塚先生は、現代社会は衣食住足り、安全が確保されて生きている。生活が満ち足り、何の不安も無くなると動物性が脆弱化する。人は命が危険な限界状況に晒されないと動物としての人間の本能が弱まり、その他の要因も甘えによって生じている、それが精神を病むことにつながるとしている。

大海原に出て、ヨットを操船し、命が危ないとなれば、そんな柔《やわ》なことは言っていられず、甘えをぬぐい去り、人間を命の危険に晒すことにより、本来の動物性本能を現す、即ち鬱や引きこもりや統合失調などという自分への甘えを去り、生きるための最適の精神状態、即ち正常な精神に復帰するという。

ヨットスクールは、そうした訓練の成果であった。その恐怖に耐えられずに、自ら死を選ぶ者があったというのは自分の注意能力不足であり、親と本人の委託、信託の下で人間を正常化しようとする努力の中に判断誤りがあったという。親に委ねられ、本人も承諾の上、訓練生の幸せを願って戸塚ヨットスクールという生真面目、真剣な荒療治。業務上の過失は認め、詫びも言うが、傷害致死とは納得しないとして、刑務官から仮釈放できるから反省文を書くようにとすすめられたことに抗らって、満期まで務められたそうである。

そして、今でもヨットスクール生の多くが、精神の甘えから自覚を取戻し、社会的に有為の人物として活躍していることの意味を見ようともしないのは何故か、と問いかけておられる。

『古事記』、『日本書紀』にある生きる知恵は、古代の先人達が、生産性が低く、飢え死にしたり、争いによって落とさなくて済む命を落としたり、戸塚先生のような失敗を積み重ね、集約して人間として生きてきた「惟神の道」からの「最適の解」を神道の形で残したのではなかろうか。

姥捨て間引きの習慣は日本各地で江戸時代まであったという。姥捨てにおいて、我が命を犠牲にして子孫の生をつなごうとした捨てられた老親に思いを致す時、捨てられる親と捨てる子の気持が今によみがえり、どっちにしろ自分であったならば、との思いに生きた心地もない。

そしてまた間引き、生まれた子を間引く悲しみ、「子消し」はこけし人形の愛らしく悲しみをたたえた切ない表情の民芸品として、現代人の心に訴えかけている。家の玄関に、生花に代えて、こけし人形を置いて先人たちの思いを受け継ぐ縁としている。

私はこけし人形に、その表情に限りなく安らぐ。と同時に、工業化世界に取り残された農民を描いた長塚節の『土』の表現が思い出されて悲しくもなる。生産性の向上した江戸時代、明治時代でさえそうなら、古代の先人が行っていたであろう「姥捨て」の、「子消し」の、切なさから、そんな思いをしないために工夫し、生産性向上の生き方の提案が「神道」という形に集約されたのかも知れない。

現代の姥捨て、老人ホームはそれでもまだ救いがある。

しかし、現代の間引き＝経済的原因としての中絶は無機質な感じで「子消し」の悲しみがどこかへ行っていて、女性の持つ母性への喪失につながらないか、我が民族の人類の未来が案じられる。そして、いかがわしい「水子供養」名目でお金を取られて苦しむ若き女性の相談を受け、同情、悲しさ、淋しさの思いと共に、そこに女性の持つ「女性」性を「母性」性を見出して、何かしら救いを感じたりしている。そして、女性の純情につけ込む者の卑劣を憎む。

医者が見放した私の手術の後遺症が簡易な民間療法で快癒したと前に記したが、これとて今では不正医療行為かと思う。

しかし、医者に見捨てられても、違法視されかねない民間療法で治るものは治るのである。

薬物中毒の問題もある。現代社会に対応力のない戸塚ヨットスクールの多くの治療実績を無視して、治った者はいなかったことにするメディア裁判とも見える対応も考えるべきであろう。

（最近、依頼者のご子息にして、長男の同級生である信頼できる精神科の医師服部先生にこのことを尋ねてみたところ、鬱が生命の危険に晒すことで治ることはあり得るが、鬱の要因も多様であるから、どんな要因、由来による鬱であるかも考えるべきかもしれない、とのことであった）。

この戸塚先生の命を危険に晒すことで命が活性化するお話は、お世話になった医療器機製造会社の先代青木社長からも似たような教えを受けたことがある。

「沖でイワシの大群の収獲をし、漁船の生簀に積んでそのまま母港に帰ってくると、通常であればイワシが全部死んでしまう。しかしながら、その多くのイワシの中に一匹だけナマズが入っていると、母港に帰り着くまで、イワシは勢い良く生きていた」という。

「淡水魚であるナマズを海水の入った生簀に入れるというのが不自然で、ナマズではないだろうと何回も読み返したが、やっぱりナマズだった」と言っておられた。その話を、肉食魚のナマズがイワシは怖かったのだ、と私は解釈していた。ただ、後にネットにあるのをみると、「大きな淡水魚のナマズが海水に苦しんで体を動かし、生簀の中で暴れる。すると、イワシは暴れるナマズに緊張することから、港まで生きたまま持ち帰ることができた」とあった。

これは、ノルウェーの漁師の話らしい。その話と相通ずることがあり、戸塚先生は真面目に精神病の青少年を原始人間の原点の立位置から健全化させようとする努力をしていたのであろう、と思った。

そんな人間の原型から、現代にどう生かすか、を考えていくことかと思う。

個人的生命の極限の仮説をもうけて人間を正常化させようとするのが戸塚先生のお考えとするならば、極限の人間がどのような行動をとってきたのかを考察することで、あるべき社会の構築のためのリスクがどこにあるか。その回避のためにどのようなシステムを構築するのが良いか知恵を絞ることも必要だ。

社会的存在の人間の置かれる極限状態といえばナチスドイツによるホロコーストが思い出される。権力の側、被害者の側、それぞれに多くの研究書があるやに聞いている。深掘りの研究も学ぶべきと思うが、あまりにも深刻にすぎる。

『アンネの日記』や『夜と霧』をあげるに止めておこう。ただ、最近の報道では、これらの書物にもプロパガンダ性があるとのこと。それはそれとして、素直な感激を共有しておこう。


ヨハン・ハインリヒ・ペスタロッチは、刑の厳罰化を戒め、そのような刑罰を設けると、人間の心がどんどん荒れすさんでゆくと緩刑化を説いたとのこと。中國共産党の政策とみえる心を荒れすさませ、虐殺へ向かわせる國民、國際教育を疑う。

極限における社会的存在としての男は野蛮なオスになり、女はこれまたメスになり切ってしまう様子は太平洋マリアナ諸島に位置する「アナタハン島」という孤島に残された旧日本軍の兵士達の間で、一人の女性をめぐってどんなことが行われたのか、当時の新聞記事で知ることができる。現代でも似た記事を見た。

また、人間は戸塚先生の申されるように社会的動物であることを本質とするとされるが、社会から隔絶された孤独が、その極限がいかがなものか。横井庄一さんの例と小野田寛郎さんの例を比較研究する必要があろう。

横井さんの場合は、孤独の中にあってただただ生命を全うする努力に感動したのだが、グァム島で救出されたときは弱り果てておられたように思う。

しかし、小野田さんの場合は、祖國に捧げ尽くした命、使命感に燃えて生命輝かせて、己れの尽くすべき義務を尽くして上官の命令に従ってルバング島を後にされた。帰國後のご活動をみると、真似のできないその強い意志は、ジャングルの中にあっても、そして帰國されてもブラジルで牧場を経営する一方、彼の思い描く社会でもなく日本人でもないような塵芥のような今の日本と日本人であっても、小野田塾を開き青少年に語り掛け、訓育され、その他の活動でも終始変わらず、人生の全てを祖國に捧げ尽くす偉大な人生であったと思う。曹操の詩文「盈《えい》縮の期　独り天のみに在らず」、寿命は志高ければ延びる、その実感を得た。

極めつきは、靖國神社に心ならずも祖國に命を捧げられた方々、という時の総理の発言に対し「否」と言い、祖國に命を捧げたのは心ならずもではない、喜んでである、と訂正されたことであろうか。

小川榮太郎先生の評論、ドストエフスキーの『死の家の記録』を勉強させていただいた。官給品があり、あらゆる点で生活が保証されていても「もし囚人が自分の金をもつ可能性をことごとく奪はれてしまった彼は気が狂ふか蝿のように死んでしまふか、さもなければ前後未曽有の悪事を働きはじめるに相違ない」。囚人という究極的人格否定から自尊心を回復するのに必要なのは自由の可能性であり、現実の力であり、心の見る夢の実現に求められるのは「金《かね》」であって、これはドストエフスキーの社会主義批判であろうかとのこと。

金の持つ重さ、現実的意味を喝破する至言である。と同時に一銭の金の目途もないのに己れが人生をたった一人で孤独に負けずルバング島で戦いつづけ、帰國後の絶望的状況においてさえ祖國に捧げ尽くした小野田さんに思いを致した。

そしてまた、山頭原太郎神父については、カトリックのミッションスクールに学び「破戒僧」ならぬ「破壊神父様」の噂は耳にしていた。しかし、現実にはどんな個人的金銭も身にせず、その生涯を神に、そして教頭として学校と学生に捧げ、老後は司祭の家で静かに生涯を閉じる日を待たれる神父様への尊敬と、小野田寛郎さんの生涯に思いを致し、「お金」を「志」で代える生涯もあるやもしれないと思ったりしたことである。

私は日向学院中学を卒業して県立に進学して、直接のご指導を受けることはなかったが、私が公立に進学して後、山頭原太郎神父は教頭として学院に赴任された。教頭に赴任して間もなく大宮高校から、貴校の生徒から我が校の生徒が、理由もなく暴力をうける、という苦情をうけた。暴力を加えた生徒を呼出して問うたところ、「生意気だから殴った」という。ほどなく毎度の苦情がきたので問うと、同じ「生意気だから」の返事。現場に臨んでみたが、大宮の生徒は生意気でも何でもなく、普通に歩いている。これは、我が校の生徒の劣等感の改善より解決方法はあるまい、と学校の教育内容の充実を図られたとのことであった。与えられた日向学院教頭としての中学高校の経営と教育のため、骨身を削られ、故に一部に理解できない生徒もいたようだが、学院を存在感を持つ学校に育てられ、学院の後輩諸君に尊敬された神父様であった。

卒業後、お会いして、日向学院の学生が自負自信を持つために、県内で英語と数学で教育実績の最も高い先生を学院に招聘し、進学校化に努力されたことや、ガソリンスタンドで給油中の幼稚園のスクールバスにベンツで傷つけたやくざ者が、バスの運転者に言い掛かりをつけてバールを振りかざすので山頭先生がお出ましになり、やるなら俺をやれ、と啖呵を切ったら、やくざ者が土下座して「バスを直します」と言うので、「俺んバスは俺が直す。お前はお前のそのひねくれた根性を直せ」とやくざ者を諌められたというお話を伺い、感動した。日向学院に奉職された山頭原太郎神父様の、今は福岡の司祭の家で余生を送っておられる、燃え尽きるような義務を尽くされるご様子と日向学院の「己を知り己に克て」との校訓を思い出してのことである。

山頭神父と母校日向学院を讃えて「日向学院校歌」

「日向学院校歌」

作詞　赤波江　愛次郎
作曲　ヴィンセンチオ・チマッチ

1
明けゆく国と意気たかく
伸びゆく我等若鳩の
虹なす文化今日もまた
求めて飛ぶよ朗らかに
学びて行かなもろともに

2
久遠の理想胸に秘め
学びの山路踏破して
仰げば高し瑠璃の空
澄める心よ真澄鏡
磨きて行かなもろともに

3
不滅の真理永久の幸
仰ぐ世紀のあけぼのに

己に克ちて築き行く
平和の塔ぞゆるぎなき

第4節　神様とは——神概念の多様

一神教の神様は、天地を創造された絶対逆らえない権威であり、服従すべき権力でもあられる。一方、多神教の我が國の神々は良い神様だけでなく、鬼神も悪神もおられて、良きにつけ悪しきにつけ常ならぬ力をもつものが神であったり、物に宿る神があったりする。物にも神が宿るというのが原始宗教だとすれば、我が國は現代に至るまで原始宗教の國かもしれない。上野不忍池に今でも包丁塚や、いと塚が残っているが、廃品の縫針をまとめて針供養をやった跡、江戸の名残りを法制史の授業で、弁天島（不忍池）で見学した記憶があるが、今、いろいろと立派な石碑はあるが、昔の生活の縁となるものが段々消えている。

本居宣長がいうように、物も神たり得るのが我が日本文明で、山岳信仰がその最たるものだろうが、「悉皆成仏」の思想もあるように動物でも神たり得るはずだ。「雀の子　そこのけそこのけ　お馬が通る」、一茶の句のなかにもそのやさしさが偲ばれる。

大学一年の頃、ズボンのカギザキをつくってしまって、四組の女子三人同席の教室の席に行って、針道具借りられないか頼んだところ、林義子さんが携帯用の道具をサッと出して下さった。縫針一つも神たりうるのである。供養するに足りるのである。以来、生き神様林さんに憧れて、辯護士登録したとき、登録の挨拶状を出すため四組の名簿を作りたいと目くらましをして、嫁さんにするなら林さんと思って探してみたが、風の噂では修道院に入って尼さんになっておられて、洋風の神様に仕えておられた。

聖書では、求めよさらば与えられん、という。四浪苦労人の親分山口章が企画して、狭山湖にハイキングに行って、これまた四浪の久米さんがフォークダンスをやろうと言い出した。男ばかりでフォークダンスかと思ったが、女子が三人いる。いの一番にパートナー募集中といったら、林さんがパートナー募集中と手を挙げてくれた。弁護士登録のときしつこくさがして、神様には仕えるもののパートナー募集中と、もう一度声を掛けるべきであったか。あきらめたおかげで、弁護士さんと結婚しておられたクラスの女子の高居ヨシコさんに、嫁探しで大分世話をかけてしまった。

［註］

（1）『国体の本義』で、天皇を自分の生涯を捧げる「現人神」というも、これは絶対神、全知全能という意味でなく、歴史的表現であることを明示している、とある（二一頁）。八百万、千万の神々がおわすのであるから、天皇をその神々のお一方と認めるのに何の障りもあるまい。天皇は、日本の神々の世界にあっては、今もって現人神たり得るのである。八百万千万の多くの神々のお一方であられ、天地創造のあるいは絶対神たるキリスト教的神であるはずはない。「概念の相対性」で理解すべきことである。

（2）権利という言葉が多様に使われている。あるときは、私法上の売掛金債権のことであり、あるときは我が家の所有権であり、時によっては自分の持つ特許権であり、あるときはまた自由にものを言う表現の自由という公的権利を意味するが、それは前後の文脈で読み取り得て大した混乱を生じない。しかし、「神様」はそうはゆかないところが悲しい。

（3）昔、当時総理大臣であった森喜朗が、神社関係の集会で、「日本は神の國だから」と表現してメディアに叩かれて、危うく総理の椅子を失いそうになったことがあった。

神國日本は神風が吹いて必ず勝つ、神の愛で給う國であるという、今では死語になっている。いつの頃か國民鼓舞の標語であるとしてメディアが叩いたのは、神社関係者の会ゆえ、ここの神は八百万千万の神々のおわします我が國を言っておられたはずを、単なる神概念の読み違いとしてでなく、隙あらば森を辞めさせたいメディアに口実を与えたのではないかと思ったりした。森も神々のおわします國といえばよかったかと思ったりしたものだ。

（4）いつの頃か大分以前になるが、高円寺の神主さんの講演で、「日本における神様は人々の役に立つ機能のことで、人々に対する機能を果たした者は神として祀られるのだ」という話を聞き納得した。本居宣長も『古事記伝』において、「尋常《よのつね》ならず、優れたる徳《こと》ありて、可畏《かしこ》き物を迦微《かみ》とは云ふなり」と言っているとか。そしてまた、小林隆さん提供の『古事記伝』（日本名著刊行会、昭和五年）一四〇頁では、『古事記伝』の記載として

> さて、風土迦微とは古御典等《イニシヘノフミドモ》に見えたる天地の諸《モロモロ》の神たちを始めて、真を祀《マツ》れる社に坐《ス》御霊《ミタマ》をも申し、又、人はさらにも言ハず、鳥獣《トリケモノ》木草のたぐひ悔山など、その余何《ホカナニ》にまれ尋常《ヨノツネ》ならず、すぐれたる儒《コト》ありて可畏《カシコ》き物を迦微とは言なり（すぐれたるとは、尊《タフト》きこと善《ヨ》きこと功《イサヲ》しきことなどの優《スグ》れたるもののみを言うに非ず。悪《アシ》きもの奇《アヤ》しきものなども、よにすぐれて可畏《カシコ》きをば神というなり。）

とある。

神々は人に限らず、山岳信仰にあるように、山であったり物であったりもする。良神に限らず、悪神もまた、神であるとする。須佐之男命などのように荒ぶる神も神なのだ。さらに平田篤胤もその著、『霊能眞柱《たまのみはしら》』のな

かで、「神とは、この世にあって、この世ならざる神秘の力をもつもの總《すべ》てを指している」と述べているとか。キリスト教が日本に入った時、確か神といわずゼウス（デウス）といったと記憶している。一神教の人間も天地も創った宇宙全体を司る絶対者をゼウスのままにしておけば外来宗教の神ゼウスではっきりする。我が國においてもキリスト教の神に相当する「Something Great」不可思議な偉大なものは「天」と表現されていたような気がする。

「天は人の上に人を造らず、人の下に人を造らず」「敬天愛人」などの用例がある。

概念の相対性とはいえ、一神教の神ゼウスと天と多神教の神との三者を区別して表現したいものである。そこでこれを区別して表現することはできれば良いと思うが、ここまで多様な意味を含んで使われてきた「神」概念をいまさら分けることも無理なのだろうか。

我が國では、原始の人皆神である。天津神、國津神、古代の神々がいつの間にか人になるものか、我々は神々の末裔なのである。

稲作の手間の掛かること、子供のときの手伝いの思い出くらいではあるが、農作業に従事してくれることは生産に役立つ神々でもあったろうかと思う。

そして、自然も神そのものであるか、神を宿している。大地に、大自然に、その奥に、どんな神がましますか、分からない。大自然の生態系の一部としての人間という感性から、分からないことに謙虚なのが我が國の流儀である。

大地の底は底知れない。そこは不知の場所であり、霊性の場である。「地霊」ましますのである。

大地を傷つけて建物を建てるには地霊鎮まり給えと、地鎮祭でなければならない。起工式など無機質なもの災を引き寄せん。

自然を、地球を傷つけるのは、神籬磐境《ひもろぎいわさか》の神勅の戒めるところでもある。

我が農耕民族的に言えば、もし自然が無かったら、かつて國内の方々に貝塚があったように多くの海の幸は取れないし、農業生産における農作物も豊かに得られないのであるから、自然は実りそのものである。我が身の生存を確保するという自然という大切な存在は、生存を全うしてくれる神そのものであったに違いない。あるご本では、「役に立つ自然を神という」とあった。

そしてまた、例えば稲作などにおいても分かることだが、植栽において実りを得るには、集団で行動せずに一人一人で行動していては非常に効率が悪く、収穫もままならず、備蓄そのものができない。そこに原始時代における人間は、稲作が食料の中心で、生存を全うするためには相協力する必要があった。

それと同時に、人間そのものは（これも戸塚説ではあるが）、動物の中では最も弱い動物であり、群《むれ》を作り自分を守らなければ、ひとりでライオンと戦っても勝つわけがない。

したがって、収穫の生産性をあげること、外敵から身を守るという二つの意味から、どうしても人間は群れることになる。

もっとも、猿も群で行動し、猿も群を統率する群の長《おさ》があり、動物が群れる理由が外敵から身を護る方法のひとつであるならば、少なくともその群の長は群を守る役目を負っていたはずであり、人間の群の根源的な理解に通ずるやもしれない。

動物が群を作るのは、種の保存のために、より強い動物に襲われたとき、皆殺しに遭わないよう、弱い一匹または小数を人身御供に出すためともいう。

我がご先祖方は、シャーマンを選び群長とし、その血統に群を守る義務を課し、権威を付与して政事即ち群の心を一つにさせる仕事を委ね、制度化して現在に至る天皇であり、皇統であろうかともみえる。

武田節（山梨県の民謡歌謡）の歌にもある「祖霊存しますこの山河　敵に踏ませてなるものか」。日本の國土は、我々日本人のご先祖さま方が大切にして、愛しみ眠っておられる。この山河を後世に大切に引継ぐこと、我々の尊い義務であろう。

第8章　日本文明論における武士道

第1節　新渡戸稲造の考え

新渡戸稲造は、その著『武士道』の前書きで、我が國では学校で宗教教育が行われていない、というと、「宗教教育なくして道徳教育をどのように授けるのか」と問われたが、彼が少年時代に学んだ道徳の教えは学校で教えられたものではなかった。「私自身の中の善悪や正、不正の観念を形成しているのは武士道であった」という。そうでもあろう。

しかし、武士道というのは大人の生活規範であって、それは長じての生活の中でのことであろう。とすれば、幼少の砌《みぎり》、血肉と化したものではなかったということでもある。江戸期の平安の中で磨かれた武士道には古神道に習合した日本的な論語という先史があり、平安時代の平安王朝文化の「をかし」「もののあわれ」や武家社会鎌倉の「無常」など日本的土着的感性に磨かれた歴史、生活史に遡り、その発展形としての道徳観念としての武士道であったろうかと思う。

しかし、武士道それ自体は女、子供の、民、百姓の、行為規範ではあるまい。

新渡戸の友人のベルギーの法学者エミール・ド・ラヴレーの「学校で倫理規範を教えず、どのように倫理規範を獲得するのか」との問いの答えとしては、もっと正確に答えて差し上げたい。

新渡戸は、我が國には、宗教によらない武士道という生活規範が國民的合意を得ているというのであるから、「日本人には宗教が無い」「日本人は無宗教の中の自ら形成された武士道という生活規範によって、生活を営んでいる」というかの如くである。

それ自体に異存はない。そうだろうとは思う。しかし、その背景には固有の惟神の道、日本文明、生活様式、生活規範の原形があり、それが論語、仏教という外来思想で磨かれたものが武士道かと思う。敢えて典拠を求めるならば、『古事記』、『日本書紀』にある神話から承継された生活規範ということ、かもしれない。しかし、そんな小理屈を言わないで済む、気候、風土と稲作を中心とする、多様な低い生産性の下で培われた住民、みんなで語りあって仲良くするのが、最も生産性が高く、リスク回避になるという「惟神の道」という、「不文律文明」「不文律生活規範」に支えられてきたはずである。

第2節　武士道は山鹿素行以来の儒教・神道・仏教との習合

十七条憲法第二条では、

> 篤《あつ》く三宝を敬へ。三宝とは仏《ほとけ》・法《のり》・僧《ほふし》なり。則ち四生《よつのうまれ》の終帰《をはりのよりどころ》、万《よろづ》の国の極宗《きはめのむね》なり。何《いづれ》の世、何《いづれ》の人か、是《こ》の法《みのり》を貴びずあらむ。人、尤悪《はなはだあ》しきもの鮮《すくな》し。能《よ》く教ふるをもて従ふ。其れ三宝に帰《よ》りまつらずは、何を以《も》てか枉《まが》れるを直《ただ》さむ。

と言っており、仏教という外来宗教をもって、行為規範即ち道徳観念の基と國教化しているが如くである。

しかし、十七条憲法の他の条項の比較や、『日本書紀』の他の記述からこれは行為規範の一部分として日本教化し、神道と習合した仏教を指していると読むのかと思う。行為規範の一部として仏教をも取り込めと。

武士道という言葉がいつから使われるようになったのだろう。

山鹿素行の「武教全書」に端を発しているとのこと。山鹿素行は、儒学における林羅山の弟子であり、戦国時代の兵法を儒学に則してまとめあげ、武士道学を確立したとのこと。それ故に、仁・義・礼・智・信を一般に武士道の五徳というようだが、それは従前、儒教の五徳といわれたものである。

とすれば、武士道という行為規範は我が國古来の行為規範、惟神の道の上に外来の行為規範たる儒教（五世紀頃伝来）によるより具体化された五徳があり、さらに仏教（五三八年伝来）が習合して國内秩序が形成され、政治が安定した江戸時代に、公務員たる武士を中心として磨かれ、武士道として一般化したものかと思う。

日本化された儒教の武士への適用が武士道であり、農民への適用が農民道であろう。商人への適用が商人道であり、江戸時代の鈴木正三や石田梅岩が理論付けを行い、明治に至り渋沢栄一が『論語と算盤』、『雨夜語り』と『論語講義』で体系化している。

しかし、武士道というからには武士という戦闘者の行為規範である。

農耕民族で國民の九割は農民なのに、たった一割に満たない武士の規範である武士道を、農民が生活規範としてきたか。ある意味ではそうだと言えるのだと思う。何故ならば、日本的感性からする神道という生活規範に言葉を与えた母なる儒教がある。武士道という武士の行動規範は、戦闘という命を的とする鋭く研ぎ澄まされ、磨かれた生活規範である。それはまた、感性において生活感覚の練度において農業者規範でもあったろう。

山本七平は、論語は常識の集大成で、孔子は大常識人だと言っておられたと思う。それは、日本的には、ということである。中國では、孔子は、その教えをもって國を治められたいと魯國をはじめ國内諸國で説いたが、孔子を容れる國はなく、弟子を抱えてさまよって生涯を閉じた。

儒教は中國文化ではなく、日本に入ってきて花開いた日本文化である。山本七平いうところの、日本教と化した儒教として。中國では國柄としては易姓革命の國で、日本的儒教のかけらもないはずだ。朱子学といい、陽明学というも、國民の間に拡がりを持つもの中國文化でさえなく、研究対象としての単なる学者の机上の哲学研究であろうかと思う。

我が日本文明は、事案・事象の分析は、孔子などの外来頭脳を活用するとしても、日本文明の芯はそのままである。日本は仏教の國であり、韓國が儒教の國というが、仏教とて神道に習合しており、韓國と日本の儒教たる行為規範が全く異なっているかの如くである。これは日本の儒教が神道に習合し、さらに仏教と習合しているからであろう。

前述したように、新渡戸稲造は『武士道』の前書きに、ある外國人宣教師が、「日本には宗教教育が無いのですか」という問いに、無宗教であると新渡戸は答えた。新渡戸は、「それならば宗教でない生活規範とは何か」に思いを致し、それは「武士道」であろう、と書いたとのこと。宗教を広義に生活規範とするならば、儒教も神道も宗教であろうが、日本人は柏手を打っても、お線香をあげても、神道の信者とか、仏教徒とかを自覚する者はむしろ特別で、概ね無宗教とみて良いのではないか。

もちろん、歴史上で我が國が仏教文化に覆われたり、僧兵の強力な時代、一向一揆など仏教國かの観を呈し、なおかつ現在でも創価学会が政権についていることを無視してのことではない。それを包含する日本文化として考えるときのことである。

第3節　戦争目的、戦闘技術と戦闘倫理、闘戦経、軍人勅諭、戦陣訓

家村和幸先生の著書に『闘戦経』という、大江匡房（一〇四一～一一一一年）が著したといわれるこちらも『闘戦経』という兵法書の解説書がある（家村和幸『闘戦経　武士道精神の原点を読み解く』並木書房、二〇一一年）。大江家は朝廷の文献管理の役目を委ねられており、匡房より二五〇年前に我が國に渡来した「孫子」もその管理下にあったとのことである。家村先生の本文解説も一応は読ませていただいたが、内容が濃密で解説の背景が理解できず、活字が潤んで意味が読み解けない。

大学一年の期末試験で、初めて市川秀雄先生の「法学」を読んで、文のはじまりから句点の「。」まで半頁が使われ、確かに日本語で全部読めるのに、文章もそして用語も抽象的で全く意味が取れず絶望したときのこと、二年生で田中誠二先生の会社法のテキストの文字が躍って読んでいるのかどうかさえ分からなかったときのことを思い出した。『闘戦経』原典の短い文章は、戦争の現実、戦略、戦術、戦争心理を、体験どころか想像さえできない身に、解釈や理解ができるはずがない。

この家村『闘戦経』の本文も、解説そのものが理解できない。大学一年生で社会生活の経験がないのに法学を学んでも、二年生で会社の経営など経験どころか想像さえできないときに会社法を読んでも、意味が取れるはずがない。

それと同じで戦争という現実に目を背け、逃げてきた老書生に戦の現実と理論が理解できないのもやむを得ない。

家村先生ご本の「前文」と「あとがき」の入門部分の記載を、我流読解で武士道についての私の理解と主張にしてみたい。

私は、武士道というのは、原日本人の惟神《かんながら》の道である、その行為規範を整理すると儒教の仁・義・礼・智・信の五徳をはじめとする価値基準に行き着く。

その行為規範を江戸の平和の世に公務員としての武士により高い倫理的規範を求められたもの、と理解した。「葉隠」にしても、「武道初心集」にしても、「五輪書」にしても多くの武道々歌でもその心が伝わってくるものと理解していた。

ここには命を的に戦う戦闘者の影も形も、そしてその魂もない。公務員の倫理規範そのものである。

家村先生はこの『闘戦経』の解説書で、戦争そのものから説き起こされる。ギリシャ・ローマの戦争をはじめ、人類史上のほとんどの戦争は敵國を手に入れること、つまりその富と共に敵國人を奴隷として、自らの生活と文化に奉仕させるのが「戦争目的」である。

キリスト教は愛を説いても、異教徒の虐殺も奴隷化も厭わない。孫子の兵法の基本は「詭（偽り、騙し）」であり、奇と正の策略を進めたもので、戦そのものの技術として孫子の兵法は完璧であっても何のための闘いか、はでてこない。

これに対し、『闘戦経』を貫く指導原理は「誠」であり、「真鋭」である。文武一元論である。

孫子において武と文とは二元論となっていて、武は武としての独立の技術であり、孫子において完結し、文は儒教として確立するとのこと。

また、戦争の理論化による明治以後の帝國陸軍のお手本であったクラウゼヴィッツの『戦争論』も、戦争は政治目的達成の手段としても、戦争目的の内容には立ち入らない。

我が國の戦争（指導書たる『闘戦経』）は、武と文とが一元化し、何故何のために戦うのか、それは秩序の生成、発展のための兵法がこれであって、富を得るためでも他國を征服して奴隷を得るためでもない。従って戦争のやり方もこの目的に拘束される。これが日本兵法の特異性である（一六頁）。戦闘に精神性が入っての戦闘技術とのことである。戦争目的実現のためには、秩序の生成のためには、戦に敗れるとしても命を捨て、戦わなければならない。

楠木正成は『孫子』を読み込み、戦術の限りを尽くしても、『闘戦経』一二章にある「死を説き、生を説き、死と生とを弁ぜず介して、死と生とを忘れて死と生との地を説け」、に従い、後醍醐天皇の命には負け戦を覚悟して最後まで戦い抜いた。

『孫子』には「君命に受けさるところあり」とあるが、この孫子の兵法は、楠木が採らないところであって、真の武士であったとのこと（二〇七頁）。

秩序を生成させるという戦争目的に殉ずるのが武士道という戦闘者の行為規範である。

林千勝先生のご著書『日米開戦　陸軍の勝算』（祥伝社新書）によると、陸軍は彼我の軍事力、國力、國情、國際情勢を読み解き、大東亜戦争の戦略目的を達成する戦術を持っていた。

しかし、陸軍が政治の決定に敢えて従い、敗戦に甘んじたのみならず、戦闘に、飢えに、南方諸島に骸をさらした帝國の数多くの戦士への日本的戦い方の現在に思いが及ぶ。

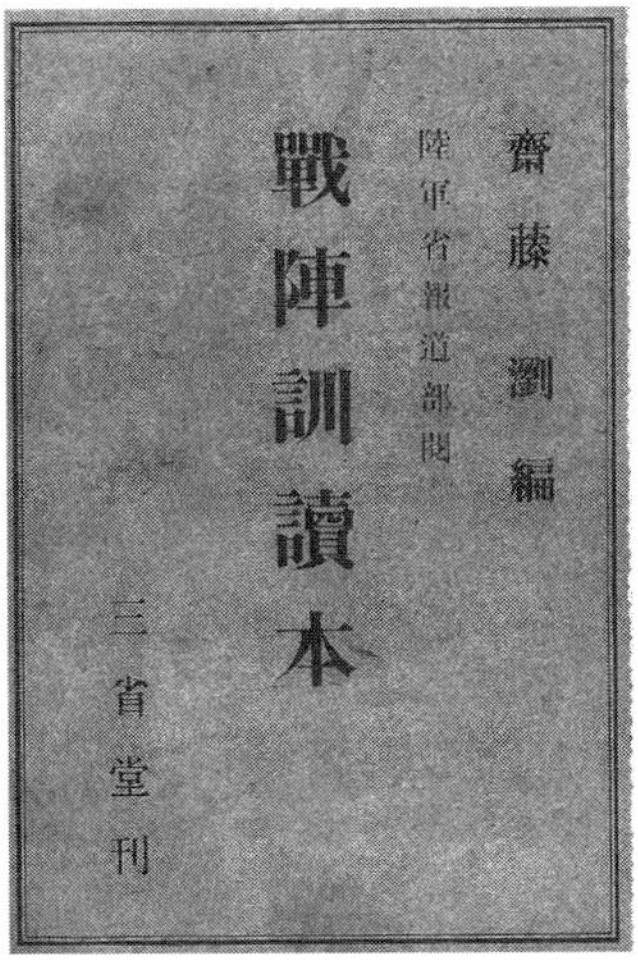

『戰陣訓讀本』

『軍人勅諭』は、明治一五年（一八八二）に明治天皇が軍人に下賜した勅諭であり、軍人としての心構えが記されている。自由民権運動による社会情勢の不安定化をうけ、これを抑え、精神的支柱を確立する意図で西周が起草し、山縣有朋らにより加筆修正されたものとのことである。

現実的、経験的に『軍人勅諭』が『闘戦経』の延長にあるかどうか、知るところでない。しかし、文明論的には、『闘戦経』の現代版であろう。

昭和一六年（一九四一）一月陸軍大臣東條英機により、戦陣訓が発出された。序において、「軍人精神の根本義は、畏くも軍人に賜りたる勅諭に炳乎として明かなり」とあり、

戦陣の環境たる、兎もすれば眼前の事象に捉はれて大本を逸し、時に其の行動、軍人の本分に戻《もと》るが如きことなしとせず。

常に戦陣において勅諭を仰ぎて、之が服行の完璧を期せんが為

に発出とするとある。現在において明らかになっていることは、支那事変における國民党軍、八路軍が現場の協定を守らないどころか、詭の限りを尽され、ぬれ衣を皇軍に着せて、國際社会に発表していたとのことである。この中國軍の発表を信じて、陸軍大臣まで皇軍の軍規を『軍人勅諭』の原点に立返れ、と訓示している。お人好し國・皇國の面目躍如の感である。ヤルタ、ポツダムと米英ソが手を組み、大東亜戦争戦果配分をきめているなか、ソ連に停戦のあっせんを依頼することと共に。なお、『戰陣訓讀本』を編著した齋藤瀏が、皇軍

のあり方本分を読本中で、『軍人勅諭』に従え、と説く。説くところ美しい。ならば何故貴方は二・二六事件を起こしたのですか、二・二六事件は皇國軍人の本分に悖らないのですか、と問いかけたい。

本来の日本を生かすには、「お人好し」と共に、脇をしめての詭道の孫子を乗り越える、政治の、戦争の、「応用問題」の解決力が求められる。

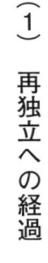

第9章　一神教文明史の中の日本文明

現代史における日本文明への視点

(1) 再独立への経過

日本國との平和条約に署名する吉田茂首席全権と全権委員 (Wikimedia Commons)

我が國は昭和二七年（一九五二）四月二八日占領を終わらせ、再び独立國家として再出発することになった。独立に際し、講和条約への参加を西側諸國を対象とするか、東側諸國の参加を得るべきかとの議論が、単独講和か全面講和かで國論が二分した記憶がある。昭和二六年（一九五一）九月八日にサンフランシスコで、吉田茂総理出席の下、連合國西側四八か國との講和条約が締結され、独立國として再出発することとなった。

その後、サンフランシスコ講和条約に参加しなかった諸國とも、昭和二七年四月二八日の中華民國（台湾）との日華平和条約をはじめとして、順次平和条約が締結され、昭和三一年（一九五六）一二月一八日には國際連合規約の敵國条項を存置したまま、國際連合への加盟も認められ、我が國の経済力の伸長とも相俟って、國際社会の國家として次第に認められてきてはいる。ただし、ソ連との間は昭和三一年に共同宣言に合意し國交回復したが、依然として現在まで講和条約は結ばれていない。中國共産党政権との間は昭和四七年（一九七二）に日中國交正常化共同声明に合意し國交を結び、昭和五三年（一九七八）に日中平和友好条約を締結した。

（2）大東亜戦争（太平洋戦争、第二次世界大戦）の評価

講和条約締結に際し、その第一一条で

> 日本国は、極東国際軍事裁判所並びに日本国内及び国外の他の連合国戦争犯罪法廷の裁判を受諾し、かつ、日本国で拘禁されている日本国民にこれらの法廷が課した刑を執行するものとする。（以下、省略）

の条文がある。戦後の大東亜戦争への評価は、この条文を基礎に世にいういわゆる「東京裁判史観」であり、我が國を米國のみならず、近隣諸國への侵略を行った國家とするが如くである。

ただ、東京裁判自体が我が國における俄造りの法廷であり、戦勝國の価値観に基づく極めて政治性の強いものであったことから、そしてまた、被告人側即ち敗戦國側の評価に即する証拠の多くは却下され、採用されていない。

（3）大東亜戦争は日本の自存自衛、アジアの民の開放

大東亜戦争は

①　列強國によるＡＢＣＤラインによる経済封鎖への自存自衛の戦い（宣戦の詔書）
②　アジア諸國を支配した白色人種から、アジアの民を解放する戦い（帝國政府聲名《せいめい》）
である。

「石油の一滴は血の一滴」と言われ、昭和一六年（一九四一）八月にアメリカ、イギリス、中國、オランダというアジアにおける石油を独占していた國々が全て我が國と経済断交をしてきた。

昭和一六年（一九四一）一二月八日、朝日新聞の一面上段にある陛下の「米國及英國ニ對シテ戰ヲ宣ス」とある詔書も「事既ニ此ニ至ル帝國ハ今ヤ自存自衛ノ爲蹶然《けつぜん》起ツテ一切ノ障礙《しょうげ》ヲ破碎《はさい》スルノ外ナキナリ」の文面や、同新聞一面の最下段にある帝國政府聲名にも「經濟斷交の擧に出つるに至れり、凡そ交戰關係に在らさる國家間における經濟斷交は武力に依る挑戰に比すへき敵對行爲にして、それ自體黙過し得さる所とす」とあり、また「國家の總力を擧けて征戰の事に從ひ、以て東亞の禍根を永久に芟除し聖旨に應へ奉るへきの秋なり」とある。

両声明ともに戦争をしたくない。米英の国力、生産力を知り尽くした上で戦場に引きずり出される悲痛な悲鳴に聞こえ、窮鼠が猫を嚙まざるを得ない状況に追い込まれている。歴史的確証はないがアメリカの伝統的手法、厭戦といっておとりを出して皆殺しにさせて戦う。真珠湾の騙し討ちは、ゾルゲや尾崎秀美の例で分かるように宣戦布告の遅れなど我が國の権力中枢に「利敵者」ありの疑いが大きい。

(4)　文献紹介

以下、私の拾い読みで頼りない理解を、世界の現況を読書人の協力を得て補い、紹介しておく。

元駐ウクライナ兼モルドバ大使・元防衛大学校教授・元吉備国際大学客員教授で長らく外交に携わってきた馬渕睦夫先生は、自らの著書である、『知ってはいけない現代史の正体』（ＳＢクリエイティブ、二〇一九年）、『馬渕睦夫が読み解く２０２０年世界の真実』、同じく『……２０２１年世界の真実』（ワック、二〇一九・二〇二〇年）で、ユダヤ金融資本家によるディープステート論を展開しておられる。

そして、モルデカイ・モーゼ（久保田政男訳）『あるユダヤ人の懺悔「日本人に謝りたい」』（沢口企画、二〇一九年）を薦められる。

馬渕先生の第二次大戦でのスパイ活動に関する文献として、二〇一〇年に、ジョン・アール・ヘインズ、H・クレア（中西輝政監訳、山添博史・佐々木太郎・金自成訳）『ヴェノナ―解読されたソ連の暗号とスパイ活動』（PHP研究所）が出版された。また、その改訂版が二〇一九年に扶桑社より出版された。

これは、一九四三年から一九八〇年までの三七年間にアメリカ合衆國陸軍情報部とイギリスの情報機関が協力して、ソ連スパイが交信した暗号電文を解読するヴェノナ（プロジェクト）の全容をまとめた著作である。

これによると、一九三〇年代～一九四〇年代の米國政府機関、米國内の民間シンクタンク、民間平和団体、宗教関連団体、出版社などが事実上ソ連に乗っ取られていたとのことであり、スパイとして関わった者は一〇〇人以上に上るという。第二次大戦時の米國の政策決定の多くがソ連の意図に基づいて歪められていた可能性が浮き彫りになっている。また、米國が巨額の費用と大量の科学者、技術者を動員して製造に成功した原子爆弾の製造方法がスパイによってソ連に流出、わずか数年でソ連は核爆弾の製造に成功、核保有國となり、後に数十年続く米ソ冷戦の発端になったという。

第二次世界大戦開戦に関しては、一九二九年〜三三年任期の第三一代アメリカ大統領ハーバート・フーバーが第二次世界大戦の過程をフーバー回顧録としてその詳細を残しているが、二〇一七年には、ハーバート・フーバー、ジョージ・H・ナッシュ編著（渡辺惣樹訳）『裏切られた自由―フーバー大統領が語る第二次世界大戦の隠された歴史とその後遺症』上・下（草思社）が出版された。

このほか、フーバー回顧録の研究として、藤井厳喜・稲村公望・茂木弘道『日米戦争を起こしたのは誰か―ルーズベルトの罪状・フーバー大統領回顧録を論ず』（勉誠出版、二〇一六年）がある。

この本は、米國民を欺き、日本に戦争をしかけ、蔣介石とスターリンに莫大な軍事援助を与え、世界に惨劇をもたらしたルーズベルトによる政策の数々を、フーバー自身が問題提起し、その内容を三名の論客が寄稿し、議論を加えたものである。

このほか、我が國の戦史研究家による日米開戦に関する文献として、林千勝先生が、『日米開戦　陸軍の勝算―「秋丸機関」の最終報告書』（祥伝社、二〇一五年）を出版されている。「秋丸機関」という、当時第一級の英才を動員し、英米の経済力を徹底研究した陸軍省戦争経済研究班の報告書を詳細に調査。陸軍は、やみくもに戦争に突入したのではなく、科学性と合理性に基づいて開戦に踏み切ったという。

林千勝先生の「秋丸機関」の研究によると、そもそもエネルギーとしての石油を手に入れるために、東南アジアに進出してからは、インドを経て西へ向かい、米國の参戦を防ぐ戦争計画が、何故か米國を参戦させる真珠湾攻撃となっていたという。この『日米開戦　陸軍の勝算―「秋丸機関」の最終報告書』に関しては、コミック「皇軍、西へ征け！」と題して雑誌『歴史通』（ワック）にも連載された。

林千勝先生は、このほかに『近衛文麿　野望と挫折』（ワック、二〇一七年）、『日米戦争を策謀したのは誰だ！ロックフェラー、ルーズベルト、近衛文麿　そしてフーバーは』（ワック、二〇一九年）の著書で大東亜戦争に関して考察されている。『近衛文麿　野望と挫折』では、近衛が己れの名誉と栄光を手にするために、天皇でもコミュニストでも自分の子供でも見境なく利用したこと。近衛の野望と挫折の生涯を追いながら、「自殺」とされる彼の最期の日々の矛盾や不可解な行動まで明らかにしている。

一方、「史実を世界に発信する会」会長代行で、評論家の茂木弘道先生は『大東亜戦争　日本は「勝利の方程式」をもっていた！　実際的シミュレーションで証明する日本の必勝戦略』（ハート出版、二〇一八年）を著している。

この本では、「大東亜戦争は侵略戦争であったのか」という疑問から始まり、実は「対米英蘭蔣戦争終末促進に関する腹案」という昭和一六年一一月一五日に大本営政府連絡会議で採択された勝利の戦略論があったことを明らかにしている。

この勝利の戦略とは、東南アジアの資源地帯を抑えた後は、英米支連合國の最大の弱点であるインド洋という補給路を断つことによって、まず英國、そして中國の脱落をはかり、アメリカをして戦争継続の意欲を失わしめる、という壮大なものであったという。対米戦は、「あらゆる手段を尽くして適時米海軍を誘致し、これを撃滅するに勉む」という、太平洋という日本にとっての潜在的な大戦力を活用した米海軍撃滅戦略が計画されていた。

ところが、初戦の真珠湾攻撃があまりにも目覚ましかった（と思われた）ために、本来の戦略からだんだん離れていき、太平洋での前方決戦にのめり込んでしまい、戦力の浪費、肝心のインド洋戦略がおろそかになり、日本が敗北に向かってしまった、と述べられている。

第二次世界大戦では、一九一九年〜四三年まで存在したとされる國際共産主義運動の指導組織「コミンテルン」が影響を及ぼしていたが、これに関しては、元拓殖大学大学院客員教授で長年安全保障、近現代史研究に携わっておられる江崎道朗先生による以下の著書がある。

『日本は誰と戦ったのか―コミンテルンの秘密工作を追求するアメリカ』（ワニブックス、二〇一九年）

さらに、五・一五事件や二・二六事件をはじめとする昭和の革新運動に、ソ連のコミンテルン及び國際共産主義の影響があり、それがゾルゲ事件にもつながっている可能性について、以下の本で指摘されている。

『コミンテルンの謀略と日本の敗戦』（ＰＨＰ新書、二〇一七年）

また、アメリカでは東京裁判史観の見直しが始まっている、と以下の著書で書かれている。

『コミンテルンとルーズベルトの時限爆弾―迫り来る反日包囲網の正体を暴く』（展転社、二〇一二年）

（5）　國家への帰属意識＝草の根皇國史観

本居宣長のからごころ批判どころではない。

これらのご本を拾い読みするだけで、コミンテルンの謀略に乗せられる軽い軽い我が國の國家像が浮かび上がる。学界のみならず政界、財界、官界、軍隊共々に國家そのものが、「まだら赤化」にあるとしても指導層は赤く染まって、政官財こぞって破滅への道をまっしぐらの感が強い。

にもかかわらず、國の基本、國体と日本文明を守り抜いて現在に至ったのは、草の根の國民の國家への信頼と帰属意識である。その由って来たるところは、我が先人が築いてきてくれた（皇紀）二七〇〇年の歴史の成果であったろうかと。

特攻隊は言うに及ばず、戦闘に斃れ日常生活中に死を強いられたのは、皇國への帰属意識の高い庶民であった。今でも、その意識に変わりあるまい。原爆をはじめとする國内の被害、満蒙引揚の悲惨、支那事変、満洲事変の犠牲、「暁に祈る」ソ連抑留兵凍死の無残、「モンテンルパの夜はふけて」外地でBC級戦犯の汚名を着せられて処刑された兵士、そして南洋諸島で虐殺され、餓死を強いられた兵士たちへの鎮魂の心は止み難く、次なる日本文明の地平を拓くのが、我々世代の後世への義務であろうか、と自覚を新たにしている。

と大袈裟にいってみても、できることなど知れたものではあるが。我が國の歴史への悔恨と誇りを自覚している。

本章の最後に。馬渕睦夫先生がいろんなご著書であかず語りかけられるのは、コミュニスト、グローバリスト、リベラル、フェミニズムなどが常に社会の分断を求め、國民國家としての自律的、自然な人間社会の発展を許さず、政府への人材供給により國家を動かしてきたことである。長くロックフェラー家の当主を務めたデビット・ロックフェラーは『回顧録』のなかで、「私は国際主義者であり、世界中の仲間とともに、より統合的でグローバルな政治経済構造、つまりひとつの世界を構築しようと努めてきた」と述べています。つまり、アメリカ國民の利益を第一に考える願い、ではなかったと強調しており、そのことがアメリカ國家は一枚岩ではない、と言われていることにつながっています（馬渕睦夫『知ってはいけない現代史の正体』一二九〜一三〇頁）。そんなアメリカの、國際社会の、現実に背を向ける我が國であってはならない、との思いが募ります。

第二編

人類史の中で較べようのない我が祖國、創國の精神、建國の目的

イェーリング『権利のための闘争』

和を以って貴しとなす。十七条憲法の第一条が日本文明の基礎である。

さはさりながら、ただ、生きてきた社会、生きてきた歴史は、そんな生やさしいものではない。

イェーリング（一八一八～九二）の『Der Kampf ums Recht（権利のための闘争）』をもって、あるがままの人類史の、法の、社会の、現実を、そして、日本文明の語らない、底のさらに底にある、人類の経てきた歴史的、社会学的実態をイェーリングに語らせ示しておく。

これなくして、日本文明を語ることは、空中楼閣を語るに等しい。

『権利のための闘争』（日沖憲郎訳、昭和六年戦前初版、岩波文庫、絶版）の冒頭と結論を掲げておく。

［冒頭部分］

法の目標は平和であり、これに達する手段は闘争である。法が不法の側からの侵害に対して用意せねばならぬ間は――しかもそれはこの世の存する限り続くであろう――法に闘争を避けるわけにはいかない。法の生涯は闘争である。諸々の民族の、国家権力の、階級の、個人の闘争である。

この世における一切の法は闘い獲られたものである。あらゆる重要な法規はまずこれに抗争する者の手からもぎ取られねばならなかった。そうして民族の権利たると個人の権利たるとを問わず、すべて権利はこれが主張に対する不断の用意を前提とする。法は単なる思想ではなくて、生ける力である。さればこそ正義の女神は一方の手には権利を秤る衡器をもち、他方の手には権利を主張する剣を握っているのである。

衡器のない剣はむきだしの暴力であり、剣のない衡器は法の無力である。両者は相俟ってその用をなすのであって、完全な法律状態なるものは正義の女神の剣を揮う力がその衡器を扱う熟練の度と相比肩するところにのみ存する。

法は不断の勤労であり、しかもひとり国家権力の勤労たるに止まらないで、全民族の勤労である。法の全生命を一目に見渡せば、我々の眼前には全国民の休みなき角逐と奮闘との演劇が現れるのであって、それは経済力および精神的生産の領域において全国民の活動が示すとまさしく同様の光景である。自分の権利を主張せねばならぬ地位に立ち至った各人はいずれもこの国民的作業に参与し、地上における法理念の実現に当たって各々その微力を致すのである。

〔結論部分〕

私が本書に展開した条件の存する場合には、個人に対してもまた民族に対してもこの闘争をもってその義務だとするのである。ヘルバートが法概念から取り除こうとする闘争の要素こそ、この概念の最も本然的な、これに永遠に内在する要素である――闘争は法の永遠の勤労である。勤労がなければ所有権がないのと同様に、闘争がなければ法はない。「汝の額に汗して汝は汝の麵包《パン》を食わなければならない」という原則に、同等の真理をもって「闘争のうちに汝は汝の権利を見出さなければならない」という他の原則が対立している。法がその闘争準備を廃する瞬間から、法そのものが廃される――法についてもまた次のような詩人の言葉が当て嵌まるわけである。曰く

人智の最後の断案はかうだ。

凡そ生活でも自由でも日々これをかち得て、

始めてこれを享有することができる。

授業ではなかったかもしれない。あの先生が語られたという具体的な先生のお名前が思い出されない。しかし、二～三人の先生から教壇からイェーリングの『権利のための闘争』を熱く語りかけられて、後にはイェーリングの『ローマ法の精神』において、ローマは三度世界を征服した、一度はローマ大帝國をもって、二度はキリスト教の世界化によって、三度はローマ法によって、と……。現代社会の世界中の取引法の基礎は全て、ローマ法由来とのこと。

峯村光郎先生が史上最も尊敬された法学者でもあろうか、常に「イェーリングを通じてイェーリングの上へ」と語りかけられた。

イェーリングも知らない神武建國の詔

文字成って我々が明確に知る人類史、國家史、中國史やギリシャの都市國家をはじめとする國家権力の形成は王たる者の我欲の充足のための武力による支配から始まる。たとえ民の為を装ったとしても、反抗防止の手段であって服する者は奴隷、服さないものは虐殺そして凌辱と限りない状態からの出発が通常である。

國家建設の精神が民を愛しみ飢えから救い國自体を家族とする共同社会の形成を目的として成立した國は我が國の大和朝廷以外に知らない。我が國の建國は、動物が群を作って生活する本来の姿をそのままに形成された「國家」として、天然自然であって他に例をみない。たとえ識者が堯舜の徳の理想を説いても現実の史実は異なる。

理想と現実の二元論は我が國の歴史でも明白ではある。しかし理念を掲げることは常に理念が意識され、たとえ現実が暴走することがあっても民の支持の基の理念に帰る。このことは、我が國の歴史が理想と現実の一致を説く一元論の國であることを示しているやもしれない。

第1章　神武建國の詔＝創國、建國宣言に見る建國目的

國家は、國民、領土そして主権によって成立する。どのような國民が國家をつくるか、その精神によって國家の土台は変わる。我が國の建國の精神は、神武天皇の「建國の詔」によってあらわされている。

「建國の詔」は、初代神武天皇による我が國が目指す國家の宣言である。以下にその全文を記載する。

神武建国の詔　　発出は皇紀元年（西暦ＢＣ６６０年）

三月辛酉朔丁卯。下令曰。自我東征於茲六年矣。頼以皇天之威。凶徒就戮。雖邊土未清。餘妖尚梗。而中洲之地無復風塵。誠宜恢廓皇都規摹大壯。而今運屬此屯蒙。民心朴素。巣棲穴住。習俗惟常。夫大人立制。義必隨時。苟有利民。何妨聖造。且當披拂山林。經營宮室。而恭臨寶位。以鎭元元。上則答乾靈授國之德。下則弘皇孫養正之心。然後兼六合以開都。掩八紘而爲宇。不亦可乎。觀夫畝傍山〈畝傍山。此云宇禰縻夜摩。〉東南橿原地者。蓋國之墺區乎。可治之。

以下に、この文の現代語訳を記す。

「私が東征を始めてから、ここに六年が過ぎた。皇天（みおやのあまつかみ）の威力により凶徒を誅殺し

てきた。ではあるが、辺境の地は未だ鎮静を見ず、残りの賊には強い力を持つものもいる。しかし、国の中心は完全に治めることがで〔き〕た。そこで、皇都（みやこ）を拡張して、壮大な宮殿を建設しようと思う。

この国は未だ始まったばかりで、民の心は純朴であり、巣に住み、穴に住み、習俗は変わらない。そもそも聖人（ひじり）は制度を立てて、道理は時に従うものである。仮にも民に利があることならば、聖人が行うことに妨げなどないはずだ。

そこで、山林を切り開き、宮殿を経営し、謹んで宝位に就き、民（おおみたから）を鎮めよう。上には、天神が国をお授けくださった徳にこたえ、下には、皇孫が育成された正しい心を広めていこう。その後に、六合を一つにして都を開き、八紘の隅々までを覆って家とすることは、善いことではないだろうか。

あの畝傍山の東南（たつみのすみ）にある橿原（かしはら）は、国の真ん中のようだから、そこに都を造ろう。」

出典　https://shinwakojiki.com/syoki-jinmu17/

この建国の詔からいえることとは、民に利のある制度を作り、國中に正しい心を広め國中が家族となる國をつくろうというのだから、創國の精神は正しい心の民に利がある國家が家族となる共同社会の國を建設しようと読める。

それが建國の総論で具体的な國の基本は聖徳太子の十七条憲法で示される。

第1節 「和を以って貴しと為す」（十七条憲法第一条）の精神

前編で我が國における戦争目的は、『闘戦経』に従い秩序の形成である。戦いで、秩序が形成されたなら秩序内の人々は、利益になるようにとの精神で行為規範を皆で議論して定めて決まった規範には従うようにして創ろうというのが神武建國の詔である。そしてその各論ともいえるのが十七条憲法である。秩序の内実は、十七条憲法第一条の「和を以って貴しとなす」の精神である。「和」は最も経済効果がよく、かつ精神が安定するのである。精神性が強調されるが、その精神性の形成を行動や生活として、心の怒りを鎮め、表の怒りを抑制することとなり、他人の意見に怒るなとか（第十条）、衆に従えとか（第十条）、物事は独断で行ってはならない、必ず皆で適切に議論しなくてはならないとか（第十七条）、詔に服せよ（第三条）（「詔」は、天皇が独断で発するものではない。衆議に計って、大旨の賛同の下で発せられるもの。だからこそ詔を「うけたまわりて」は、衆目のなかで決めたこと、即ち、皆で話し合って決めたことには従え）などと現実化されている。

動物としての人間は集団を作り、その集団の中で協力することで、最も有効な方法で食料を生産したり、備蓄したりすることができると同時に、自分達を他の動物から又は他の集団から守ることができるのだ。

十七条憲法そのものが、第一条の宣言をどのように実現するか、「和の実現」の具体化である。このことは、大和朝廷の施政方針の宣言であり、社会そのもの部族員相互への語り掛けであり、官僚心得であり、臣属する周辺部族への語り掛けであろう。

社会の成りたちの、生活の安定の、基礎は「秩序の維持」だぞという。

「和を以って貴しとなす」とする原始人の動物としての知恵であったのであろう。多分、このような人間の原始的資質、地理的要件や季節的な要因により食糧を求め、移動するにあたっては、それなりの秩序が必要となる。

「和を以って貴しとなす」としながら、『古事記』や『日本書紀』といった史書にも記されているように、知恵を出し合う必要から、神々には「神議《かみはか》る」といって、しょっちゅう会議をされる。そして、その知恵の集約者として、移動した方が良いか、しない方が良いかは、皆で会議し、相談するうちに、民主主義というのではなく、お互いに知恵を出し合って「群《むれ》の長《おさ》を立てていこう」ということになったのであろう。そういう集落の掟の集成が古神道であり、天皇の起源であろう。

動物の群の群長《むれおさ》が、そして集落が形成され、農業生産も軌道に乗ってきたとき、秩序の型を形成しようとして、部族長たる天皇が、ご先祖たる天照大神からさずかった家訓があるから、それを掟として守る、という表現を含む自分の群の保護者として、こんな心構えでこの集団をこんな集団として治めようと決意した、という決意表明でもあり、みんなでこの集団の秩序を守って、末永く共々に幸せな生活を営もうではないか、との提案であり、提言したのが『古事記』、『日本書紀』であり、日本神話であろうと思う。

天皇家、家訓と天皇の決意表明と國民への提言という、神話と史書とが同居する不可思議な物語が、『古事記』、『日本書紀』の世界かと思う。

第2節　秩序ということ

法の目的は、法哲学における通説は、古来「1、秩序の維持」と「2、正義の実現」とされる。
そして最近は第三の価値としての主張「3、具体的妥当性の確保」があり、現在ではむしろこの第三の価値「具体的妥当性」が、「秩序」と「正義」に勝る法の第一の目的とされると考えられていると聞く。

「ゲーテ曰く無秩序よりも悪い秩序の方がましだ」というのは、峯村光郎先生が教壇からあかず語りかけられたことである。

秩序と正義の価値序列をどう考えるべきか、ソクラテスが獄中で毒杯をあおったように、悪い秩序でも秩序が先行するとか、正義が優先し、人民には秩序を壊す革命権があるとか、否、それに至る前に憲法秩序を維持するために抵抗権があるとか、延々と結論の出ない未熟な議論を重ねた若き日のことを思い出す。

第3節　秩序の基礎

(1) 仏教で、昔釈迦の誕生日、確か四月八日、「花祭り」があって甘茶を飲ませてもらったことがあった。甘みが頼りなく、物足りなかった記憶だけある。お寺に行った記憶はない。
入来《いりき》新町に疎開していた頃のはずだが年月が合わない。違ったときだったかもしれない。

ただ、蓮の花にお釈迦さまが座しておられる極楽の図を子供心に覚えている。地獄、極楽という死後の世界が話題になったのは子供の頃の思い出で、絵本にもあった。

そういえば、今は自公政権で認知されているが、創価学会がオカルト視されていた頃、ご供養や寄進を求めると批判されていた。その頃になかなかに利発な創価学会員の若い女性がアルバイトにやって来て、働き者で心遣いがあって窓ガラスを拭いてくれたりするので、偏見を超えて創価学会のことを学んでみたくなってお茶に誘って話を聞いた。説かれる壮大な仏教の観念世界に圧倒されて仏教理解が進んだような気がしたものだが、今では釈迦の弟子にランクがあって、一番上が如来で如来の中での序列最上が大日如来であること、そして観音様は女性であられ、天照大神と同列で、観世音菩薩というくらいだから菩薩というのが一番偉いのかと思ったら、その下の位で意外に思った記憶しか残っていない。

実証不可能な観念世界の組立の壮大さに驚き、その観念が人間の行動を導くことに感動と違和感の雑居した思いを抱いた。

事務所にアルバイトに来ている若い女性から聞いた、喫茶店での雑談程度の創価学会の解説でも、その教義が魅力的で感動したくらいだから、二千年以上磨き抜かれた聖者の基礎の上のユダヤ教・キリスト教（旧教・新教）・イスラム教が、人々に感動を呼び世界史を覆すはずだと思う。

ただ、仏教のもつ壮大な観念世界の広がりの大きさに感動し、これを信仰する信徒があることが理解できると共に、宗教の持つ実体を伴わない観念性に戸惑った記憶が残る。

この世界的な「通説」たる人類史的文明に対し、我が日本文明を語りかけてみる。
日向の地の群の長、村の長が気候風土上、人間がまつろい得る、即ち心を一つにして意識を共有し得る地域を現在の我が國土の範囲、即ち多分当時の稲作農業の北限でもあったろうか、大和の地として建國に至ったのが我が日本なのであろう。

（2）原初的な夫婦親子という家族を単位として、他の家族と協力し合い部族を形成し、より有効に生活をしようとしたに違いない。

民主主義という、明治の造語がいいのではない。その実質を備えた古来の我が國の文化が「神議る」というもので、皆で相談して話し合い、納得し、心を一つにする、即ち「祭ろう」のが一番大事なのである。心を一つにするのが、政事《まつりごと》なのである。自分が納得できなくても、皆さんが納得していることには、皆さんがそう仰るのならそうしておきましょうと、とりあえずでも従うのが、即ち「和」が最も生活の定めと身を護る安全な方法で生活に利便をもたらすと説くのである。

民主主義を「空念仏」や単なる「お題目」に終わらせないために古来からの我が國文化を現代に生かし生命を、魂を入れることとである。

言挙《ことあ》げは、和に叶わない。言挙げは、秩序を人の心を傷つける否定語であって、秩序の形成のための、和の実現のための「和語」には言魂が宿り、語り合うコトバの魂が触れ合って、心を一つにする。我が國の和語は、人間一人一人をその立場立場を大切にして、魂を触れ合わせるのだが、英語は第二人称は you 一語しかない。ドイツ語でさえ親称 Du と敬称 Sie があるのに、お互い平等で無用な配慮をしない文化であるというのが、ブルーノ・タウトの考えで、日本語で第二人称の呼び方だけで莫大な数にのぼっているこの多様性を、日本文化としている（『日本文化私観』森儁郎訳、明治書房、一九三六年、三三二頁）。

さらにその和の実現は、お互いに生活上で扶け合うことだけに限らない。

せっかく、言語・文字を得たのだから、これを生かして和の実現をさらに磨き高めようと語りかけているのが「言霊《ことだま》の幸《さきは》ふ国」という和歌となって残る。

柿本朝臣人麻呂の歌集の歌に曰く

葦原《あしはら》の　瑞穂国《みずほのくに》は　神《かむ》ながら　言挙《ことあ》げせぬ国
然《しか》れども　言挙《ことあ》げす我れは　言幸《ことさき》く　真幸《まさき》くませと
恙《つつが》なく　幸《さき》く坐《いま》さば　荒磯波《ありそなみ》　ありても見むと
百重波《ももえなみ》　千重波《ちえなみ》しきに
言挙《ことあ》げす　我れは　言挙《ことあ》げす　我れは

（反歌）
磯城島《しきしま》の大和《やまと》の国は言霊《ことだま》の　助くる国そ真幸《まさき》くありこそ

和の実現を言葉をもって表現しよう。言葉には人を和に導く不思議な力、霊が宿るというのである。

当然、その前提に、和の実現に有害な「言挙げ」「枉事《まがごと》」を言ってはならない「言挙げせぬ国」という前提がある。

『古事記』の、ヤマトタケルが白猪を後で殺すと言挙げして、自ら病を得るという故事から、図に乗って分からないことを分かったように言語表現したり、必要以上に自分を大きく見せる言葉を発したり、他人を威圧する表現をしたりすること、即ち他人を傷つける否定的言語は慎まないと災いを招く、という。「言挙げ」とは、語感からその心をこう解するのであろう。

（3）城野宏先生に、神田市場の大田市場への移転反対運動を行った仲卸の組合で、組合員の中で賛成に意見を変えた仲卸仲間をどうするか、という相談に仲卸組合長の山崎孝治さんと一緒に伺ったとき、「内野君。戦やるときはな、猫ん子一匹、敵にしちゃいかん」と団結を乱した者の深追いをするな、とたしなめられた。このときはそんなものかときいていたが、後に実際の作戦にあたって、「猫ん子一匹、敵をつくっちゃいかん」例をお教えいただいた。

白門会研究室の先輩、末光靖孝弁護士に受けた指導がある。

学生事件で、黙秘しようと誓ったのに、「やった」と自白し、自白は止む無しとするも、「絶対に仲間のことは口にしてはならない。そのことは固く守る」と約束しておきながら、仲間の行動を供述した学生の調書を検事が証拠申請してきた。そこでこれを不同意にして、公判で証人尋問するつもりだ、と言ったところ、「止めなさい」「深追いしてはいけません」、法廷で俺の顔など見られはせんから、と申される。自分が被告人として受けた刑事裁判の経験からだろう。城野先生の戒めに通ずるものがあり、大切にしている。

先輩は日本共産党の第一次火焔瓶闘争で大分で活動され、実刑判決を受けた後、司法試験受験を志して我が研究室に参加された方だった。他にも多くの指導を受け、生きる戒めとしているが、それだけでなく、二人の当代一流の人物の紹介をうけて、ゆえに人生の彩りが鮮やかになったことを報告しておく。一人は松谷みよ子さんである。仕事というほどのことではなかったが、お仕事をいただいていくらかのお金はいただいた。弁護士登録間もない頃だったと思う。『龍の子太郎』で童話界にデビューされ、ももちゃんシリーズがベストセラーの頃ではなかったかと思う。

龍の子太郎の物語は充分楽しく、迫力にみちた童話であったが、結論が「龍の子太郎が湖で、平穏な幸せな生活を送った」ことになっているのが物足りないと思い、そう申し上げたら、「子供はそれで安心するんです」と動じられなかった。当時、妻が子供たちに読みきかせていて、一番人気だった、たかしよいち先生の酒呑童子の絵本が、酒呑童子が酒を呑んで小便で川をつくり、この川筑後川に鬼を流して、有明海の海に至るお話の引き写しで申し上げたことでした。

また、後に『いないいないばあ』というご本を贈っていただいたので、お礼の電話かたがた「何ですかこの訳の分からん絵本は」と感想を申し上げたところ、「君はそう言うけど、赤ん坊にみせてごらん、よろこぶから」と申される。ちょうど、家に赤ん坊が生まれたばかりだったので、「いないいない」とみせて、次の頁、ばあを開くと、手足をバタつかせてキャッキャと声をあげて喜ぶ。この様子には、ビックリ仰天した。晩年にお会いすることはなかったが、信頼関係は終生あったと信じている。

岩波新書『ある弁護士の生涯―布施辰治』のなかに、布施辰治の「座右の銘が、生くべくんば民衆と共に、死すべくんば民衆のために」とあって、ご本共々に感動していた。ご本はご子息布施柑治さんが書かれていたので、松谷さんのお父上が労農派弁護士松谷與二郎とおききしていたゆえ、かねて「弁護士松谷與二郎伝」を書いて下さいとお願いしておいたところ、もう晩年近くにお父上との関係を『自伝　じょうちゃん』というご本に書いて下さった、と思っています。若いときは外でもお会いしていましたが、大泉に家を買ったのでお出

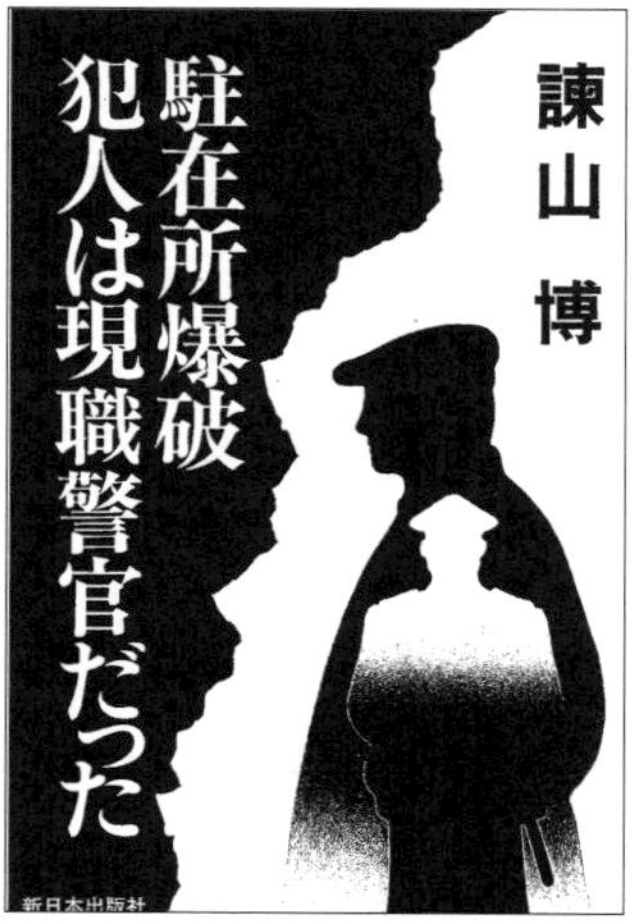

諫山博『駐在所爆破 犯人は現職警官だった』新日本出版社（1978年）

で、とお誘いうけてお伺いしたのが、お会いした最後だったと思います。天才松谷みよ子と直接会話し指導をうけたことを、何らかの形で自分の身についているだろうと自負しています。

もう一人は、交番爆破犯人として逮捕起訴されながら、交番爆破は内部からであって、犯人ではないとされ無罪となり、さらに真犯人の警察官戸高公徳の犯罪を追い詰めた後藤秀生さんである。法曹ビルの五階でのこと、もう末光先輩も老齢になられた頃でした。後藤さんは芯が強く、奇想天外、実行力もあり、戸高を追い詰めるには日本共産党が総力を傾けたろうと思っていたのに、ご本人にお会いして、この個性ならば執念をもって個人力でも追い詰められたか、と思われる迫力の感じでした。

先輩と後藤秀生さんとの関係、会話の仕方から、先輩が「親分」の感じでした。

神田市場の話に返ると、それより大切なのは、裏切りを招かないことだ。「人は石垣、人は城」の武田武士の心得だ。

パスカル曰く、「小さなことが我々を苦しめる。何故なら小さなことが我々を喜ばせるからである」、人生小さな喜びの集成やもしれない。

山本夏彦の「人生瑣事にあり」を実感することであった。

『古事記』では須佐之男命が乱暴をして、田の畔を壊す話がある。農村では集落内で恨みを買うと、いつ自分の田の畔を夜陰に紛れて壊されて、田が干からび、一年の稔りが失われて、犯人分からず仕舞いとなることだってある。「恨《うらみ》」を買うとろくなことはない。争の芽はつんでおくにしくはない。「和を以って貴しとなす」心がこれだ。

第4節　言葉の力

(1) 言挙げしないこと。古来からの徳と心得よう。

城野先生は、否定には全否定と部分否定があると申される。ただ「部分否定」をしたにすぎないのに、相手は全否定ととって人間関係そのものが壊される。

他人に対する部分否定も誤解を招かないように、全体としては肯定して仲良くしたいことを明確にしたうえで提案せよ、と申されたことなど思い出される。

たとえ夫婦であっても、少し注意をすると、人格の全否定ととって、感情的言動をして大事に至らないとも限らないと。

記憶違いかもしれないが、『徒然草』に「さかしらの物言う人の顔をよく見れば猿にかもねん」という文章があったのを思い出してネットで調べてもらったら、『万葉集』の大伴旅人の酒を讃むる歌一三首の中に、

あな醜賢《みにくさか》しらをすと酒飲まぬ人をよく見ば猿にかも似む

とあった。兼好法師もその古典を下敷きに言っていたのかもしれない。「さかしらに物言う」ことも言挙げで侮蔑軽蔑の対象とのことである。それとて誰が誰に対して語りかけるかにもよろうから、「さかしらに物を言

う」と誤解を受ける怖れは慎もう。

それにしても、万葉の歌人も「酒は百薬の長」とばかり勧めている様子。安んじて一杯やるかである。

（2）最近読んだ、『シャーデンフロイデ―他人を引きずり下ろす快感』（幻冬舎新書）で、人間の脳は他人の不幸に快感を持つ性質があって、妬みの感情もその一部とあります（ご本の冒頭部分）。

この本そっくりのことで、以前に、ピンク・フロイドといったと思うが、暗い音楽に共感する青年の弁護をしたことがあったが、フリーマーケットで自分の出品に子供がケチをつけたとか。「何故怒るのか理解できないこと」に不機嫌になって、その彼が今でも時々トラブルを起こして相談に来ている。

そういえば若い頃の一番の仲良しの谷田貝君が、他人や偉い人の批判が好きで、口を開けば他人の悪口で「お前が他人の悪口いったら、もう付合わないぞ」と叱ったら、「そうだな、止めような！」といって一呼吸おいて、「だけど悪口は面白えや」といったのが思い出されて、今でも理解できずにいる。悪口は、聞いている さえ疲れるのに、言う方はもっと疲れないかと。

十七条憲法の第十四条で、官吏の心得として「群臣百寮、嫉《うらや》み妬《ねた》むこと有ること無《なか》れ。我既《すで》に人を嫉《うらや》むときは、人亦《また》我を嫉む」と。嫉妬を戒めているのは「言挙げ」の背景の否定的人間心理に語りかけ、言挙げの連鎖弊害を戒める。

（3）そして、言葉の持つもう一つの大切な、積極的な、他人の心に寄り添い、励ます言葉には不思議な「言霊」がある。言葉には神秘的な何物かが宿っている。そうであればこそ、「意宣《いの》る」――言葉に出して言えば願望も実現し得る、と我が國古代人は言葉に出して「祈った」のであろう。

従って、「祈る」のは他力本願でなく、自力本願の決意表明なのである。

人の心を動かすのは何物か、不思議な力、日本語の言葉には霊が宿る「言霊」で、柿本人麻呂は和の実現を、そして、お互い幸せになろうよ、と美しい日本語に潜む不思議な力を詠ったのであろう。

加瀬先生は日本語には漢語と和語がある。漢語は業務用法としての適切性があっても、恋を語るには和語でなければと和語に、それが何かはわからないが、人の心を動かす何物かがあると言われる。

和歌は『古事記』にも出てくる。和歌を文化とすることによって少ない言葉で人を動かすのが和歌であるならば、和語は歌語として磨き抜かれてきて帝から防人や、その家族までたしなんだ、その積み重ねが和語の力の源泉やもしれない。

司法試験受験勉強中に後に検事に任官された原武志先輩に、「迫力ある答案というのはより短い文章により多くの内容を盛り込んだもの」と教えられたことを思い出す。私はこの「より短い文章に、より多くの内容を、より正確に盛り込んだもの」と加えて我が物としている。

日本語、和語に力があるとすれば、短詩形成の和歌により、豊富な内容を盛り込んだ伝統の力やもしれない。

答案の迫力に加えて、より分かりやすい、より美しい言葉で美しい自分の意図や気持ちを受け手が受け入れられるように、かもしれない。

「言霊」を今風に言えば、そんなことかと思う。そのようにして、「言霊の幸ふ国」現代日本にしたいものである。

長谷川三千子先生の『からごころ』によると、本居宣長の歌「敷島の大和心を人問はば 朝日に匂ふ山桜花」を論敵上田秋成に「尊大のおや玉」とコケにされた。

しかし、宣長は「玉鉾百首」で、「言挙《ことあげ》せぬ国には有れども枉事《まがごと》の 言挙《ことあげ》言痛《こちた》み言挙《ことあげ》為《す》吾《われ》は」と歌っているところをみると、そんなことに動じる宣長ではなく、吉田松陰の「かくすれば かくなるものと知りながら やむにやまれぬ大和魂」の気概のようである。

武士道は、日本精神の精華の如きだ。新渡戸は、その主な徳目を「義」「勇」「仁」「礼」「誠」「名誉」「忠義」というが、一般的には最も大切な五徳は、「仁」「義」「礼」「智」「信」と言われている。

「仁」…　弱者へのいたわりの視線と行動

「義」…　己の義務を尽くすこと

「礼」…　相手方を尊重すること

「智」…　解を求めて思考を深めること

「信」…　相手を信用し、自分を信用してもらうに足るよう努めること

は儒教の五徳からの借用である。

儒教というのは我が國の國是ともいうべき「和」の実現のための各論であって、この五徳を護ることが最も「和の実現」に適するのである。孔子が故國中國で説き、生涯容れられなかったもので中國に生まれたが、中國文化でも中國文明でもない。論語は朱子学でも陽明学でも、我が國が育てた日本文明なのである。我が國の國是「和」に至る徳目として「からごころ」ならぬ「やまとごころ」となったのである。仏教とてインドで生まれ、ユーラシア大陸の遍歴を経て我が國に至り、我が國の風土と國情が育てた日本文明なのである。いずれ

にしても山本七平謂うところの「日本教」と化してである。

もちろん、新渡戸が加えている「勇」「誠」「名誉」「忠義」も武士道の、そして日本文化の日本文明の大切な徳目であることに変わりはない。

我が國で考えられたものだけでなく、他國で考えられたものでも、我が國の「和」を実現する文化、即ち行動様式に適するものは全て「やまとごころ」に採り入れ、豊かな日本にしてきた。

江戸時代に磨き抜かれたのが武士道とのこと。山崎闇斎《あんさい》にはじまる國学の隆盛と共に平和の配当であった。和の実現を中心とする日本文化の源流の発現形態の一つが武士道であって、この武士道の五徳に悖る弱者を貶めたり、相手方を見下したりすることは「ことあげ」で災いを招き、この五徳に忠実なこと、その表現には言霊が籠るのであろう。

第2章　我が國の創業家、天皇由来の日本文明

第1節　天皇家の家訓『古事記』・『日本書紀』

『古事記』、『日本書紀』は、天皇家の家訓である。

施政の心構えであり天皇、皇族たるものの日常の生活規範である。日本國の経営は、天皇家の家業なのである。その経営理念が八紘為宇、國を國民を家族とする共同社会で、和の実現なのである。

城野宏先生の『古事記と人間』（啓明書房、二〇〇六年。『性と権力の書　古事記』を改題）で、先生は人間の思考はその人間の生きた時代に制約されると申される。戦前戦後の言説をいうまでもなく、最近の文化人の言説で感じていることである。『古事記』も書かれた時代に制約される。『日本書紀』の記述との比較から、『古事記』は『日本書記』の時代から『真福寺本古事記三帖』という写本の時代に至るまで書き継がれた古文書や言い伝えの総集であろう、とも。

『古事記』は和銅五年（西暦七一二年）に書かれたことになっているが、真福寺本は室町時代に真福寺で書写された写本であって、序文は漢文だが「歌」が万葉仮名であるほかは、ところどころに日本語的言い方が入っているが、全文簡単で「幼稚な」漢文で書かれているとのことである。

『古事記』には刀が出てくるが、鉄ができたのは時代が下るのだから、その点不自然だし、そして隣國韓國に金銀があるからこれを取りに行くことになっているが、七一二年に我が國は金銀の存在を知らないはずといわれる。それでもなお『日本書紀』という確定史書からみて、『古事記』のもつ当時の人々の生活記録としての意味が失われるものではないと申される。

もっとも、最近出された家村和幸先生の『新説「古事記」「日本書紀」でわかった大和統一』（宝島社新書）というご本では、この時代、すでに日本は鍛造製鉄の技術を持っていたとのこと（三二頁）である。ただ、火山地帯で土地が酸化して、鉄の痕跡が現代に残らないだけと申される。

城野先生は、『古事記』に出て来る天皇は、ガールハントに明け暮れていて、天皇の権威を高めるための記録という『古事記』の著作目的には添わないといわれる。

第2節　天皇家の家訓は適切

私は、『古事記』の記述は秩序維持の象徴であり、権力の源泉である天皇にしても人間であって、動物としての枠を出るものではないことを承知されたい、ということであろうと思う。

三大神勅（後出、二〇五頁）で天壌無窮を言う。我が國の秩序原理、目的を「永遠の真理」と押し付けるのではない。三大神勅をはじめとする秩序の基本方針を我が國では守るという宣言であり、建國の精神が守られている限り、天壌無窮の結果になるという確信である。今の流行でいえば、政治的意思決定の方法、形として民主主義で神議《かみはか》り（『古事記』）、衆と論《あげつら》い（十七条憲法第十七条）、政事（心を一つにする）を行い、内実が正直《せいちょく》を旨とし、神武建國の詔に「皇孫《すめみま》の正《ただしきみち》を養ひ」とあるように、國中を家族とする共同社会を國として創建する

（神武建國の詔）。
國民が喰え（斎庭稲穂《ゆにわいなほ》の神勅）、神籬磐境《ひもろぎいわさか》の神勅にあるように、人間という動物は自然の天然の部分にすぎないのであるから、神の依り代たる植物とその神域を大切にして、豊かで柔和な（勾玉）、祭り合う（心を一つにする）國作りという國民の幸福第一主義である神武建國の詔の、それこそが我が國の政治の原理に従い、常にこの原理を実行しているか、己が姿を心を神器たる「鏡」に映して反省する限りの（即ち天壌無窮）なのである。

　また、北畠親房（南北朝時代の公家）が著した『神皇正統記』では、

　八咫鏡《やたのかがみ》…鏡は私心なく万象を映らす。その姿に感応するのを徳とす。これ正直の本源なり。
　八尺瓊勾玉《やさかにのまがたま》…玉は柔和善順《にゅうわぜんじゅん》を徳とす。慈悲の本源なり。
　草薙剣《くさなぎのつるぎ》…剣は剛利決断《ごうりけつだん》を徳とす。智慧《ちえ》の本源なり。

と説き、別に「鏡は日の体、玉は月の精、剣は星の気」とも言うという。

　三種の神器は邇邇芸命《ににぎのみこと》に授けられてより、歴代天皇が即位の証に継承してきた宝器であるとともに、皇位にある者が守るべき高邁な治世の精神を今に伝えるものなのである。それは、鏡の正直、勾玉の慈悲、剣の智慧の三つの徳目が一体となるときに初めて発露する「日本精神」の核なのである。

　それが我が國の政事《まつりごと》、心を一つにする政治の基本である。三大神勅や神武建國の詔や十七条憲法で政治の要諦を語りかけて治める心掛けを語りかけ、治められる者のこれに応えるの途を説く。

　その原理原則に従うのであるから、生身の人間たる、それも男を天皇という國家社会統一の象徴として國造りをしたうえでは、その他の天皇の男としての個人的事情には口を出すのでない。ガールハントだってやるさ。権力闘争もあるさ。天皇とて人間だし、男だぞ。そのあたり大目に見ること、それが社会の安定で、國民の幸

せの源泉である、と説いているのが『古事記』かもしれない。

城野先生の「古事記をガールハントと権力闘争の書とする」疑問にお応えするならば、「そんなことは承知をしておけ」と『古事記』は言いたかったのではないでしょうか。

秩序維持に掛ける「決意表明」に悖るところがない以上、天皇をも人間と認めて許せ、君民協同して秩序の形成のより良い発展を期せよ、という語り掛けであろうかと思う。

第3節　我が國は國中を家族とする共同社会＝建國の詔

神武建國の詔に「巣にすみ穴にすむ、すむしわざ、これ常となれり」とある。

かつて中國旅行で万里の長城見学に行く道で、崖地に横穴を掘って、その前で鍋を扱っていて住まいとしている様子を見てびっくりした。時期は定かではないが、皆私服だったが、まだ人民服の人もちらほら混じっていた頃だ。

あっという間にＡＩを駆使する世界一、二の科学技術先進國だ。時代の進歩と生活の格差が大きいはずだ。我が國とてつい七〇年前、私が小学生の頃までは桃太郎の昔話どおり、おばあさんは川で洗濯していた。炊事の水も川の水だった。炊事の水も、風呂の水も、全部川から振分けの桶に入れて天秤棒で担いで家まで運んでいた。

家から川までの小径は、玉砂利が敷いてあって、川からの上り坂をようやく上りきったと思う頃、砂利に足を取られて転んでまた汲み直しだ。家から川の水汲場までは、なだらかな三〇〇メートルくらいの坂道で、片道四～五分でも風呂の水には一〇回以上は要る。小学生には結構きつい仕事だった。

もちろん洗濯は川で水を使って流す、その水が呑み水でもあった。水を汲むのに邪魔かと思うくらい、小魚の群れ泳ぐ清流はいつの頃からか農薬にまみれて魚影の消えた死の川になった。

川の水が使えなくなり、そしてまたいつの頃からか簡易水道が来た。その分便利にはなったが、川に下りる小径は草に覆われ、もう下りる術がない。

洗濯といえば、我が故郷、宮崎の青島は奇岩が整然と並ぶ「鬼の洗濯板」の名所だ。「たが」という竹の輪で板を締めた盥《たらい》に水を張って、足を広げて「洗濯板」に洗濯物の衣類をのせて、アデカとかニッサン石鹼という、洗濯石鹼とよばれる固形石鹼でゴシゴシこすって洗うのは女の仕事だった。電気洗濯機ができるまでは。今、洗濯板は死語だ。

天皇という政治の頂点は、幾多の部族を同一の価値観にまとめて一大政治集団を形成した。その長《おさ》たる天皇に長の心構えとして、部族のとりまとめ方の要諦を語りかけたのが『古事記』、『日本書紀』であろう。随所に群長《むれおさ》たる天皇への戒めがある。自ら形成される群の頂点に立っているのであるから、動物の群が群の長に従うのは、従うことが最も安全だからということは言わず語らずに群の掟となっている。群の長たる者、群を守る動物としての行動動因を持っていて、それが自然の発露として群に語りかけているはずだ。

旧日本軍は、戦闘は中隊単位およそ三〇〇人単位で戦ったとのこと。

中隊長が軍刀を抜いて「突撃」と命令をすると、雨あられと飛び来る敵弾の中に突っ込むのは何故だか分かりますか。そうすることが一番安全だからなのです。判断力、指導力の優れた中隊長の命令に従うと兵の損耗が驚くほど少ないのである。何人かの死亡で他は助かるのである。無能中隊長だと三割も四割も損耗することがあります。部下として信頼できない中隊長には代わってもらいたいのである。「弾は前からくるとは限らない、後からくることもある、とはこのことをいうのです」と軍歴のある依頼者である錦糸町の錦明商事先代の諸明さんに若い頃伺ったことがある。

ついでに「南京大虐殺」が日本軍のポリシーと現実に反することを語っておく。

南京陥落は、昭和一二年（一九三七）一二月一三日、中國はこの日を日本軍による虐殺記念日として、日本人が知らないおぞましい記念日を作っていると聞く。そして、戦地支那の土を持ち帰って、「怨親平等《おんしんびょうどう》」と松《まつ》井《い》石根《いわね》大将が熱海伊豆山に興亜観音を建てられたのは昭和一五年（一九四〇）である。

予備役であったのに、大東亜戦争で上海派遣軍司令官に任じられたのは、大の支那好きを買われて現役に復帰させられた松井石根大将である。

また、占領地には日本の施政を理解させる「宣撫班《せんぶはん》」という軍属の部隊が投入されていた。虐殺して宣撫は不可能だ。

大伴家持の「海行かば」の歌は、大君のためでもあろうが、我が御先祖様は大君に象徴される我が家族を含む部落・部族の生存と平穏のため、己の命を惜しまなかったのであろう。大君もまた國民のため命を惜しまれなかった。

天皇は命を掛けた政治決断で、部族たる日本國民を守る終戦の詔勅を出された。マッカーサーとの会談では、「自分をどうしようと國民を守ってくれ」と申されたとか。命乞いに来ると思った天皇にマッカーサーが感動したというのは俗信か。天皇を出迎えるマッカーサーの写真と見送る写真をみくらべて、その真なるを信ず。

清水の次郎長が、「俺は乾分《こぶん》のために命をかけているのに俺のために命をかける乾分は一人もいない」と嘆いたとか。吉良の仁吉が泣きそうな話である。群長に就くと、その長の役割に自ずと従うもののようである。伊藤祐靖先生のご本に、大正一二年（一九二三）関東大震災の後、大正天皇の出された詔勅を、フィリピン人の弟子に訳して示したら、「これはエンペラーの命令文書ではない。「乞い願う」としか結んでいない。部族長の文書だ。願うだけで変えられるのは部族長だけだ」。六〇〇〇万人という当時の人口の部族長が天皇だといった由（『国のために死ねるか』一九六〜二〇一頁）。

部族のまとまりが村になり、共に利益共同体だ。母の村、入来でも父の故郷東郷でも、日清・日露のそして大東亜戦争の戦没者はその名を石碑に名刻み、村中で哀悼の意と感謝の誠を捧げていた。村人の平和を守るため、お國のために命を捧げた人々への報恩の誠を神域として今に至る。村は村落共同体、共同社会でそのまと

入来町（現 薩摩川内市）戦没者墓苑

東郷町（現 薩摩川内市）の戦没者慰霊碑

我が実家の氏神様

まりとしての我が國自体が共同社会だったのだ。

渋谷一族の末裔、私と同年の入来小の方である榊正義さんは、前頁にある入来の戦没者墓苑のこの地を昔日「招魂社」といったといい、薩摩川内市役所の職員の方は今でも毎年お祭りをしていると申される。

ただ、過疎化の波にのまれてか、東郷は平和公園として整備されているが、入来は手入れが充分とはいえないかもしれない。東郷も入来も過疎化し合併されて、「薩摩川内市」となっている。時代の波にのまれて、共同社会性が緩み、慰霊の誠も薄くならざるを得なかったか。「共同体意識の低下で止むなし」としたくない。祖霊を愈々厚く祭りたい。

川内市から薩摩大口までの宮之城線という今は廃線になった鉄道があった。

「拉致事件真相の一部が報道され、驚きと悲しみと共に、無念さを覚えます。何故私たち皆が、自分たち共同社会の出来事として、この人々の不在をもっと強く意識し続けることが出来なかったかとの思いを消すことができません。」（皇后おことば）
人間の尊厳には人類の視点が、環境には地球規模の施策が、国境を越えて求められる一方、日本国という共同体への帰属の自覚と行動も更に尚求められていることを再認識して新年を迎えました。

平成一五年　元旦

内野経一郎
公子

2003年（平成15）　年賀状

大学時代ゲゼルシャフト（利益社会）とゲマインシャフト（共同社会）の適用規範の違いを論じあったものだった。

皇后も我々と同じ時代人として國家のもつ共同社会性を勉強して居られたのだろうか。何はともあれ「天皇は，日本国の象徴であり日本国民統合の象徴である」とする憲法の条文の心が，この御発言程心にしみたことはなかった。

故郷東郷町の停車駅は宮之城線の楠元で、この駅はささやかな街区と村落は川内川の川向うにあった。当然、橋がいる。この橋を架けるのには時の村長・武径利が山林を処分して費用を捻出したとのこと。寄進した村長の石像が、戦没者公園に設置されているが、古いことで事蹟の記載もなく、苔むしている。武経政さんのおじいさんとのこと。親から聞いた話だが、証拠になるものがないので、言い伝えとしか言えないが、村長の孫である自分は家が貧しく、高校は夜間高校だったことは事実だと申される。事蹟の証拠を探し出したいものである。戦後に私財を投げうって農業の振興に尽くした村長さんの胸像は戦後のこととて記す事蹟も銅像もあるが。

このように、村長、部族長というのは、群のために自己犠牲をするもののようである。天皇はその群自体の取りまとめなのであろう。

このように見ると、共同社会の群長は群の今に仕える。

最高権力者たる天皇が現世を語っても、分かりもしない死後のことを語らない。分かりもしない死後のこと、地獄や天國といったおぞましいことは申されない。

白人達は、黒人や有色人種を奴隷として、あるいは奴隷的生活を強いて、生存中の地獄を与えるが、キリスト教を与えて死後の天國を約束したという皮肉な表現を聞いた。

幸いなことに日本文化には、零ではないにしろ語るほどの奴隷もなく、また、人の死後を語らない。語るのは生存中の生活である。仏教で死後の地獄と極楽があり、悪事を働くと地獄行きということになっている。

子供の頃、絵本で地獄を見た記憶はあるが、善因善果で蓮の葉の仏様の極楽の図の思い出と較ぶべくもない。

神道では、死後の世界も今の生活の継続でしかないのだから死ぬことは「他界する」のであって、そこでの生活が始まり、死んだイザナミ恋しく、イザナギは黄泉に行く。貴方がもっと早く来てくれるなら帰られたのに、私はすでにこの國の食事をしてしまいましたから帰ることができません、という。黄泉の國で食事をしなければ現世に帰って来られることになっていて、死後の世界は「お話としてね」といった程度のことである。昔話、神話の世界でしかない。

第4節　三大神勅と三種の神器

三大神勅とは、天壌無窮《てんじょうむきゅう》の神勅、宝鏡奉斎《ほうきょうほうさい》の神勅、斎庭《ゆにわ》の稲穂の神勅
三種神器とは、八咫鏡《やたのかがみ》、八坂瓊勾玉《やさかにのまがたま》、草薙剣《くさなぎのつるぎ》
三大神勅で、
1．この秩序体系を壊してはいけません（天壌無窮《てんじょうむきゅう》の神勅）
2．誠実な心で國を治めます（宝鏡奉斎《ほうきょうほうさい》の神勅）
3．斎庭の稲穂で民を豊かにさせます（斎庭《ゆにわ》の稲穂の神勅）
この原理原則に反すると國民皆が不幸になりかねません。
と言う。

この三大神勅の第三、斎庭の稲穂の神勅は、稲穂の恵みを説き、建國当時のこととて飢えないように、という食の確保を心掛けたはずである。この現代版は「民が豊かに」であって、景気を良くして皆で「金持ち喧嘩せず」穏やかな國造りをしよう、ということであり、官僚も政治家も実業人も神議り、草薙の剣は知恵の本源とのこと、知恵を出して國民全てが心を一つにする政事をせよ、であろう。「秩序」にとって最も大切なこと

は、何はともあれ飯の喰えることだ。今様に言えば、「景気を良くすること」である。年々、暮し向きが向上している実感を持ってもらうことである。

さらに、天照大神が臣下の天児屋命・太玉命に下した「侍殿防護《じでんぼうご》の神勅」と、高皇産霊神《たかみむすびのかみ》が自らの息子である天児屋命《あめのこやねのみこと》、太玉命《ふとだまのみこと》に下した命令「神籬磐境《ひもろぎいわさか》の神勅」の二つを併せて「五大神勅」という。

「侍殿防護の神勅」とは、あなた達二神は瓊瓊杵尊の側に、同じ建物に居て仕えなさい、つまり國民は皇室への忠誠を怠らぬこと、という意味になる。「神籬磐境の神勅」とは、「私は高天原から神籬・磐境を作って孫のために祈ります。あなた達二神は地上に降りて神籬や磐境を作り、孫のために祈りなさい」、つまり皇統の弥栄を祈るという意味になる。これらが、私の言いたい事に繋がるわけである。「神籬」とは植物のことで神々が天界から降り給う「よりしろ」であり、「磐境」とはその神域のこと、植物が生育する大地のことである。この神勅は、動物としての人間は植物という自然界とそれを育む環境があってこそ生存可能なのだから、これを大切にせよというのである。

天皇は、

常に柔和の心を怠らない勾玉《まがたま》、草薙剣《くさなぎのつるぎ》の語り掛ける知恵の限りを尽くす。『古事記』、『日本書紀』の至るところにあるように、神議って（心を一つにする政事）する。そして、天照大神の民を慈しむ心を常に我心として鏡に映して（八咫鏡《やたのかがみ》）、誤りなきを期する。

とし、三種の神器に鏡のあることがいかに大切かで、己を虚しうしておおみたから（國民のこと）の幸を願って政事をしているか、己が姿を顔の表情を常に鏡に写して、天照大神から國を授けられた心にもとることないかを、朝夕に確認せよという我が國建國の、國家の真髄を示すものか、を知らされるのである。

ホリプロの堀威夫さんのポリシーは、「いい顔を作ろう」で、会社のエレベーター脇に等身大の鏡があり、その記載ある由（『財界』二〇二〇年四月二二日号、一三七頁）。

後世（子孫）の天皇に対して、毎日鏡を見て、ご先祖天照大神の國を授けた趣旨に悖っていないか写し出して自分の表情を見よ、というのが八咫鏡のいわれである。

昔、子供の頃、ガマの膏《あぶら》の油売りの口上があった。

筑波山の麓のガマガエルを四角四面の鏡の箱に入れると、ガマは己のその姿の醜さにたらりたらりと脂汗を流す。その汗を三日三晩トローリトローリと煮詰めたのがこの油だ。

己が姿が、天照大神の民安かれと施政せよ、との詔に従った柔和な表情をしているか、これに悖る醜い姿になっていないか、己を省みるため、天皇は常に鏡に向かわれる。

そして天皇は和歌を歌われる。その心を磨くために。陛下の歌を御製というが、短歌にして言葉を削ることは、その表現を通じて心を磨くことである。

若山牧水にも「わがこころ　澄みゆく時に　詠む歌か　詠みゆくほどに　澄める心か」とある。

毎日常住坐臥、折に触れられ鏡に己が姿を、表情を映して、天照大神の神勅に添い奉っておおみたからのための政りごとを行っているや否やを自問することは、皇祖への尊い義務であり、ご先祖の神々にお仕えする神事である。

そして、その民のための祭りごとの心を常に磨いて曇りなきを鍛錬するために、和歌を詠うこと、言葉にして表現することによってさらに確かなものにされるのである。言葉を削る短詩形式は心も削り言葉も磨くこと、すなわち心を磨くことであり、鏡に姿を映すと同じく、己に与えられた尊い義務の心を磨く神事なのである。

明治政府は、欧米の制を敷き、殖産興業、富国強兵策を採り、その経済社会の基盤である通貨(円の兌換性)・公債・銀行・保険、そして企業法、株式取引の制を定め、情報通信・海運・陸運・製糸・製紙等の経済社会環境を整備する起業を行い、行わせました。

澁澤栄一は農民志士として命を賭けて維新の実現を図り、明治の御代開きに伴走して、この全経過に主役あるいは脇役として自覚的に参加し、更に社会・文化・教育の事業、国際交流等々により国民を励まし現代社会の礎を築きました。

一人澁澤栄一なくして、日清・日露の戦の勝利も、我国の独立も、現在もあり得なかった筈です。

令和三年年頭にあたり、澁澤栄一を神と仰ぎ、尊崇の念を募らせ、**「澁澤栄一神社建立」を発願し、**ゆかりの方々に提案申し上げます。

令和三年　元旦

内野経一郎
　　公子

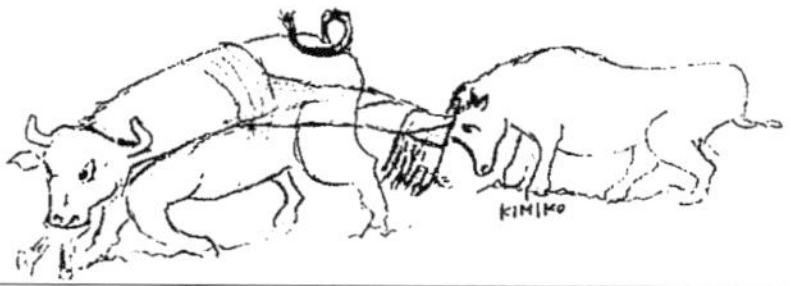

2021年（令和3）　年賀状

その端的な現れが作歌であって、繰返すが和歌を歌われることは、陛下の神事であられる。

歴代天皇の御製からそれを読みとることができる。また、皇族方も天皇の心にならって作歌され、民を慈しむ心を磨く。和歌は皇室の神事であると共に民衆に開放され、『万葉集』にも防人の歌や読人知らずの歌があり、身分の上下を問わず、この天皇の「政りごと」を皆心を一に合わせて心を磨き、このことは民衆として秩序が保て生活が豊かになることである。君民言葉を尽くし磨いて心を合わせて心の生活を豊かにせんものと、『万葉集』や、『古今集』をはじめとする勅撰和歌集を編んで、民衆に和歌を勧められた。このことは、天皇自らが言葉を選ぶという創作、創造をされること、民と心を通わせる情緒性を求められることでもあり、多くの言葉をもって表現することで、しかも詠む（声に出す）ことで言葉自体が生きてきて豊かになり、そのことはとりも直さず心が豊かになるのであって、生活の向上をもたらしたのである。

紀貫之は古今集仮名序冒頭で、

「やまとうたは、人の心を種として、万の言の葉とぞなれりける」

「花に鳴く鶯、水に住むかはずの声をきけば、生きとし生ける者、いづれか歌を詠まざりける。力も入れずしてあめつちを動かし、目に見えぬ鬼神をもあはれと思はせ、男女のなかをやわらげ、猛きもののふの心をなぐさむるは歌なり」

といい、明治天皇は、これをうけてか

「鬼神を泣かするものは、世の中の人の心のまことなりけり」

と詠われる。

己を虚しくして何事かを成し遂げた方は、心も美しいが言葉も美しい。

身に負いし　重きつとめを　果し得で　矢弾つき果て　散るぞ悲しき（口惜しき）

硫黄島守備隊長　栗林忠道

和歌というのは、究極の短詩である。歌心は創造力を養う。

山本七平は、渋沢栄一が幕末、明治、大正、昭和と激動の日本を、表舞台で指導しながら生き延びたのは、渋沢が詩人であったから。だから「不倒王」なり得たという。

山本七平流に言えば、歌という詩心、創造力で、文献なってさえ一三〇〇年、不倒の皇室が激動の人間歴史の荒波を生き延びたのであろうかと思う。

それにならって民間の和歌も編まれ、百人一首という日常性にまで至っている。宮中においても歌の会が行われ、さらに昭和二二年頃から宮中の主催する年頭の歌会始で國民が多く参加してきている。三種の神器に込められ、施政の心で國民に接することを示していて、自分がそのように心掛けるので、諸君とその心を一つにしたい、という呼びかけでもあろう。

最高権力者たる天皇が國家に対して死んだら地獄に落ちるぞ、と國民をこけおどししたり、宗教を飯の種にするため、宗教ビジネスに有利な図利を図る必要はない。『古事記』も『日本書紀』も、三大神勅や三種の神器に込められた為政の心掛けに悖るところがないか、己が姿を鏡に写して常に天照大神の教えに従っているか検証せよ、と後世天皇に語り掛けているのである。

前述の北畠親房は『神皇正統記』において天孫の証であり、皇統の証たる三種の神器につき、

1.「八咫鏡」　鏡は私心なく万象を映らす、その姿に感応するのを徳とす。これ正直の本源なり。
2.「八尺瓊勾玉」　玉は柔和善順を徳とす。慈悲の本源なり。
3.「草薙剣」　剣は剛利決断を徳とす。智慧の本源なり。

と記すとのことである。

① 律令制という統治制度はその当時、人々が知っており、理解できる世界の最も合理的な統治組織化であった。

② しかし、我が國が古代中國からこの制度を輸入したときは、律令制という行政の組織とは別に、神祇官という制度を設けた。これは、天皇の祭祀を司った役所であったろうが、それはまた当時の人々が未知のこと、知らない自然界、人間界、そして人間そのもの自体の世界のことを司る自然と人間への怖れと尊敬を未知から

の解決の方法として「呪術と祈りの形」で表現する役どころだったのではないだろうか。このどうにもならないものをどうにかする加持祈禱は呪術でもあったろう。分からんことに解を見出し得るシャーマンとしての感性を磨く「行」で、厳しい自己研鑽の祈りという修業をする。それだけ人間としての謙虚さの表現だったのだろうと思う。原始の先人たちは「知らんことは分からん」と謙虚になることが人々を生かす最も安全な方法であることを意識したに違いなく、解決策の出せない「解」を「呪術」と「祈る」という自らの力を頼むという形で解決したのだろう。

③　その伝統が宮中祭祀として今に受け継がれ、その解決の解として、いかにすれば得られるか、「國平らかに、民安かれ」に対して常に今でも宮中祭礼の形で「行」を行い祈りを捧げられているものと思われる。当然、五穀豊穣を祈られるのも自然の暴威図り難く、農業生産の豊かなるを願ってのことで、人知の及ぶ他の人々への幸せへの道を願ってのことであろう。時の百姓（おおみたから）は今サラリーマン、零細企業者という庶民であろうから、景気を良くして庶民の収入を増やすことは、天皇への助言と承認の権限をもつものの職責であろう。

今、建國の精神を体して、自覚的に天皇への助言と承認を行った安倍晋三の顰に倣う、第二、第三の安倍、安倍を超える安倍を生むことが、我々草の根に求められているのかもしれない。

④　当然、未知のことが人々に如何ともしがたいときは、祈りを共にし、幸せをもたらしたときに喜びを共有する「祝い」も祭り、即ち心を一つに共にされたはずである。謙虚さと喜びの共有が秩序の体現者たる天皇とその秩序内の人々でなされてきた「未知の部分」を司る神祇官の精神であろうかと思われる。

⑤　本居宣長によると、祈るとは「意宣る」で、決意表明とのことである。

神祇官や宮中祭祀の詳細を知らないので想像だが、宣長流に祈りが決意表明であったならば、為政の実務担当者を陪席させ、國安かれとの祈りを真剣に行っていることを肌で感じさせ、政事に誤りなきを期するよう、間接話法的に語り掛ける場でもあったかと思ったりする。

第５節　國体とは

去年今年貫く棒の如きもの（高浜虚子）

この句は戦後の混乱期、昭和二五年（一九五〇）朝鮮戦争の始まった年の句で、川端康成は「虚子の一喝」と言っていたとか（『産経新聞』令和元年一二月三一日付「産経抄」より）。

暴力団、振り込め詐欺集団などのろくでもない奴を内包しながらも、全体としての文化として肯定し得るのが日本文明であろうかと思う。

もし、島役人土持政照の理解がなかったならば、西郷の沖永良部島流刑は海の波しぶきを浴びる過酷なもので、島津久光は西郷の獄死を図ったかの如くであった。

それでもなお、明治の西郷は死んでも魂魄を留めて國のためには尽くす、と詠った。

朝《あした》に恩遇《おんぐう》を蒙《こうむ》るも夕《ゆうべ》には焚坑《ふんこう》せらる、
人世《じんせい》の浮沈は晦明《かいめい》（夜と昼と）に似たり。
縦《たと》い光を回《めぐ》らさずとも葵《あおい》は日に向かう、
若し運を開くこと無くも意は誠を推さん。
洛陽の知己は皆鬼《き》と為り、

南嶼《なんしょ》の俘囚《ふしゅう》は独り生を窃《ぬす》む。
生死を何ぞ疑わん　天の付与なると、
願わくは魂魄《こんぱく》を留めて皇城を護らん。
（死して天に昇る魂と地に潜る魄が分かれると聞くが、私は死しても地上に残り、天にも地にもゆかず、天皇陛下を護りたい）
（獄中閑有り『西郷南洲遺訓』「獄中所感」より）

國家の形が不明瞭化した昭和戦後時代の詩人の寺山修司は惑った。
寺山修司は、
マッチ擦るつかのま海に霧ふかし身捨つるほどの祖國はありや
と問いかける。
生涯の多くが獄中にあった民族派の野村秋介は、
さだめなき世なりと知るも草莽の 一筋の道かはることなし
の行動力と応える。

野村秋介は若いとき、民族のため、國家のため、と活動を始めてみても、彼を利用せんとする邪な諸君に接して、寺山の歌を何度も反芻し、「定めなき世なりと知るも」ろくでもない奴が多いが、それでもなお、民族運動をやろうと決める何かがあったのだろう。「草莽の一筋の道かはることなし」と結ぶのだから、今それが何であったのか問う由もないが。

記憶もおぼろになってきたが、野村秋介が朝日新聞東京本社で自決したキッカケは、野村が風の会を率いて國会選挙を闘おうとしたことを、『週刊朝日』巻末のグラビア「ブラックアングル」でイラストレーターの山藤章二が、風の字から一画とって凮の党とからかったことであったかと思う。イラストレーターの山藤と野村も敵ながらアッパレとみなせるかもしれない。

当時TVの「大江戸捜査網」などのプロデュースで名をなし、三越百貨店の岡田社長の愛人、三越の女帝といわれた竹久みちさんがモデルの映画「女帝」などで名を馳せていた三船プロの番頭として後にプロダクションGカンパニーを経営していた、日向学院の同級生元村武のパーティで、時折見かけた目立つ服装の野村秋介さんを紹介してもらって、話をきいておけばよかったかと悔やんでいる。

野村も三島由紀夫同様、我が國の現況に堪えられず、憤死を遂げたのかもしれない。私も保守とうすら左翼のゼブラ模様の心象から、いつの頃からか転向し、皇國観、皇國史観、皇國の民たる自覚をもつに至り、連合國戦勝國史観に覆われた戦後レジームの現況は息苦しい。小林隆さんも和歌創作の枠をもらって参加している、小川榮太郎先生の勉強会や日本政策センターの伊藤哲夫先生の講話で、先生方がかたりかけられる皇國の素晴らしさを拝聴していると、物理的、生理的に息が詰まって胸が苦しく痛くなる。しかし、國家経営、國の歴史、どんなに息苦しい思いをしても生まれ、育ち、生きてきたこの國を愛しみ、身の朽ち果てるその瞬間まで生ある限り、町の片隅でたとえ蟷螂の斧、ごまめの歯ぎしりであったとしても、後世に皇國を残す努力をしようと思う。

一九六八年、ドプチェクの「プラハの春」に際し、プラハ放送は終日、スメタナの「我が祖國」を流しつづけ、市内の交通標識は全てモスクワ方向に曲げられ、民衆は戦車に飛び乗り、身を挺して民族の自立を守ったとか。そんな事態を招かないために。

条約改正運動に努めた明治の國民は、身を挺して「むしろ法律の罪人たるも退いて、亡國の民たるあたわず」と活動したが、私は法運用の一端を背負うものとして、適切な法運用を通じて努力しよう、それが自分が生み育てた子孫への自分の生命の継続としての自分自身への責任であり、自分を生み生活を支えてくれた地域社会の人々への責任であり、生かしてくれた國家への責任であり、そのことはとりもなおさず、さらに広く人類の、歴史への、そして人類の未来への責任であろうかと、大袈裟なことを思ったりしている。

そんな思いに至ったのは、多分峯村光郎先生の言われる生かされたものの「価値努力」という言葉が伏線になっているかと思う。自分の価値とする価値のための努力という意味が、何のことか分からず空まわりしていた。そう言えば峯村先生、Lebens Albeit（レーベンスアルバイト）、ライフワークという言葉も使っておられた。

子供が小学生になって、中大先輩の地域の市川信夫区議の推薦で、区立桃ヶ丘小学校のＰＴＡ会長の役を仰せつかった。公立小学校の実態に肌で接してみて、このまま子供たちを公教育に委ねることに不安をもって、中学から國立または私立に入れようと思って、方々の学校説明会に出席した。

その説明会で、武蔵中学校の大坪秀二校長の子供の教育に対する情熱と責任感に触れて、この学校で教育してもらいたいと熱望した。大坪先生は、過去の入試問題と結果を示しながら、出願の意図を丁寧に説明され、こんな生徒をこんなに教育したい、とトツトツとながら感動的に語られた。入試問題の成績分布曲線を示しながら、出題意図に反する結果であり、問題の出し損ないであるといわれ、率直に反省を受験希望の親に語りかけられた。

自分たちが教育したい子供は自分たちの責任で採るのだから、内申書など他人の評価は一切みないと結ばれた。大坪校長に、武蔵に惚れ込んで、何が何でも武蔵で教育をうけさせたかった。難行苦行の末、武蔵に入るを許され、大坪校長が学校説明会の感動を越える感動の校長であり、教育者であることを知る。先生は、中学一年次に数学を担当され、高三卒業に至るまで全生徒の成績、性格、家庭情況まで全て理解され、生徒が校庭で悪さをしていても、名指しでご指導され、父母がいきなり相談に行っても、適確に指導に応じられた。大坪先生は、武蔵の生徒の教育に武蔵のシステムに、自分の全人生を困難を顧みず捧げられた。私の生きるお手本といいながら、憧れにおわり、とてもお手本とは参りません。

もう一人、お手本にしそこなった人があります。桑宗彦さんである。中大の何年か後輩で、私が中大狂を自認していますが、自分など底の浅いファッションとしての中大ファンにすぎないのではないか、と反省させられる後輩に出会ったのに、彼の急死で教えをうける機会を得られませんでした。彼は理工学部化学科の卒業で、何でも木材の強化剤を開発し、事業化に成功された方のようでした。

二年前位の南甲クラブというビジネス従事者ＯＢ会の「誕生会」で会って、彼が挨拶するのをきき、彼の大学讃歌のパフォーマンスや学生応援の実績もきき、自らの子供たちの学業体験から、教育内容の充実を求める論陣を張っていた。

折しも中大では数年前、経営を担う実業家ＯＢ理事長が、他の実業家ＯＢのお孫さんを多額の寄付金と引替えに付属中学校へ圧力をかけ、校長に入学許可を与えさせたということで、経営と教育が厳しく対立し、私など教育の側で経営倫理を大切にせよ、と活動したのである。

しかし、桑さんはそんな対立などどうでもよくて、我関せずひたすら学生の応援に、そして自分なりの学校への思いの実現に尽力されている様子があった。誕生会の席で私と議論になったことを気にして、お手紙を下さったので、私も返事を認め、貴方をお手本に中大を愛したいと出したが、多分届いたのは死後のことかと思う。桑さんは、中大のもつ否定的側面をしっかりと見据えながら、自分の信ずる「中大」という価値を全部呑み込んで、ひたすらに奉仕されていたかの如くに感じて、亡くなられたとき淋しくてならなかった。

中大といえば、今、中大の偉大な先輩、鈴木修に仰ぎ見る尊敬をもっている。箱根駅伝を強くする会で、鈴木修先輩のその温顔に接したとたんに虜になってしまった。中大の校是、「質実剛健、家族的情味」を、人生全開で生きて来られ、あれだけの仕事をしておられる。三州倶楽部現会長の横田捷宏さんのご縁を得ての小さな接点ながら、鈴木修先輩に昼食を馳走になり、午後、スズキ記念館のご案内をいただいたこと、人生の至福の時であった。後輩としての接点を得て、先輩の存在そのものを生きる勇気としている。

私は、鈴木修先輩はお手本にするには大きすぎて、「憧れ」て仰ぎ見ている。

國家は私に法の運用の一端を担え、と命じたのだ。ならば、弁護士業務という仕事に仕えよう。司法も社会の未熟の縮図でもある。依頼者にも弁護士にも検事にも裁判官にも、そして制度そのものにも未熟で、目を覆いたくなることもある。これで皇國かと。しかし、そんなこと皆呑み込んで、鈴木修先輩を見習うなどおこがましすぎるが、自分を育ててくれた中央大学の質実剛健、家族的情味の校是を生かす依頼者から信頼を得られ、自分の弁護士人生が全うできる価値努力を尽くそうと思う。

何十年も前のことだが、白門会研究室で、磯野有秀先輩がバカになって、私のナンパにまで付合って教えて下さったことだったのに、今頃実感をもってよみがえる。当時ナンパした娘を、あの子は「可愛い女」だよなと、目を細めて申される。私は「可愛い女」とは何のことか分からない。そこで、チェーホフの短編小説『可愛い女』の筋を語りきかせてくれての、相手が変わっても好きな男を全肯定する女のことであった。今ようやく覚える、小賢しいことをいったり考えたりするな、人生の要諦は「可愛い女」としての生涯を送ることだ。そのことが皇國の民として生きる途なのだと、大分時間はたちましたが、磯野先輩、先輩の教えをようやく感じとることができました。

日本海海戦で旗艦三笠にZ旗を掲げ
「皇國の興廃この一戦にあり。各員一層奮励努力せよ」
と危機に臨んで将兵を励ましたのは、薩摩に下向した渋谷一族東郷家の末裔、東郷平八郎である。東郷家の所領の領民、百姓の子孫、東郷町生まれの内野経一郎は、渋谷一族、東郷家の領民の末裔である。当時の村長の孫たる武径利さんのお見立てでは、内野家入口の内野家氏神様は、領主東郷家から賜ったものの如くであるとのこと。平時に皇國の民として、また、東郷家領民の末裔として、領主の恩顧に応えるため
「皇國の興廃この一瞬にあり。各員一層奮励努力せよ」
と語りかけてみる。ご先祖さまが我々現在の國民につないでくれた、この國土と文明を毎日の一瞬一挙手一投足を油断することなく勤めて、さらに磨いて後世に引き継ぐために。日本文明が我が文明が、累卵の上に危うく存在していることを自覚して。「一寸の光陰軽んずべからず」である。

中國文明に夢中になり、仏教の伝来で國論が二分され、そして明治の鹿鳴館文化だ。この時代のことは肌身

では分からないが、今次大戦の敗戦により掌《てのひら》をかえすように、日本否定アメリカ礼賛、マッカーサーは神のごとく崇められたこと、身をもって経験している。

我が國が受容する外来文化というのは、全面的な場合も部分的な場合もあるが、常に生産性の向上など、人々を豊かにすることとセットで入ってくるのだから無理もない。にもかかわらず、やがて「日本」に帰ってゆくのはそれだけの底力を日本文明がもっているのだろう。國のそこかしこに、日本文化、行動様式がしみ込んでいて、埋み火となり、種火となって、あるいは通奏低音のように伏流水となって流れていて、いつの間にか外来文化と習合し合って、さらに高次元の日本文明を生んでいるのかもしれない。

そのことが、「去年今年貫く棒の如きもの」で、それこそが、我が「國体」の「概念の実質」であろう。

今、世界で成文憲法をもたない國が二カ國あり、一國は英國であり、もう一國はイスラエルとのこと。イスラエルは、ユダヤ教に基づく宗教立國のせいか、学ぶところがない。

ご案内のとおり英國は判例法、慣習法の國である。先例、慣例に従って國家経営を行ってきている。この慣例、慣習こそが國体なのである。成文憲法がいかにあれ、國民が國柄として守り運用してきたし、これからもそのように運用するであろう不文律のことである。

我が皇統も、この形式に従って運営してきた慣例であり、その総体である。

皇統の男系男子を守ることは「千年以上続いた歴史を今の我々の貧弱な頭で変えては、先人に、歴史に、そして後の子孫に取り返しがつかない。続けてきた理由は何故かは分からないが、一〇〇〇年続けてきたもの、あるものを変えることはない。分かる時期がきて分かればそれでよい」と言うのは我が事務所の仁平志奈子弁護士の発言の我流解釈である。

第6節　國の形＝國体

皇統を継ぐ群長《むれおさ》たる天皇と國民との共治の君民一体の秩序形態のことである。そして、それを支える日本文明総体のことである。天皇とは、この生活共同体たる秩序の象徴なのである。

大伴家持（軍事を司る）が

海行かば　水漬《づ》く屍《かばね》
山行かば　草生《む》す屍
大君の辺《へ》にこそ死なめ
顧みはせじ

と歌ったのは、大君に名をかりた大君に象徴される日本という共同社会、日本文明の総体たる秩序は命に代えて護るに値するとする、日本文明讃歌である。その心を曲にしてくれた信時潔《のぶときききよし》をもったこと幸いである。

國体の語はヨーロッパ諸國の歴史に、君民共治という訳の分からん國家形態がないので、外向きには立憲君主主義として扱ってもらい、内向きにはそんな小むずかしい國でなく、君民一体の國柄として國体の語を使われてきたかと思う。

國体という語は、我が國の「古来の國柄」を示すための明治の造語と信じ込んでいた。ところが、漢籍『管子』などにもみえ、國内でも史上幾多の議論を経た、幕末にて水戸学で確立した、いわば「実質的意味の憲法」を指す概念の如くである。

私は、日常生活は我が國古来の生活意識で行動し、戦後教育で頭を使う部分だけ「赤化」するという、丹頂鶴的戦後民主主義的生活から最近「保守」へ「転向」した「俄保守」でご寛容を乞うておく。

⑴形式は内容を規制する重要な要素

「形式は内容を規制する重要な要素である」とは、峯村光郎先生が教壇からあかず説かれたところである。フォイエルバッハ・テーゼと言っておられたと思う。

日本の國体を形式上で言うならば、天皇を権力の頂点とする國法秩序であり、我が日本文明の総体たる國体を維持するにはこの形式を守ることが大切なのである。

君民共治性と共に群長として天皇があり、天皇はまた、國の祭主でもあるが、宗教立國でもない。ヨーロッパ諸國の理解のために、大日本帝國憲法は第一条から第三条にかけて

第一条　大日本帝国ハ万世一系ノ天皇之ヲ統治ス

第二条　皇位ハ皇室典範ノ定ムル所ニ依リ皇男子孫之ヲ継承ス

第三条　天皇ハ神聖ニシテ侵スヘカラス

と形式から定めていたが、現行日本國憲法は

第一条　天皇は、日本国の象徴であり日本国民統合の象徴であつて、この地位は、主権の存する日本国民の総意に基く。

第二条　皇位は、世襲のものであつて、国会の議決した皇室典範の定めるところにより、これを継承する。

と、その「実質」を定める。

新旧憲法の天皇規定から、日本文明の日本國の秩序のあり方が実体的に理解される。敗戦という未曽有の國難の下、規定の残されたこと多とするも、形式が失われたこと、形を守り抜くには國民の努力がさらに求められる。帝國憲法の天皇が「統治す」という翻訳語で、我が國の実体がこの語の形式で歪められたウラミがなきにしも非ずである。

君民共治をあらわす古来の日本語たる「治《し》らす」の語を原点としていたが、先進諸國に存しない概念であるから、諸外國の用いている「統治す」という用語にしたとのことである。「天皇は神聖にして侵すべからず」という法形式のなかに責任をもたないというのだから、実質的権限もあるはずがない、という絶妙な國柄をあらわしていたとは、三州倶楽部の先輩に教わった。ただ、終戦の詔勅のように、権力の実体も伴う融通無碍の政体が我が國体なのであろう。

形式が壊れると、実質が失われるのだ。峯村先生は譬え話で、「背広、ネクタイ、革靴」では立ち小便はできないが、「普段着で下駄履」なら気楽にやってしまう、と言っておられた。今では譬え話がピンと来ないと思うが、私の幼い頃は田舎道では若い女性も立小便をしていた、そんな時代でもあった。

芸事は形が先で、心は後から付いてくると言われ、形無くして「芸」＝即ち「美」はない、という。形あってこその芸とのこと。能という伝統芸術、能面なく所作の形なくして能たり得ない。能としての美は能の形あってのことである。

また、私の経験した不可思議な宇城憲治先生の「気」も先生の申される「武道は形と呼吸だ」とのこと。形が無くては気も無くなってしまうのであろう。

形を究められているから気を発する、凡人には不思議な気を発する真の武道家なのだと思う。

⑵國体という表現の意味

今まで、天皇の存在や意味について読んだり考えたりしても、得心ができなかった。しかし、今西洋文明が知の文明として知の限界を認めないので、東洋文明が知という能力の一部に限らない人間総体で、人間の五感に加えるに第六感をもって考え感じ、解明できないことに謙虚であること、神道という宗教ならざる宗教的、霊的世界を包摂する我が國の在り方を、國体と表現しているものと理解している。こう考えてくると、古代中國の先進的政治技術たる律令制を採用するにあたって、我が國は行政上のシステムとしての律令のほかに、これの上位または対等以上の地位として、神祇官が置かれた意味も理解ができるではないか。

今、天皇は元来動物の群の群長から発し、群を守る存在である。人間として理解できない不可知の現象に挑む人間集団を守る群の中で、最も能力ある者にシャーマンとして期待を掛けたのが始まりかと思う。したがって、その天皇は日常的に群を守る行者として、行によってその道の感得を目指し、叶わぬものの理解できないことは、ひたすら祈るしかなく、「未知を管轄する神祇官」を置いたものと理解している。

上皇陛下が譲位の意向を表明されたとき、「全身全霊をもって象徴としての機能を果たし得ないから」を理由とされていたかと思う。宮中祭祀というのは、きっと、古神道の掟に従った「行者」としての感性を研ぎ澄ます厳しい祈り、「行」修業をしておられ、その限界を感じられたのかもしれない。

神道というのは、動物としての人間の原始から出発する生き方、宗教のような未知への憧れを含む生き方の提案なのである。はじめに行為ありきの動物としての原初的生き方の提案であろうか、とすれば、科学技術や社会統制の技術の発達によって多様な対応が必要になるとはいえ、動物としての原始的生活の基本の提案は、宇城憲治先生の身体脳の発現を超える、人間の五感を超える大脳、間脳、生体全体が神道の中にあるはずだと思う。

大東流の徒手武術である合気術を学び、合気道の創始者となった植芝盛平師を弟子が夜道で師の後方から襲っても、後ろに目がついているかの如く的確にねじ伏せられた話を聞いても理解できずにいた。怪我をしないように舞台の後方に防護マットをしつらえて演武される、気で人間を飛ばしてしまう西野皓三先生の武術気を拝見した。

宇城憲治先生の琉球古流の気の実現の講習に参加して、老若男女混合で、二人一組で「受」と「取り」に分かれて、袈裟固めをさせ、「取り」に先生が気を発すると、屈強なプロレスラーのような青年がひ弱そうな女性の抑え込みに起き上がれず、そのまた逆に「受」に気を送ると、どんな屈強な若者も撥ねられる様を実見し、私自身が自ら体験体感し、そんなことはあるものらしいとは聞いてはいたが、現実に見、体験して、小賢しい貧弱な頭脳など何の役にも立たないことを実感した。

高僧が滝行、護摩行、座禅、断食、托鉢、千日回峰行などの厳しい修業の上に悟りを開かれるとか、法悦の境地に至るとかお聞きするが、身体の持つ大脳を超えた感性があるはずだ。

自分自身で気を出したのではないかと思われる場面を、学生のとき、中大柔道部の道場で経験したことがある。

あるとき練習中に、後に全日本柔道選手権三位の実績を挙げられた、当時すでに名選手の令名高かった数段格上の渡邊喜三郎先輩を技ともいえない技で投げたことがあった。それもかけたとも定かでない力も入れない技だったのにスローモーションを見るかのように先輩が道場中央を鮮やかにすっ飛んだ。そのとき、技を掛けた意識もなく、先輩をこんなにも鮮やかに飛ばせるのはなんだろう、と不思議な浮遊感のようなものがあった。西野皓三先生（西野バレー団主宰）のいわれる〝気〟が出たのかもしれない。高僧が修行の末に到達するという「法悦の境地」というものがあるときくが、なるほどと「柔道の極意真髄」の入り口のまた入り口くらいのところを垣間見た思いであった。

宇城先生の気の実践の超能力を身をもって体感したが、ご本のなかで子供達を川原に連れて行って石を割らせると書いておられる。そしてそれは不思議でもなんでもないことだ、と先生のご本にあった。

宇城先生のようなこのようなことが古代に行われるならば、その人を原始人は超能力者シャーマンとして群の長に選び、その指導に従ったはずだ。

原始天皇はこのシャーマンの能力を有した。シャーマン性を身につけ得るだけの身体的、精神的錬磨があったのだろう。得られたその権威を男系男子の世襲に求めて現在に至る。

当然、群の集団の守護神としてだ。これが天皇の起源でこれを権威化し、世襲化することによる群の秩序の安定を図った原始我が國の先人の知恵が現在に至っているのではないかと思ったりしている。

子供の頃、入来の集落の墓地で火の玉が浮游しているのは日常のことで、絵本にもよく描かれていた。疎開先の入来の墓地で、ブーンとうなって火の玉に追いかけられ、怖かった。

先日、郷土会である「入来会」で従兄弟の石原良徳に尋ねてみたが、彼もお墓では火の玉が燃えていてブーンと大きな音をたてて追っかけられて怖かったよね、と言っていた。当時から火の玉は土葬の人体に含まれる「リン」が燃えるのだと言われていたが、その火の玉が何故「うなり」音を伴って人を追ってくることは説明されなかった。

彼も私と同じ体験をしていたのだ。しかし、今この話をしても、今は誰も信じまい。当時は常識だったのに。

当時の田舎育ちの友達に聞けば皆体験していることなのに、こんな人間そのものが持つ能力や理解を超える自然現象を捉えて「霊」と呼び、この状況への謙虚さをもって、敬ったことが神祇官だったろうかと思ったりしている。

第7節　大和朝廷は「参加と包摂」の原始民主國

そういえば、賢しらにデモクラシーを民主主義と翻訳してヨーロッパ文明の形成し来たった不朽の政治的真理かの如くいう。しかし、現在の社会学の到達した民主主義の結論その本質は「参加と包摂」であると宮台真司先生の説かれるところである（『新国立競技場、何が問題か』平凡社、二〇一四年、八二頁。）。それこそ、「参加と包摂」が民主主義の本質ならばのこの翻訳語、漢語を和語にするならば、祭り（政事）とは、神議って心を一つにする努力のことで、そんなことなら『古事記』、『日本書紀』で我が先人がとっくに語り実践してきたところだ。神々は、政事のときは常に神議っておられる。

十七条憲法では、「夫《そ》れ事独《ひと》り断《さだ》むべからず。必ず衆《もろもろ》と論《あげつら》ふべし。少《いささけ》き事は是軽し。必ずしも衆とすべからず。唯大《ただおほ》きなる事を論ふに逮《およ》びては、若《も》しは失《あやまり》有ることを疑ふ。故《かれ》、衆と相弁《あいわきま》ふるときは、辞則《ことすなは》ち理《ことわり》を得《う》。」（第十七条）「彼人《かれひと》瞋《いか》ると雖《いふと》も、還《かへ》りて我が失《あやまち》を恐れよ。我独り得たりと雖も、衆に従ひて同じく挙《おこな》へ。」（第十条）「詔《みことのり》を承りては必ず謹め」（第三条）と言う。

「詔」として発出するためには、必ず衆と論った結果、これが最も現在の状況に適切であろうと衆議が一決したものしか詔として発出することはないのだから、今のこの秩序体系を壊そうとするなと語り掛ける。

これこそ我が國古来の「政事《まつりごと》」心を一つにすることであり、「治《し》らす」こと即ち今でいう「民主主義」の手垢のつかない神髄であろう。

リンカーンの“that government of the people, by the people, for the people, shall not perish from the earth.”（人民の人民による人民のための政治を地上から決して絶滅させない）という言葉は、英文だったり、漢語調の訳だったりで知られているが、「これは人類普遍の原理である」と押し付けをされると南蛮渡来の真理のように聞こえるが、我が先人がとっくに実践し、人類普遍の原理などと大袈裟を言わず、自然にも人の心にも分からんこと多々あれば、それは霊性とて分からないことは「意宣《いの》る」として、かくあれかし、努力目標の宣言をした。

終戦直後に身を寄せていた入来の母の実家の縁側から、当時には思いもよらない不思議な光景、後にＵＦＯ

として描かれる円盤が山の端に沈みゆくのを見た、そんなことも信じてもらえまい。この小文、読んでもらえても納得が難しいかろうが、不納得ついでに経験を綴っておく。

第8節　現在につながる原始共同社会の建國

異常心理学の研究は、なぜ必要かという問いに対して、異常とは正常の極端な形式である。異常を知るというのは正常を知ることである。人間でも自然でも、極端の中に正常があるのだ。権力の独裁を許していけないのは、権力者の正常に潜む異常が可能になるからである。

福沢諭吉『文明論之概略』は、

イデオロギーを日本語訳すれば「正義の体系」と言ってよいでしょう。

イデオロギーにおける正義というのは、必ずその中心の核にあたるところに「絶対のうそ」があります。と言います。

自然科学では仮説を立てて検証しますが、社会科学の知を体系化するとき検証不可能で、「うそ」でなかったら無理か、無茶が生ずる気がします。

学問とは体系化された知を言うとか。壮大な知の体系に接すると、そこには感動があります。知が情に転化します。牧野英一先生の戦後のテキストを読み、市川秀雄先生の講義をお聞きしても、牧野刑法の何たるかを理解できなかった。

しかし、戦前の岩波全書『刑法』（牧野英一）を読んで、牧野刑法の体系をヘーゲルの基本たる「理念的なものは現実的であり、現実的なものは理念的である」という一元論に基づく刑法理論であると感得できたときの感動が忘れられない。

と同時に、牧野説の不自然さ理屈に合わんところもこの体系化に取り込むためであったかと納得しないながら納得したものである。

孫引き曽孫引きで偉そうなことは言えないが、マルクスの体系が経済学、歴史学、社会学、哲学などの多くの学問を統一的に説明をつける視点が感動的で、皆が夢中になる訳だ。これだけの知識を得てこれを体系化するのは天才以外の何物でもない、と感動した。

ただ、生身のマルクス主義者の行動が納得できず、マルクスへの知的感動に止まっていた。

今にして思えば、当時の感動というのは人間の持つ性質を経済的に捉えるならとか、マルクスの想定する人間像に従えば、という限定付きであったのだ。

「人間は感情の動物である」という言葉がある。人間行動の基本は「心」であり、心の芯は感情である。情緒である。

生身の人間を多様な存在としての人間を前提にしないから、というよりも、人間誰しも自分の命が一番の価値だ。自分の命が脅かされるとき、甘えを去って正常化するという戸塚理論の裏返しを考えると、自分の命が危険に曝されるリスクを感じたとき、人はリスク回避のため可能なあらゆる手段をとることがある。人を殺すことは厭わない。相手は一人であるかもしれないが、一〇万人かもしれない。また、数百万人・数千万人かもしれない。

かくして権力を恣にする独裁者が自身の身を守るため、独裁という権力構造がプロレタリア独裁を声高に叫ぶ共産主義社会で虐殺社会をもたらしてきたのかもしれない。一人の権力者の単なる生命リスクを避けるために、人類全ての命さえ標的にされ、その上に現代社会が成り立っていることが感じられる。

独裁者の生命のリスク回避だけではあるまい。「隴《ろう》を得て蜀《しょく》を望む」、人間の欲望に限りないことは中國古典の教えるところである。他人の命も民族の命も一人の独裁者のためには意欲、権力欲の取得の手段として、大虐殺さえ可能なのである。異常にみえるのは、正常の極端形成であって、正常人誰もがもつもので、ある条件の下で常に表面化するのである。

経済学そのものとて需給でなく欲望を基にして、今や行動経済学という心理学中心の考えも有効なことが示されている。

若いときに読んだ本の知的感動の最大のものは、川島武宜の『所有権法の理論』（岩波書店、一九四九年）だったと思う。

人生は女性あってこそ、「女、命」と思っていたのに、恋の胸キュンなんか貧弱で愚劣に思え、感動で胸が締め付けられ、頁を繰るのがまだるっこしかった記憶がある。その感動がその後の人生、生活に生かせる知性がなく、今残っているのは感動の記憶のみである。

物理学の発明・発見や数学のそれも、知が情に転化して究極の知を得てこそのこと、とするなら自然科学の興奮と社会科学の興奮は異なることはない。

社会科学的知たる共産主義、その基礎としての唯物弁証法を極めることが情への転化を生み、その興奮により独裁者を生み、独裁者は己が命のリスク回避のため、己が「蜀を望む」欲望充足のためには何千人、何万人、否、億単位の人々の殺戮も厭うまい。悲惨な人類の未来が待っているやも知れない。

天安門事件に際し、人命軽視の國際的批判に対し鄧小平が中國では一〇〇万人という数は大した数ではないという反論談話の記事を読んだ記憶があるが今その新聞を見つけ出せないでいる。

第9節　大東亜戦争を強いられユダヤ以上の虐待殺戮を受けた日本人

ユダヤ人と日本人、最も苛酷な無情な民族的運命を背負わされたのがユダヤ人で、民族間紛争に最も無縁だったのが、地理的条件と相俟って日本人であったろう。

（1）ユダヤ人が信仰しているのは、旧約聖書を信仰の原点とするユダヤ教である。この旧約聖書の示す行為規範に忠実に従うため、規範の適用の仕方を歴史的に積み重ね、事例毎に僧侶たるラビが示した、いわばその時代に生きるための判例集のようなものがタルムードで、厳しい戒律と共にこれら規範も行動の拠り所となっている。いわば、原始キリスト教ともいうべき砂漠の民の生活規範を、故郷イスラエルから追われて異郷にあっても、國情民情に従うことなく、自己の信ずる宗教的戒律に生きたのであろう。

世界中の民族は、秩序の保てる限度では律義でも、それを越えると変なアレルギー反応を生じ、異分子受容の自己規律はなかなかできないもので、仲間内では一般的にはちゃらんぽらんというか、いいかげんというか、そんな生き方が一般的である。いずれの國、地方であれ、その地域、気候、風土に馴染んでの日常生活に、異分子たる言語、風習の異なる他民族の生活文化とは軋轢が生ずる。日常生活に、國を追われて緊張感のある他國で生活しながら、なお故郷の戒律に従うストイックな集団があらわれれば、怖がられるのも無理はない。まして、余所者として現地への同化を拒絶して、自らの信仰、戒律に従って生活するには、さらにそれなりの抵抗なくして生存が叶わない。仕事だって、在来の生活外の新起業が求められ、金貸しなどで嫌われ者になり得ること、シェークスピアの名著『ベニスの商人』のシャイロックは、ユダヤ人として描かれている。

世界中で異邦人としての厳しい生活を強いられ、また、それが恐れられ、弾圧につぐ弾圧をうけてきている。もっとも価値絶対主義で異教徒としての存在を許されないのがユダヤ教で、巷間の俗説「死の商人」の現在に至る史実のほとんどがユダヤ人だとすれば、人類史の異なった風景がみえるやもしれない。

(2) 他方、日本は温帯にあり山野の自然の恵み豊かで、黒潮という暖流が岸を洗い、さらに海の幸まで豊かであり、孤島にあって操船、航海技術の未熟な時代に却って助けられ、群長を選んで八紘為宇、即ちみんなみんな家族とする秩序社会をつくろう、というのが我が文明であって、比較の問題かもしれないが、砂漠地帯からすれば食料生産性も格段に高く、和を以って貴しとするなどと、砂漠の民からすればあひるの寝言のように安易安楽な生活実体を重ねてきている。

(3) ただ、自存自衛の大東亜戦争においては、日ソ中立条約を締結していたにもかかわらずソ連は、武装解除中に満州、千島、樺太などに侵攻し、数十万の兵士が極寒のシベリアや各地で奴隷的労働を強いられ、また満州、中國、朝鮮から引き上げの苦難を強いられた。また、戦場で捕虜となることが許されず、虐殺された兵士が少なくなかったと聞くし、特攻をはじめ戦闘員の死者二三〇万人、民間人八〇万人の犠牲は有史以来のことである。三月一〇日の東京大空襲をはじめ、各地の都市の非戦闘員が空襲で虐殺され、極めつきは広島、長崎の原爆による大量虐殺の國史はじまって以来、はじめてのそしてまた、人類史上最も苛酷な悲劇を甘受している。妻公子は疎開していた母の実家、新潟の塩沢町で夜、東の空が明るい日が何日か続いたという。あれが東京大空襲だったろうかといっている。

そしてまた、日本人には今もなお「雀の子　そこのけそこのけ　お馬が通る」の「万物仏性の心」で生き、今までも平定された浄土真宗の一向一揆や、踏み絵によるなどキリシタン禁制の時期はあっても、異教徒迫害の歴史などほとんどない。帰化人として同化の道が歩まれている。

第10節　文明の背景の宗教について

(1)　我々が学んだ物理学の常識では、「無から有は生じ得ない」にもかかわらず、地球もあり宇宙もあり、現に物は存在している。このことをつきつめてゆくと、大脳で考えても解決しない難問となる。そこに論拠不明の、信ずることしか許されない「神様」が生まれ宗教が生ずる。

(2)　ただ、我々は理不尽、不可解な人間という動物の世界に生きている。この世には生きるための明確な指針なく、決断を迫られる生活のよるべなさ、心の孤独がある。そこで、このよるべなさに判断の強力な指針をあたえるもの、生き方の体系を示すのが宗教である。

人類史は、個性をもつ多くの文明の興亡の歴史である。多くの文明が興り、人類の発展に寄与して亡びていった。亡び去った多くの文明のその時々の成果の複合的積み重ねのうえに、現代文明が存する。

現代文明は、表層的には二つの潮流にさらされている。

一つは、中國共産党に奉仕する世界統一文明圏を、科学技術、経済力と武力とをもって人為的に形成しようとする中國である。共産党というのは、宗教を超越した宗教とみえる、プロレタリアート独裁の政治的価値絶対主義の集団である。そして、その背景には人類の幸せよりも己の欲望に従うユダヤの國際金融資本がある、とするのが馬渕睦夫先生のお考えのようである。

他の一つは、人類が興亡を繰り返した文明の一つ一つを尊重し、その現在に至る継続してきた各文明の価値相対主義國の國民國家連合体としてのウェストファリア体制をあらしめようとする、現代文明、世界文明を目指す我々の立場であり、米國保守の諸君、シオニストユダヤたるイスラエル國、その他各國の独自性を、固有文明を尊重しながら自國民の幸せを実現することを國是とする國家群も然らんかと思う。

興亡を繰返した文明というのは、その時代認められていた価値が時代の変遷により、次の時代に顧みられなかったことであったろう。ただ、次の時代も亡び去った文明の基礎の上に築かれている。亡び去ったローマ文明、今や歴史物語と観光名所にしか過ぎないかの観がある。しかし、現在が取引社会の基礎法制は、交易國家ローマ法であって現在に生きている。峯村光郎先生があかず語りかけられた。「ローマ法を通じてローマ法の上へ」と。今、次の時代にも生き残るに値するのは、日本文明であり、価値相対主義の諸國ではなかろうか。

第3章　人類史に、世界史に、輝く文化遺産

第1節　総論

日本文明は、男系男子による皇統と天皇の存在による文明である。
日本文明は、連続性、継続性をもつ貴種文明である。
日本文明は、固有性をもつ稀種文明である。
日本文明は、楽園的天然記念物文明である。
日本文明は、始祖を女性とする女性優位文明である。
日本文明は、現に存する最古の文明である。
ことを前章までで明らかにした。
この章では、文明の特性と思われるものをあげてみる。
(1) 日本文明は、現存最古の文明であり、世界的通有性をもつ貴種文明である。また、黄金の國ジパング・東洋の楽園・天然記念物文明・絶滅危惧文明である。

（2）文字記録

残っているだけで一三〇〇年余、伝記伝説を含むと二七〇〇年、天皇家という権力（権威）が男系男子の一家族によって運営された國家は人類史に比類がない。

（3）ある保守系政治家が政治を志したのは、東京大学に神道学部を設けるためであって、総理や知事という栄達を目指したのでもなく、國会議員で足りるとしたのでもない、と申されたのをきいたという方があった。そんな発言の有無も不確かだし、時代の進展での後知恵かと疑ったりはするものの、医学部はあるのだから神道学部を、と申されたというのだから、身体性と精神性ということか、とも考えられる。我が國は創建のはじめから、祭政一致の神話による。とすれば、心を一つにする内心の「祭」研究も必要で、外にあらわれた心の一致たる「政」のみの研究は片手落ちである。ご発言の有無にかかわらず、現代では不可思議ながら科学で次第に解明せられるであろう古神道の「行法」による心のまとまりなのである。行法の成果としての心を一つにする「祭」の研究と人材育成は政と車の両輪をなすはずである。

國策大学第一号の東京大学に神道学部の創設を願いたいものである。

現憲法で、天皇の地位が國民の総意に基づくもので、その地位が世襲によるものであるから、明治天皇創建にかかる靖國神社も國安かれと祈る天皇による「祭」としての位置づけであろうから、御祭主は天皇陛下で御祭神は、國安かれと國に生命を捧げられた方々である。

私は原初天皇は動物としての「群長《むれおさ》」であり、シャーマンであったはずとの仮説をたてているが、歴史的存在として今日に至っているので、ここで現在における天皇とは何か、を明らかにしたい。

⑷ 天皇存在の論拠

天皇は

1. 民安かれと全身全霊を以って祈りつづける神であり、
2. 日本國の秩序の象徴であり、日本國民統合の象徴であり、
3. 國を治らす

存在である。これ即ち外敵からの保護と群の秩序維持の権能である。これは、原始社会でもっていたであろう、シャーマンとしての群長《むれおさ》の存在を現代に生かせば、そのもつ機能存在としての位置づけである。

第1のシャーマンとしての祈りは、宗教そのものではないが、宗教的機能における宗祖的立場である。

第2の秩序の象徴性は、現日本國憲法がこの機能に限定したかの如き規定になっているが、

天皇は、日本国の象徴であり日本国民統合の象徴であつて、この地位は、主権の存する日本国民の総意に基く。

この条文を読み解くとき、第二条の

皇位は、世襲のものであつて……皇室典範の定める……

とある。

総意といい世襲といい、歴史的実体の現在における表現であって、天皇の存在理由の第3の「知らす」「治らす」、存在理由の第1、第2から、必然的によって来たる内実を示すものである。

この第3の機能は、群長として群を統率する機能である。この機能の最大のものは、群を守ること、即ち外敵からの守護としての武力である。さればこそ、初代天皇は神武天皇である。この統率力の源泉は、民安かれと祈る存在と秩序の象徴としての存在から発するものであって、外敵からの守護と秩序維持の統率機能の範囲と権限は、この内実の歴史的現実から自ずと定まってくるものであろう。

(5) 天皇の霊性、神性の論拠

先人は、我が國を神道という天皇教による宗教立國とすることを潔しとせず、かといって天皇を単なる一國家機関の権能という無機質な存在としての天皇機関説も、実体無視の空虚な評価とした。

先人は、この微妙な律動的で柔軟な、そして情緒性、宗教性を備えた我が國のあり方を表現して、「國体」と表現した。

律令制を移入したとき、この第1の機能を守り、シャーマン性を維持するため、神祇官を置いたが、これがいつどのように変化したのか、現在において宮中祭祀は、天皇家の私的行事かの如くされているが、これは國の根幹であって、國安かれと祈る宗教的情緒性、霊性、精神性とその祈りの内実は、外敵からの守護と秩序維持であって、天皇のもつ國家的精神性（宗教的情緒性）と現実性（制度としての政治行政）との二機能に分けられる。

帝國憲法制定に際して、その宗教的情緒としての祈りが、憲法と一体をなす皇室典範に譲られ、法形式上憲法に内在する制度として採り入れられなかったことが、今日に禍根を残しているやもしれない。ただ、このときは我が國の國際社会への参入にあたって、語り来たった如く実質的な君民共治の「治らす」という稀有な制度を諸外國から理解を得るため、止むを得なかったのであろう。今、本章第1節（3）の保守系政治家の黙示の提案にしたがって、東京大学に神道学部を設けて、あまねく日本國家における宗教ならざる宗教性のあり方の研究と、その成果の活用と神道実務者の養成が求められている。

第2節　何故男系男子か

(1) 天皇のはじまりは、原始時代のシャーマンが群長となったことによると私は考える。動物の群長の最重要機能は、己の命を懸けて外敵から群を守ることである。このことが天皇の男系男子の本質である。群を守る最重要戦闘要員なのである。人間がシャーマンの域に達するには、天然自然にシャーマン性を備えている者はあるとして、一般論でいうならば、身体の極限を極める鍛錬の必要がある。半端な修行で得られるものではない。天皇が男子でなければならない所以である。

女性にはその持つ子を生み育てる機能から先天的にシャーマン性を持つはずであって、シャーマンとしての資質を備えているはずである。唯その資質を顕在化させるには「行」が求められる。身体全体の感覚を研ぎ澄ますシャーマンとしての厳しい修行をさせることは、女性本来の機能である、子孫を後世に継ぐ妊娠・出産をすべき女性性に身体的障害が生ずるおそれがある。

なによりも、女性自身が妊娠・出産・育児という動物的機能を全うするためには、自らをその分身たる子の生命身体の保全の必要から、天然自然に男に勝るシャーマン的な研ぎ澄まされた感覚をもっている。

(2) 男はシャーマンに至る究極の修行をすることにより、身体から気を発し、神性・宗教的情緒性、霊性を身に付け、感覚を研ぎ澄ますことで、天皇としてのカリスマ性をもつこととなる。

そして、その延長上でよりよい嗅覚の鋭さをも磨いて、自らのシャーマン性と天然自然的に嗅覚の鋭い女性との相性を見極め、結婚する。そのことによって天皇・皇后ともに日本というコミュニティ群を護る動物的感覚の鋭い群長ができ、日本民族がより安泰となるのである。

これが皇統男系男子の動物的論拠であろうし、先人たちはそのことを理解して二七〇〇年近く維持して来られたのであろう。この天皇、皇后という男女のもつ動物的特性を生かし、夫婦相和して國を治らす機能を営ませてきたのである。

(3) 武の行、宮中祭祀

今や形式化したかの如く見える宮中祭祀は、建國前から、群長としての群を護る自己研鑽として厳しい自然環境に身を晒してなされていたシャーマン性獲得、維持の「行」の承継であって、天皇が感覚を研ぎ澄ますための修行そのものなのである。祭祀を行う天皇は、この祭祀により、修行を課されているのである。

高僧が修行し法悦の境地に達するが如く、武道の「形」の稽古の鍛錬の上に「気」で相手を圧する極限を求めての修行の両々相俟つ「行」であろう。現代に残る禊《みそぎ》・祓《はらえ》も天皇の修行の「形」としての「行」かと思う。宮中祭祀は、古神道や仏教の修行としての群を愛しむ、「行」により精神性を磨き抜くものである。また、人智を超える境地に至る行と群を護り得る外敵を圧する、武道家としての鍛錬の意味の行との両側面をもつ。群長として天皇に内在する義務であり、天皇が自らに課した歴史的義務である。当然のことながら、皇后という女性の天然自然にもつ生存の嗅覚の鋭さの助けを得ることによって、天皇の機能が完成する。

この義務は、天照大神が家業としての國家経営の琴線として示された、三種の神器の意味するところでもある。

武とは、「戈《ほこ》」を「止める」と書く。対外的には侵略を止め、対内的には治安を守る、それが武の力である。天皇は群長として群を護る自己の心身の鍛練によって、群そのものの宗教情緒信頼と外敵と厳しい自然から群を護ってくれるという天皇のもつ武力への信頼とが相俟って、天皇への信頼の厚い社会が現在に至っているのである。

『春秋左子伝』に「戈を止むるを武となす」という言葉がある由。

初代天皇は神武天皇である。神々の子孫である者が、外からの侵略を防ぎ、また内の秩序を保つ。だから「神武」天皇なのだ。

宗教的修行と武力的・身体的修行の双方を、天皇は、古来から現代まで、ずっと行っているのである。

天皇は日本國の象徴であり、日本國民統合の象徴である。ということは、日本國の秩序の象徴ということである。その秩序の象徴の実効性は、人民に仕える宗教的確信と「武人」としての裏付けがあって初めて可能なのである。武と祈りの求心力とは、表裏一体をなす國家秩序なのである。

秩序の象徴はまた、それを護る武の象徴でもある。秩序を守る戦いは、男の務めである。

群を統率する群長というのは、群のために我が身を厭わないからこそ「長」としての求心力が生ずるのである。

(4) 戦に敗れ、女性の命を差出すか

昭和天皇がGHQのマッカーサーを訪ねたとき、天皇が命乞いに来ると思って待っていたら、「我が身はいかになろうとも國民の命を救ってくれ」と依頼されてマッカーサーが天皇への認識を改めたという話が伝わっている。

当時のニュースで傲岸不遜に天皇を出迎える写真と、敬意をはらって見送る写真の落差は、そうだったのだろうなと実感をもつ。近頃、女系女性天皇論が盛んのようだが、戦に負けてこれがトップです、と女性の命を差出す男がどこにいるか。命を差出すのなら、男の命だ。開戦の詔勅は、昭和天皇が出しておられる。説き来

マッカーサーと会見する昭和天皇

昭和天皇を見送るマッカーサー

たったように、神武天皇というように、天皇概念に武人が内包されてある。

群長というのは体力、気力、霊力のみならず、心からなる群への愛情と献身で、我が身を命を捧げてこそ群の尊敬を得て、群の信頼が得られ、秩序が保たれるのである。

生命の泉たる女性を外敵に晒しては群長の正統性が失われかねない。闘いの正面で命を散らす覚悟は女性に似合わないし、生物学的にも不適切である。

(5) 緊急事態対応

妻公子の義弟長谷川泰造は自身の娘のヤス子が障害をもって生まれたことから、辯護士として狂ったように障害者救済活動をして、逝った。

彼の口癖は、健常者は障害者予備軍、「板子一枚」下は地獄、「明日は我が身だぞ」と我々を脅していた。いつどこで障害者になるか分からないのだから、その自覚をもって障害者を社会の真ん中に据えよ、といっていた。

人生の生活障害者は、いつどんなふうにやってくるのか図り難い。図り難い障害に備えをもつのが社会のあり方である。

泰造君に脅されるまでもなく、この年齢まで爪先立ちで走っている。正に「明日は我が身」なのである。コトバ通り「無常」なのである。いつ野垂れ死にするか。いつ生活保護申請をすることになるやもしれない。

我々國民が平和に慣れ、その視点でのみ歴史社会の現在を、そして未来を考えてはなるまい。嵐や地震は自然災害のことだけではあるまい。

平時の「女時」の秩序の象徴が女性であって、非常時に命をさらすときには、女性は似合わない。それは男の義務。

人の世の無常を自覚して、非常時、群長たる天皇は男でなければなるまい。

(6) 未来の國民への責任

刑法演習の下村康正先生は、我が中大自前教員の養成の多分第一期の新進の助教授で、共犯論における共謀共同正犯論の草野豹一郎の弟子として、刑法を社会学的実態の上に考察する緻密な解釈論を展開してくださった。

先生は、法文の解釈をするとき、
1. 過去、即ち歴史からの考察
2. 現在の社会学的考察
3. そして未来の予測からの考察
が必要であると説かれた。

下村先生の教え「未来からの発想」の検討が必要なのである。

「皇統については、男系男子の歴史上積み重ねた秩序を現在の我々の貧弱な思考で変えて取り返しのつかない事態にしたら後世の國民にどんな責任が取れるのか」とは我が事務所の仁平志奈子の判断とみている。

「何故あるのか分からない制度は、分からない、とそっとそのままにして後世の國民の判断にゆだねるべきであろう」。今の貧弱な我々の大脳で、未来の、後世の國民の裁量権を失わせては、歴史への犯罪となる。

第3節　建國の理念と二七〇〇年近く不変の國家経営

個性的なものは普遍的であり、普遍的なものは個性的である。峯村光郎教授が、あかず教壇から語りかけられた言葉である。神話の時代から二七〇〇年近く、文献成って一三〇〇年、建國の理念と経営の手法が不変の國家である。

（1）マルコポーロの東方見聞録のさわりでは、即物的な黄金もさることながら、自然的温暖的環境といい、社会環境、人心共に黄金の國とするに値したのであろう。

（2）この小文、世界が生き残るための施策を日本文明に求め得ないかの提言でもある。

（3）人間が動物として未開で狩猟、採集の頃、自らの生存の維持のため、そして他の動物から種を守るため、群をつくり、群長は群を守り、群の掟をつくったろう。その掟が古神道であったろうという仮説である。その仮説が後の世に記されたわずかながらの手がかりとしての『古事記』、『日本書紀』のみであって、概ね人間は自然の一部である自覚をもってする不文律文化と思うのである。

（4）ヨーロッパで一家族が一〇〇年以上経営の実績をもっている企業のみ加盟が許されるエノキアン協会という協会があり、近年我が國の企業も参加が認められるようになると、その創業の古さと適格要件を満たす企業数は、ヨーロッパ諸國をはるかに超えるとのこと。

國家におけるエノキアン協会相当の協会が存したならば、日本は独立峰富士山そのものであり、その流麗さも他國にないはずである。

（5）皇統に支えられる天皇は、人類の世界史の稀種であり、その建國の古さ、歴史からいえば、貴種であって、日本國の存在自体は人類、世界、文化の遺産そのものである。

世界中のどの國がこんな歴史をもち得たか、類例がないはずである。

（6）では何故これだけの歴史をもち得たのか。なぜかは知らねど、あるものはあるのである。

あるいは、「日本國民が國家の名誉にかけて、全力をあげてこの崇高な理想と目的を達する」努力をしたのかもしれない。でもそんな肩ひじ張った生活実感はない。

國民の多くが命を懸けて命をおしむことなく、守り抜いてきた気もしないではない。

（7）明治維新に至る歌のセリフ「きのう勤王、明日は佐幕、その日その日の風任せ」を地でゆく敗戦での宗旨変え帰依するマッカーサー教徒。

戦後民主主義派、焼跡闇市派、疎開派世代の転向者として、生硬未熟な流行言葉《はやりことば》で、賢しらに説くならば、観念論的弁証法と唯物論的弁証法とを止揚する、ジンテーゼとしての人間の五感すべてであるがままに考察する生体論的弁証法「あるがままの弁証法」、「天然、自然の弁証法」が皇統であり、天皇であり日本文明であると言っておく。

第4章　日本文明の特色

説き来たった経験的日本文明は

1．人間を天然自然の摂理に従う、天然自然の部分たる動物にすぎないことを自覚する文明であり、

2．この自然のなかで、狩猟採集当時（原始時代）動物としての人間が最も安全で効率的な生存の方途を求めてきたものであり、

3．そのためには群《むれ》をつくって生活することであって、その群に必要な群長《むれおさ》を天皇と定め、子々孫々天皇とする皇統と天皇の存在する、そして天皇に群を守る厳しい掟を、衆と論《あげつら》って神勅の形で規律してきて、群が群長の動物的本性に基づく群の保護努力に応えてきた文明である。

さらに動物としては哺乳類であるから、哺乳類としての特質にも配慮してきて、家庭中心、女性優位の文明を形成してきた。

単なる動物としての人間は、多少の大脳の発達をみたとて知れたもの、自然界においては小さな存在にすぎない。

現に存在する自然がどのようにできたのか、人が命尽きて死を迎えたらどうなるのか等々、自然界、森羅万

象、分からないことが多い。

分からないことは謙虚に分からないと認めて、素直に祈ること、そして謙虚さは大自然に対するのみならず、人間に対してもお互いに謙虚であることが、安全かつ効率的であることを理解する、原始多神経、価値相対主義の文明である。価値相対主義を徹底してゆくと社会が柔軟化し、柔構造、不文律、融通無碍、雑食文明となる。

それが日本文明であろう。この日本文明の本質（動物としての安全効率）から、そしてその派生原理から自然崇拝や正直と和の尊重など、多様な文明的特色が生まれている。

その一つには、國民が日本文明を生きている自覚なしに文明が日常化していることや、ヨーロッパでようやく血縁で親、子、孫と文化の継承する素晴らしさが自覚され、一族での経営が二〇〇年以上続く企業によって、フランス（パリ）に一九八一年、エノキアン協会というものが設立されたときくが、それは我が國での日常のものであったろうかと思う。

人間動物論

人間を抽象的に考えず、あるがままの人間として考えたい。人間どうあるべきかという理念からでなく、存在そのままから考えてみる。人間も動物であるから哺乳類の枠から出られない存在として、あるがままの状態を前提に人間をとらえる。

人間は動物として哺乳類として、十月十日《とつきとおか》母親の胎内にいて生まれても、哺乳期もそれ以降も長期に養育が必要である。今、成年を一八歳としても、一八年間は手間のかかる養育期間である。

胎内、乳幼児、児童、青少年少女になり、精通、生理が生じるに至る。青年に至って、ようやく生理的にも心理的にも子を生むことができるようになる。そして、活動期を迎え生殖する繰返しであり、親はやがて壮年、老年となって消えてゆく。その間、男と女とは異なった機能と役割を持つ生活が強いられる。

ということは、心理的にも感覚思考も異なり得る動物としての生を全うすること、このことを単なる一世代としてのみ捉えず、累代として捉えてみる。

子を生み得るのは女だけであり、胎内にはじまり授乳、養育に至るまで、女でなければできない側面がある。その間の女の生活、生存を支えるのは、男でなければならない。

女は子供を生むという大きな負担を負うと共に、誰の子を生むかは動物的に女の専権である。養育に至る授乳も女のみのことであるとすれば、男は自らの遺伝子を残さんとすれば、女を尊重し大切にせざるを得ない。この天然、自然が、四季の豊かな國土と海に囲まれた狭い土地における農業生産、生活と重なって、家族中心、女性優位社会を形成してきた。

家庭中心、女性尊重である。そうなのである。そうさせる我が國の女性の賢さでもあります。私は鹿児島の田舎生まれである。洗濯物は男物が上で女物は下であって、男尊女卑の地方といわれています。間違いである。洗濯物を干すのは女である。女が賢いだけである。実権は、全部女が握っています。男をおだてあげて働かせています。当然、女が男以上の働き者で、謙虚でもあります。夫婦の会話はふつうに「タメ口」で話しますが、他人に夫のことをいうときは、「うんだげ人がこげんいいなさって」「こえんいいやってや」（「うちの人がこう言いなさる」）とタメ口でなく、謙譲語になります。「大和魂」という言葉は個人利益でなく、公的利益のため己の犠牲を厭わないことのようである。言葉の文献上の初出は、『源氏物語』の「少女《おとめ》」の巻とのこと。

王朝の頃から女性は男共を励まして、上手にあやつっています。女性のもつ生物学的強さ、生命を創造し育むことは、女性にしかできないことだし、その強さを女性は自ら自覚している。自ら生んだ自分の分身たる子を護り抜く知恵も備わっているはずである。狭い國土という閉鎖性と温暖な気候に支えられた農耕社会という自然と社会性に支えられて、女性の能力が発揮されたものと思います。

王朝時代だって、紫式部、清少納言に代表される女性が、大切にされてきたし、百姓だって財布は主婦が握っていて、亭主など一種の働き蜂状態でもあります。

女性が女郎とされたり道具代りかの如き、あるいはメカケ、テカケの許される時代があったとしても、その内実は常に主導権は動物として、女性がもっているのであって、それにめげる女性諸君ではありません。

女性諸君はそんなに「柔《やわ》」ではありません。お家騒動の歴史もあります。

諸外國の男性、勇士が身に貴金属をまとって戦闘に従事するのは、資産を女に預けると女と資産ともどもに奪われるのを避けるためとの話があったりします。我が國の男性は全てを女性に委ねて身一つで戦いに挑みます。

「大和なでしこ」とは、いつ頃からの表現でしょうか。県南の日南高校のマドンナに憧れた。彼女と二子玉川でボート遊びに興じ、オール使いに私が失敗し、急流で橋げたにぶっつけボートが傾いた。華やかな女性でしたが、眉一つ動かされなかった。一夏だけのはかない憧れでしたが、「命の危険」場面に遭遇しても全く動じられず、芯の強さは、根性の据わり方は、外見と関係なく、日本女性のもつ特質かとさらに憧れが募った。男共が史上、常に女性を大切にせざるを得ず、「大和なでしこ」と讃えたのは、男共のこんな経験の積み重ねの上であろうか、と思っています。

第1節　天然自然の分からないことは分からないと謙虚である

「無から有は生じない」というのは、我々が大脳で知性で考える物理学上の鉄則である。にもかかわらず、宇宙も地球も存在している。自分だって生きている。ならば、この脳髄のどこをとっても出て来ない難問をどう解決するかだ。

キリスト教では、神が造りたまう。神ははじめもなく、終りもない永遠の存在、絶対の存在と説き、それは信仰の問題であるから、信ずるか否かの問題であるとして信仰をすすめる。

我が日本文明の文献的原点ともいえる『古事記』では、初めて天地が開けるときになりましたのは、天之御中主神、高御産巣日神、神産巣日神の三柱の神々だが、皆独神《ひとりがみ》でお隠れになって、今では当時のことは分からないといい、同じ『古事記』の序では、この三神を「造化の首《はじめ》と作《な》り」といっているように、世界はこの神々がお造りになったはずだ。そして伊邪那岐命が黄泉國から、妻恋しく追って行き、見てはならない禁じられている妻伊邪那美命の変り果てた醜い様子をみて逆鱗にふれ、命からがら帰られ、みそぎの池で体を清められるとき、夜を支配する月読命や太陽の神、天照大御神がお生まれになる。

現存するものには始まりがあるはずだが、始まりの始まりのことはさっぱり分からない。高天原におわします神々がお造りになってのことであろうか。神々が神々さえお造りになるのだから、ということかと思われる。分からんことは分からん、お話をきいておけということかと思う。神々の誕生や宇宙の成立についても、それぞれの意味をもつものと思われる方々もあり、科学的には無から有が生ずるのは、波動であり音であるともされるが、太古のご先祖さまの感覚で語っておられる物語であって、語り部として真実を語りきかせておくとは、とても聞こえず、分からんことは分からんのだから、お伽話としてそう聞きおけ、と聞こえる。

何はともあれ、現に我々が生きている世界の成立ちに思いを致すとき、人間というちっぽけな存在と貧困な思惟に神という巨大偉大な人智を超える物語には圧倒され、ひたすら信じ従う気持――宗教心の湧くことは理解する。

しかし、分からんことは分らん、ただ偉大な宇宙を「天」と仰ぎ、ひたすら声を出して常ならぬ力を、自らの願望を、神々に意宣る（祈る）宗教的情緒も理解できるではないか。その心情が大和心であり、大和魂であり、大和なでしこの心情であり、多神教たる日本文明の基本なのである。

日本文明の特色の一端を示す

1．はじめに行為ありきの文明である「惟神の道」、かんながらの道ということである。昔々神々がなさっていたとおりの生活方式に従うことであって、自然発生的な文明である。人々の生活の積み重ねを大切にして、気づいた改良点をそのつど改めて、より安全でより効率よく、より多くの人々の納得する生活様式を開発してきたのである。聖書は「はじめに言葉ありき」という。しかし、言葉は知の産物である。「惟神の道」は聖書のロゴス優先とは異なる、ということである。

2．官武一途庶民に至るまで、おのおのその志を遂げ、人心をして倦まざらしめんことを要す文明である。國民が職業の如何を問わず、生き生きと生きる張合いをもつ國である。

3．原始多神教、価値相対主義文明である。

『日本書紀』の一節、聖徳太子の詔とされる十七条憲法は世界最古の成文憲法であり、人間が定住をはじめ人間社会をつくったとき、定住以前の動物的存在における人間の最も多くが最も幸福になる方法として、秩序の大切さを説き、「和」が最も省エネで幸福に至ることを説き、プラトンの対話編―真実の発見は対話によると説く。しかし、それも真理であろう。我が文明は対話をこえ、多数あるいは全員参加で論《あげつら》じ論って、真実性妥当性を見出して、真実性如何よりも最も多くの意見、多数に従えと、より妥当性を選べと説く。

『日本書紀』に記されているが、『日本書紀』自体が我が先人が行ってきた生活の文化の表現であって、これを「惟神の道」というか、あるいは古神道といって脈々と現在に伝わっている。

4．天皇を源《みなもと》とする、天皇を群長とする「和と正直」の共同社会である。

5．男系男子、皇統の天皇である。
群長の血統不変の文明である。

6．文明の受益意識が民衆にあること、それが伏流水として現在につながること。通奏低音、埋み火、他文明受容の雑食文明たること。

7．國家経営が稲盛和夫のいうアメーバ的経営
不文律、融通無碍であって、核の中心を移転しながら生きのびてきていること

8．高温多湿の風土から、生存のため身辺清潔は必須であった。身心の清潔、言語〈言霊〉、行動の美意識を求める。

第2節　家族中心の女性優位

1　生命を生み育む女性

我が國は、女性たる天照大神により授けられた國である。平塚らいてうは、「元始、女性は太陽であった」という。元始の真実は現在の真実である。

人間は男と女があり、男が女に従うことが最も社会が円滑円満に収まるとする文明である。自然の理に忠実に、女性が上位の文明である。天照大神は光の根源であり、全ての生命の源たる「太陽神」であられる。

女は生命を生み出す。自分の生み出した命は、自己の命の継続であって、皆大切であって、原則的には命の継続として、女は自分の命より子の命を優先させようとして、命を懸けて子の命を守ろうとするものである。男よりもはるかに命を大切にする、そんな意味で争いがあっては生命にかかわる女性は、命を愛おしむ究極の平和主義者である。

2　建國の始祖は女神天照大神

さればこそ、神話による建國の祖は女神天照大神であられる。太陽神たる天照大神の教えを守っておれば争いなく平和なのである。

天照大神は、高天原《たかまのはら》から、自分の孫ニニギノミコトに、自分の教えを守って國を治めよ、葦原の中國の筑紫（九州）の日向（宮崎）に天降《あまくだ》された。ニニギノミコトは宮崎・鹿児島の県境の霊峰高千穂の峰に降臨されるのである。

天降る神々

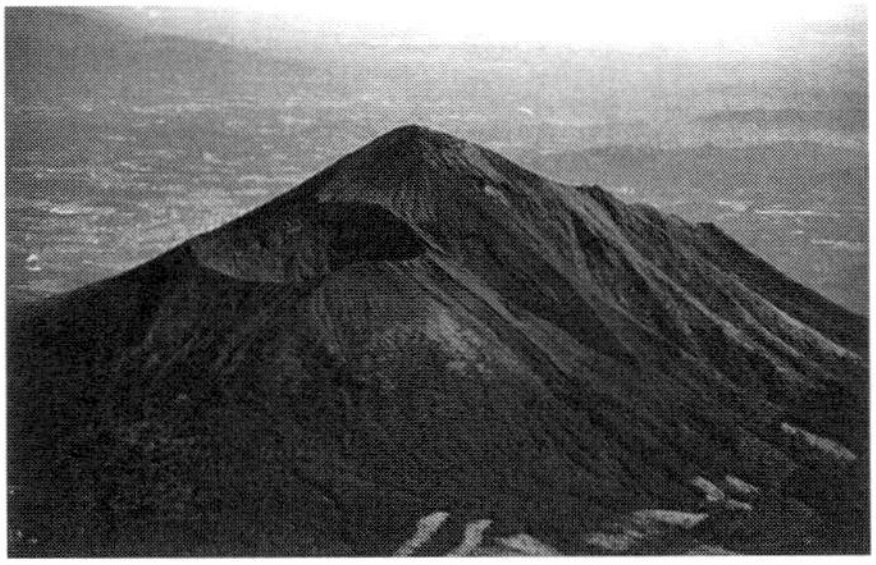

霊峰高千穂の峰
（写真協力　公益社団法人 鹿児島県観光連盟）

3　自然界の摂理に忠実な日本文明

三種の神器も三大神勅も皆、生命を全うする社会生活の知恵であり、女神の教えである。

ＴＢＳテレビの「女と男の人生相談」という番組に、『月山』で芥川賞を授けられた森敦先生とご一緒に出演させて頂いた時があり、これはその番組で伺ったことだ。『月山』執筆にあたって森敦先生は、二年も三年も山にこもって、自然や動物の生態を観察されて、鳥の中には勤勉な鳥と怠け者の鳥とがいて、餌をとってこない雄鳥は雌鳥が巣に入れず、帰巣すると嘴でつついて追い出すのだそうである。そうすると怠け雄鳥は、少時は未練らしく、そこらの枝に止まるけれども、そのうちどこかへいなくなり、雌鳥は他の餌をとってくる雄鳥を巣に入れるとお話をしておられた。

我が國では人間とて餌を取って来ないのは雄ではないのだそうである。そんな意味で、自然界に忠実な國柄なのだそうである。

4　季候風土地形の生産構造のもたらす女性優位性

これはまた、多雨の温暖な気候に恵まれて農業生産に適すると同時に、海に囲まれ、山また山と多雨の水を流す川に囲まれていて、土地の定着性が高い閉鎖的國土で、家族という共同社会で農業生産をして子を生み育てるとすれば、おのずから実権は女性に、母に集まるという自然の成り行きと國民を「民」と書いて大御宝《おおみたから》と読ませるように、國民自体が國家による保護の対象であると同時に、社会を支えてくれる、即ち税金を納めて社会を支える大御宝なのである。

狩猟民族では女性にお金や財産を預けないそうだ。いつ敵に襲われるか分からないから、女性と財産がセットになっていると二つながら奪われるから、財産は常に男が身に着けていて、奪われるのが女性だけであって、被害を軽くするためとのこと。

定住農業で女性に全財産を預けておいても、襲う者は女性も働かせなければ金を生まないし、襲う者が百姓の金をとってしまっては百姓は家庭生活できず、生産が止まり、侵攻の目的が達せられない。敵は攻めて来ても定住農業からの収益が目的だから、女にも金にも手を出さないし、地形上も攻めて得られる苦労、コストとリスクと戦利品のバランスがとれない。集約農業の生産単位は家族であり、家族経営労働の中心で主要な労働力は男である。

男は安んじて女性に、妻に、家庭内の実権を渡して、金・財産の管理を委ねて農作業という厳しい労働に従事し、必然的に女性の地位が高まるのである。

第3節　価値相対主義・原始多神教文明

日本文明の基本は「秩序という枠」の設定のみの価値相対主義である。「秩序の内包」である「和」をどのように実現するのか。どのように形成されてきたのか、されているのか、それは時の変遷にしたがっている。

「秩序の外延」は時代と共に、歴史と共に変化はあっても、秩序の象徴として、枠組みとしての天皇を置く価値相対主義の秩序であり、自分の主張の押し付けを他に対して行わないのである。

我が國には、八百万《やおよろず》の神がおわされます。神とは人の助けになる力を致す存在である。その八百万の神々に支えられ、八百万の神々が神議《かみはか》って形成してきた、文明であり、秩序である。天の岩戸にお隠れになった、天照大神にお出ましいただくにも、天安河原で神議られた。「惟神《かんながら》の道」の文書化たる十七条憲法の第一条も「和をもって尊しと為し、よく話し合え」といい、第十条は「自分の意見と違っても多数に従え」といい、十七条で「独断を戒め、皆で協議して決めなさい」というこれらの表現は、価値の押し付けをやらない。そんな意味では現代に生き残っている唯一の多神教文明ともいえようと思う。

なお、『十七条憲法で紐解く日本文明論』では、葬儀社を経営される著者の長谷川七重先生は、生活実感のなかから日本文明を、心の自由で多元、平等な同じ人間で、相対、正邪不定論主義で「多元相対論」、と読み解かれていることに感動した。

第4節　不文律・融通無碍・雑食文明

『古事記』、『日本書紀』のなった一三〇〇年前、成文の手がかりとして、この文献が現存しているのであるが、この文献は神話時代の神武建國の詔にあるように、日本國家創建の精神、即ち秩序の在り方、即ち日本文明の宣言文であると共に、その以前に我が國で行われていた「惟神《かんながら》の道」の一部の文書化であって、長い古代の人々の生活習慣・生活規範の集積であろう。

とくに、顕著なのは官吏心得ともいえる、『日本書紀』の中の十七条憲法（六〇四年）が、後に輸入される律令制以前における我が國最初の行為規範として明文化されたものではなかろうか。

ただ、それとて官吏心得の一部かの如くであって、その前提として、天皇家の家訓としてまず名宛人は天皇その人である。

第三条で、「詔を受けたら従え」とあるが、その名宛人は官吏または國民だとしても、発する天皇のその詔は、第十条でいうように感情的にならず、皆の意見をよく聞いて集約し、第十五条で私心を去り、公正な判断をして、第十七条で天皇が独断で決めたのではなく、より良い方法を皆に諮って決めたものなのだからである。十七条憲法は、全く國民全体の行為規範に一般化普遍化してみても、規範違反の効果は記されておらず、行為規範の手がかりの位置づけであろう。

文献は手がかりであって、外来文化の強烈な影響で、例えば中國文明を「からごころ」とされる時代があり、明治の西洋かぶれの時代、敗戦後のアメリカナイズもあって、伸縮自在融通無碍に動きながら、いつの間にか惟神の伏流水に合流して、日本流からごころ、日本流西洋かぶれ、日本流アメリカ化と習合して日本文明を豊かに成長させている。各國の優れた文化を自家薬籠中のものとして日本化する、山本七平先生の申される「日本教」なのであろう。

十七条憲法は、文字通り一七条により構成されている。この一七条は、条文の組み立てからは第一条が総論、第二条以降が各論かの如くも、総体として読めば足りよう。

『古事記』、『日本書紀』成って後、奈良・平安と続く、貴族中心のゆとりともいうべき「もののあわれ」や「をかし」という形で支えられた王朝文化、その後、戦乱の「無常」で支えられた武家文化、そして、江戸三〇〇年の平和の成果は、國学の隆盛により『古事記』のほぼ全文が本居宣長によって読み解かれ、それまでの國の正史たる『日本書紀』に加えて原典たる『古事記』を庶民も読むことができるようになって不文律たる日本文明に國語的手がかりが与えられることになった。

大道寺友山の『武道初心集』（岩波文庫、一九四三年）と山本常朝の『葉隠』（岩波文庫、一九四〇年）に象徴される武士道で行為規範の文書化の手がかりができ、中江藤樹の陽明学の教えといわれる近江商人訓「売り手よし、買い手よし、世間よし」、鈴木正三や石田梅岩により文書化された経済倫理が確立する。

明治に至り五箇条の御誓文や教育勅語、そして帝國憲法など、日本文明の手がかりになる行為規範の文書化が行われ、『論語と算盤』の渋沢栄一の経済倫理の体系化と実践により今日にいたったものであり、いわゆる経典とか基本文書があってそれを金科玉条にする文明ではない。

惟神の道、即ち秩序を保って天然自然のままに生きようとする心は、言葉として今に残る和語による相互理解があり、あるいは伝達の手段たる文字をもっていたかもしれない。しかし、より有効な方法として、中國から漢字が伝わり、この漢字により有効適切な文字による表現伝達の方法を得た。

また、総論的惟神の道に、儒教によってこんな場合、あんな場合と行為の場合分けが行われ、その場合における社会との折合いの付け方の提案に納得し、これを日本文明に包摂、習合した。即ち、神道の一般原則、通則、総論に、論語によって各論が加えられた。

惟神の道における総論的、一般的秩序維持方法に対して、場合分けに応じた秩序維持のための文化規範が示され、いわば秩序維持のための示された行為規範たる各論に納得した。

神道も儒教も社会あるいは國家と個人の関わりを説くものであって、厳密な意味で宗教と言えまい。多分、哲学と言うべきもので、その宗教性、自らが幸せになる法則という意味では社会的折合いがつくことに自らの幸せを見出すとするもので、極めて実践哲学的であった。

そこに、ひたすら個人の幸せの追求がいかに可能か、どうすれば個人として幸せになるかを説く仏教が入ってきた。ひたすら円満な秩序を求めた神道と儒教と異質な個人の幸福追求の、即ち「いかに成仏するか」の教えが輸入された。その秩序内における各人の幸せの実現の仕方を自らの判断で行い、自らの幸せをつかみ取れ、という仏教の個人的幸福追求、即ち成仏の実践の教えが習合する。

日露戦争のとき、明治天皇が「国のためあだなす仇《あだ》はくだくともいつくしむべきことな忘れそ」と歌われているのも「和」の精神の発露であり、仏教の怨親平等の「和」の精神が日本文明の「和」に習合したものとみられる。

成仏するというのは自分自身の幸福の実現を目指すことであって、秩序の維持、即ち己の幸せと説いた神道、儒学のうえに、日本人に我一人の、個人としての幸せを目指すことが許され、その幸せの実現努力が、即ち成仏の努力が許容され、進められるという仏教が輸入された。この神儒仏が習合しているのが日本文明である。仏教における自力本願であれ、他力本願であれ、己一存の幸せを願うことに変わりない。神儒仏という雑食文化は、やがて異質な一神教文化であるキリスト教まで受け入れる。

ブルーノ・タウトも、

個々人がそれぞれの心の悩みの解決を見出さんとするときは、進んで仏教に入り、後には基督教にも頼るようになったのである。だが、これら宗教も、一度日本に入るや神道発生の基因である日本人の楽天的素質、社会観のため、日本的に改造され、これらの宗教の中にある一切の陰鬱な威嚇は自己の心霊的愉悦を得るための手段に変えられたのであった（森儁郎訳『日本文化私観』明治書房、一九三六年、七二頁）

という。

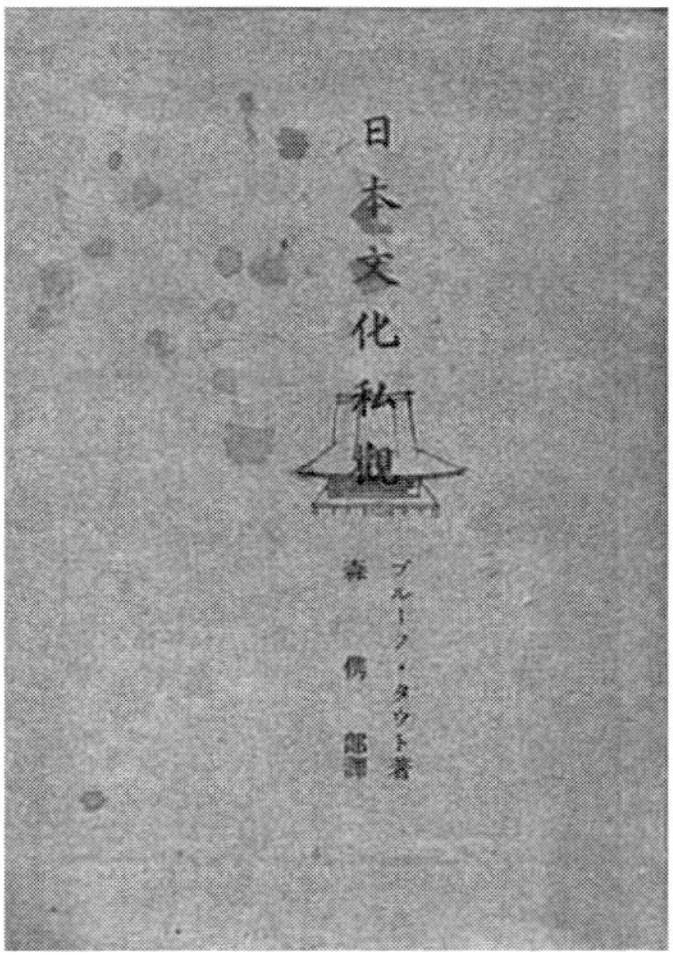

ブルーノ・タウト『日本文化私観』
明治書房（1936 年）

これら外来文化は、それ自体として受け入れられたのではなく、外来文化のもたらす生活の合理化、効率化文化を内包してこそ受容されたのであろう。山本七平は、これをキリスト教日本派と呼んでいる。

儒教においてどのような自然科学的技術があったやは学び得ていないが、惟神の道の不文律、行動規範の各論化、具体的行為への適用を明示するという文字化という形で我が國社会に受け入れられたものかと思われる。

例えば、渋沢栄一によると、論語に表れた孔子の根本思想は、仁・義・礼・智・信・勇・道・孝悌・中庸・天であるとのこと（渋沢栄一『論語を活かす』明徳出版社、一九九八年）。これは、「三種の神器」「三大神勅」「建國の詔」「十七条憲法」に込められた國家運営の基本理念であり、日本文明実現の各論そのものである。そんな意味で論語そのものが日本文明の文献的手がかりでもある。仏教においては、万巻の経典に加え、実用技術が輸入されたことが知られている。医薬学、土木技術、建築技術、灌漑などの自然科学、技術と一体となって受容されたものと思われる。

近代に至っては、異質で習合するはずのないキリスト教の受容も、近代的資本主義秩序の形成とその工業技術による生産性向上、社会の効率的運営の技術と抱き合わせで受け入れられたのではないか。

私たちが日本の伝統的な文化、風習、思想と思っているものが、実は中國や西洋から取り入れたものであるとのこと（菅原正子『日本人の生活文化』吉川弘文館、二〇〇八年）。七夕など中國由来の朝廷行事からの発展とのこと、雑食文化たる所以であろう。

このあたり、多神教の面目躍如たるもので、人の役に立つ者は何でも「神」とあがめ、雑食してきたのである。

諸外國の文化を雑食しているといえども、それは惟神の道に習合し得る限度で庶民の生活を豊かならしめる限度とみて良いか、と思う。

雑食文明の最たるものは明治維新である。

徳川二五〇年の平和を、高い文化水準で堪能しているところに、黒船に象徴される目も眩むばかりの科学技術、資本主義という高い生産性、フランス革命を経た人民主権の政治システム、これをすべて瞬時に丸呑みして、殖産興業・富國強兵で列強の仲間入りをする。これだけの大きな異文化の移入、しかも瞬時の変化で。これでは異質の別の國になっていておかしくない。

なのに惟神の道を守り通して習合させている。

「広く会議を興し」は、神話の世界において「神議る」ことであり、十七条憲法第十七条で、「夫《そ》れ事《こと》独《ひと》り断《さだ》むべからず」とあり、日本型民主主義の宣明をしている。

五箇条の御誓文

一　広ク会議ヲ興シ万機公論ニ決スヘシ
一　上下心ヲ一ニシテ盛ニ経綸ヲ行フヘシ
一　官武一途庶民ニ至ル迄各其志ヲ遂ケ人心ヲシテ倦マサラシメン事ヲ要ス
一　旧来ノ陋習ヲ破リ天地ノ公道ニ基クヘシ
一　知識ヲ世界ニ求メ大ニ皇基ヲ振起スヘシ

どんな社会制度であれ、惟神に習合する限度の受容であるという政治指針であろう。ということは、フランス型もアメリカ型も、言うところの民主主義は採用しないという宣言でもある。

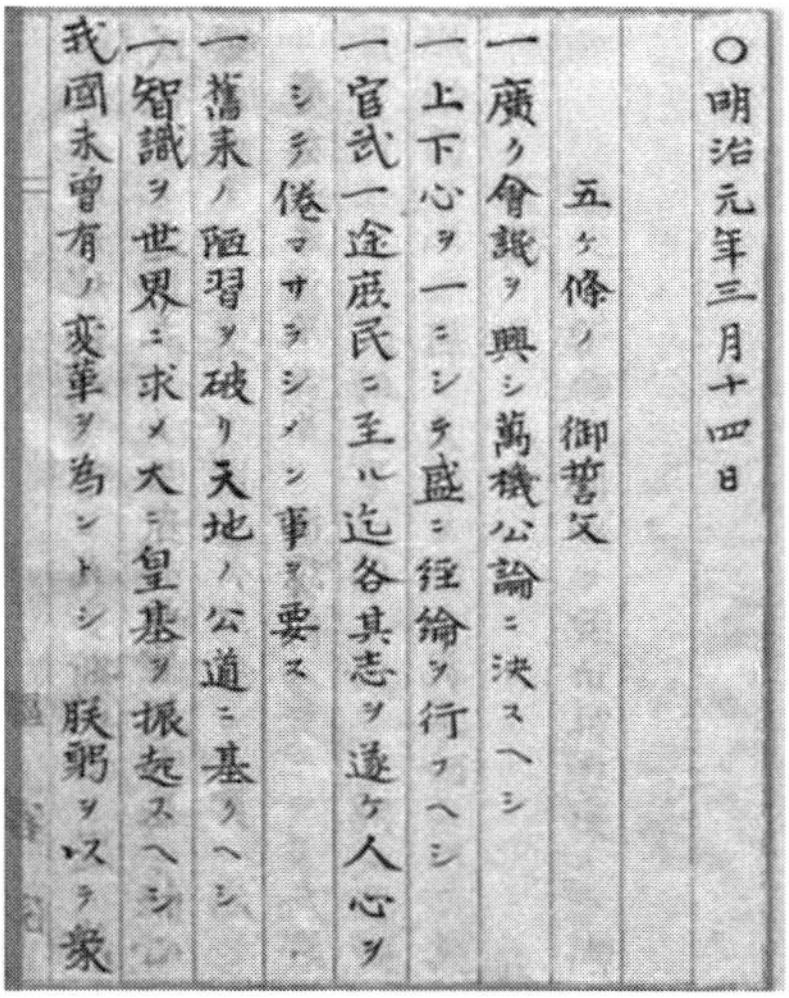
○明治元年三月十四日
五ヶ條ノ御誓文
一廣ク會議ヲ興シ萬機公論ニ決スヘシ
一上下心ヲ一ニシテ盛ニ經綸ヲ行フヘシ
一官武一途庶民ニ至ル迄各其志ヲ遂ケ人心ヲ
シテ倦マサラシメン事ヲ要ス
一舊來ノ陋習ヲ破リ天地ノ公道ニ基クヘシ
一智識ヲ世界ニ求メ大ニ皇基ヲ振起スヘシ
我國未曾有ノ變革ヲ為ントシ朕躬ヲ以テ衆

五箇条の御誓文（国立公文書館所蔵）

さらに、敗戦後の昭和天皇の昭和二一年の天皇人間宣言の詔書においても、この五箇条の御誓文を引用されているのは、國破れたとて変わらぬ、明治天皇の顰みに倣われたのであろう。

第5節　大らかな性に支えられた土俗、民俗、信仰の裾野

意馬心猿《いばしんえん》、猛り狂う人間の「性」を大らかに開放し吸収するという。

法制史の授業の延長で、荒井貢次郎先生の指導案内で、上野の彰義隊の戦いを探ると、そこで残された黒門の弾痕を見学した。

その際、池之端のお稲荷さんに参拝した。お宮の建物の裏に大きな穴が開いていた。お稲荷さんにはキツネがつきもので、キツネは穴を好むので、穴があるとのこと。穴は女陰の象徴で、女陰は子を生んでくれるので女陰を拝んで祈り、豊年豊作を願うのだそうだ。

さらに不忍池の中州には江戸の針塚などがあり、毎年使い終わった縫針の供養をするのが習いであったとかで、その地蔵さんは後から見ると男根であった。

人の役に立つ者が神とすれば、後に建てられた縫針もミニ神様で供養するのは分かるとして、地蔵さんがなぜ男根の象徴であったか聞き漏らした。

命をつなぐ、そして働き手の子供をつくる実利と、単調で労多き農作業に埋もれたなか、「性」は男女ともにささやかな「憩い」でもあり、最大の喜びでもあったのではなかろうか。

農村には、村の鎮守の森に神社があり、田圃には田の神様が祭られ、お地蔵さまと観音さまも方々祭られて

いた。

妻公子の中学校の恩師吉野裕子先生の著書『扇』（新版、人文書院、二〇二一年）によると、我が國の生活に密着した「扇」は、南洋から流れついた青島の植物ビロージュに由来し、沖縄の御嶽《うたき》の神木ビロージュが男根の象徴であって、その葉が扇の原型で、男性の象徴として生活実践のみならず、芸能や民間信仰のみならず、由緒ある神社にも採り入れられており、その普及は「易」「史記」「淮南子」「五行大義」などを論拠とする陰陽五行の考えによるとのことである。

青島（宮崎市）　©宮崎市観光協会

神道の基礎に中國の思想があるとのお考えの様子である。日本人が、はなからそんな理詰めの生活様式を持っていたのではなく、中國思想がはじめにあるのではなく、稲村公望氏の「黒潮文明論」で説かれる民族の基層と源流に、黒潮に乗って移動した南方諸島を源流とする大らかさや、一面では、海に囲まれた「海の民」たる躍動性も土俗の中にあるのではなかろうか。

稲村公望氏は、日本文明が南方由来と言っておられる。そういえば「椰子の実」の歌でも「名も知らぬ　遠き島より　流れ寄る　椰子の実一つ　故郷の岸を　離れて」と歌われている。

最近、和歌俳句の原型は南方諸島の歌謡という本があった（谷川健一『古代歌謡と南島歌謡—歌の源泉を求めて』春風社、二〇〇六年）。

黒潮が沖を流れ、黒潮が岸を洗い、海の幸をもたらす豊かな自然環境の中のおおらかな生活文化がまずあり、それに新知見の中國思考による論拠と改良が付与されたものであろうかと思う。

大和魂の「文字」が文献で初めて見られるのは、源氏物語「少女」の帖で、「才を本としてこそ、大和魂の世に用ひらるゝ方も、強う侍らめ」とある由。才とは漢才のことのこと。惟神の価値観、大和魂が漢才と習合してきた様子が知られる。そして、雄々しいだけでは女にもてませんよ、文武両道、中國文献もよくお勉強されることが、「大和魂」として女性の憧れなのですよ。男性諸君を励ましている。女性が己の生存を賭けて、男共に仕事をさせようとしているように感じられてならない。

第6節　身心の清潔・言語（言霊）・行動の美意識

1　身も心も行いも清潔を旨とする

（1）死を穢れとして厭う

これは、高温多雨多湿の風土の中で死体が腐敗しやすいところからか、禊《みそぎ》・祓《はらえ》が行われ、身も心もきれいにする。

（2）神社へお参りするにも、左右の手を清めて口をすすいで神様に参拝することも清潔が生存の基礎であって、その意識が今日に引き継がれて日本文明となっているはずである。

（3）言挙げしないこと、言霊のあること

言挙げは否定的文言を使ったり、分かりきったことをことさらに言い募ることであり、言葉の清潔性を欠くのが言挙げで、清潔な言葉には言霊がある。狭い國土で同じような行為様式の下、以心伝心小さな所作で心を伝え、心を感じ取ることは自然の動きを生存のため感じ取ることが大切だとする文化的基礎を持つ、ということである。

2　「言霊」は優しさなど肯定的言葉、意思の伝達という機能を超えて魂、即ち心をも伝える

狭い國土でコミュニケーションがとりやすかった歴史からか、肯定的意思を磨き抜かれた言葉にすることによって、単なる意思伝達以上の嬉しい効果が「言霊」として得られるのである。

そこで、言葉を磨くことは心を磨くことであり、その大切さが和歌となり、天皇の御製にもつながるものかと思う。

3　敗者復活戦が可能なゆるゆるの柔構造社会であること

将棋で王将を取り合うのであるが、一番ペケなのは「歩」で、前へ、しかも一つしか進めない。しかし、敵陣に攻め入るや、斜め後ろ以外どのようにでも動ける「金」になる。

学校生活、学歴も小学校、中学校、高校、大学と常に努力でブランドを上げてゆく機会があり、仮に学校生活に落ちこぼれても、社会に出て多彩な能力を活かす機会があり、究極は経済力を付ければ「金」として成金で、社会の成功者だ。

三州倶楽部で先輩に教わったことは、「地位も名誉も銭金も我が身にあるぞ、働いてとれ」というものだった。

4　身分社会の時期さえバイパスもあるゆるゆるの柔構造社会であること

穢多と言われる人々が、いつの頃から何故差別されるようになったか知らない。ただ、そんな差別はあっても大名以上の権威と権力をもった弾左衛門（代々この名を名乗る穢多の頭《かしら》のような人）もいた由。ここにもバイパスがあった様子。

家族制度で妻が家にしばられながら「三行半」さえあれば解放され、それなしとて「縁切寺」への駆け込みがあった。概して言えば身分の拘束のなかでも差別は温和であったろうか。

もっとも最近の知見では、江戸の女性はしたたかで、むしろ男性を支配していたとか。そのはずだったと思ったりしている。

5　農耕民族的勤勉さをもつこと

6　気候と海と山河という地形に分断され、それに相応しい産業が形成され、また相応しい分権的生活自治が行われてきたこと

7　古い時代から國家意識・共同体意識があったこと

8　これら史上の文化は何らかの形で現在につながっていること

（1）自動車の自動運転やＡＩなど最先端の技術に遅れをとっていながら、今でも世界的に日本の優位があるのは、日本人の職人魂であるとシリコンバレーで活躍しておられる研究者の方が申されていた。

三種の神器が全て高度研磨技術を求められているものであり、そんな技術と技術を支える心情が、生活習慣が現代に息づいているのかもしれない。

（2）令和元年（二〇一九）に行われた御代わりの儀式（即位礼）も古式に則って行われている。

第7節　天皇由来の秩序・文明の完結性と民衆受容の伏流水、埋み火、通奏低音

⑴正直と和の文明

日本文明の源泉は天皇である。天皇なくして日本文明はない。天皇という存在で一貫して通されていることである。

日本文明の原典かの如き『古事記』、『日本書紀』共に神話に遡っての我がご先祖たる原始人の行動様式たる「惟神の道」の幻想的物語にして、一面では歴史的文書であり、天皇讃歌の書でもある。天皇家による日本國創業の目的を示すとともに、いかに治めるかの家訓でもある。

「讃歌」として成功しているか否かは別にして、「惟神の道」、即ち日本文明の源流を示す手がかりとしては豊かなものがある。

ならば、天皇とは何か。

神話による日本國の創立者、創業者の子孫、末裔である。

日本國の経営は、もともと天皇家の家業だったのである。

建國された神武天皇は、神武建國の詔で、民が皆家族のような民のための共同社会國家にする、と宣言している。

神武建國の詔を要約すると、

「荒れたところもあるが、概ね人々は定住して素朴で自然な生活を営んでいる。そこで人の道を定めて、人々が最も幸せになるように指導者・最高権力者の地位についてご先祖様の教えにしたがって、民をいたわり、飢えることなきを期し、皆正直な心で暮らすよう、その心掛けで國中をまとめて家族のような國にしたい」

と読めて、ここに國家創建の目的を「國民の幸せのための共同社会」とされている。

建國の宣言で、まず正直《せいちょく》を語り掛けるということは、「和を旨とする秩序」のその基本は、正直即ち心のままに表現し、言行を一致させることにある。海と山と川に囲まれた狭い地域で集約農業で生活を営むには和がなければ保たれない。狭い土地内の社会で和を保つには「正直」しかあり得ない。

我々が子供の頃には、「嘘ついたら針千本飲ます」と嘘つきをいさめていた。現に神武天皇を御祭神とする宮崎神宮の奉賛会は、正しい心を養う「養正講社」という。

人々の幸せのための指導者ということは、「人々が何をもって幸せとするか」は人々に尋ねなければ分からない。「治《し》らす」とは、人々に尋ねて人々が最も幸とすることにしたがって國を治めようということであり、天皇制が、「君民共治」とか「君民一体の政治」といわれるのはこのことを意味し、西欧的「統治」概念ではない。

そして、施政・治世の原理原則が、建國の詔や三種の神器や三大神勅、十七条憲法の形で示され、いわばこれが家訓でもあろう。建國の精神、目的が國民の幸せのためであって、絶対神の神意に叶うため、でもなく権力者が豊かな生活を営むため、でもなかった。

國家創建の目的自体が「民の幸」そのものなのである。

⑵三種の神器と「宝鏡奉斎《ほうきょうほうさい》の御神勅」

天照大神が手渡した三種の神器は天孫の証《あかし》であり、瓊瓊杵尊《ににぎのみこと》を支える精神的かつ具体的なバックボーンである。天照大神はさらに、

「この鏡を私、天照大神そのもの、我が御霊《みたま》として祝い祭りなさい。鏡を皇居に安置し、祭祀《さいし》を欠かすことなく、常に自分の姿を映し出して反省し、我が教えを忘れぬようにしなさい」（『日本書紀』）

と祭祀の継続を守るように諭した。これを「宝鏡奉斎の御神勅」という。

三種の神器の由来は次の通りである。

①八咫鏡《やたのかがみ》（八尺鏡）……天岩戸《あまのいわと》に隠れられた天照大神（天照大御神）に、出ていただくために作られた御鏡

②八坂瓊曲玉《やさかにのまがたま》（八尺勾璁）……天照大神が父の伊弉諾尊《いざなきのみこと》（伊邪那岐命）から「高天原を治めなさい」と委ねられた折に、与えられた勾玉

③草薙剣《くさなぎのつるぎ》（草那芸剣）……素戔嗚尊《すさのおのみこと》（須佐之男命）が八岐大蛇《やまたのおろち》を退治したとき、大蛇の尾から出てきた剣。素戔嗚尊は姉の天照大神に捧げた。別名「天叢雲剣《あまのむらくものつるぎ》」

また、北畠親房は『神皇正統記』で次のように説いている。

①八咫鏡……鏡は私心なく万象を照らす。その姿に感応するのを徳とす。これ正直《せいちょく》の本源なり。

②八尺瓊勾玉……玉は柔和善順《にゅうわぜんじゅん》を徳とす。慈悲の本源なり。
③草薙剣……剣は剛利決断《ごうりけつだん》を徳とす。智慧《ちえ》の本源なり。

三種の神器はニニギノミコトに授けられてより、歴代天皇が即位の証に継承してきた宝器であるとともに、皇位にある者が守るべき高邁な治世の精神を今に伝えるものである。

それは鏡の正直、勾玉の慈悲、剣の智慧の三つの徳目が一体となるときに初めて発露する「日本精神」の核《コア》なのである。

例えば、支那事変後に日支両軍の戦没者を「怨親平等《おんしんびょうどう》」に等しく弔慰・供養した松井石根《まついいわね》大将の精神であり、ナチスドイツの迫害から六〇〇〇人余の難民ユダヤ人の命を救った杉原千畝《すぎはらちうね》の「命のビザ」発給の精神に通じるものである。

三種の神器と稲穂の伝承にこめられた「日本精神」の核は神話の世界から今日まで、途切れることなく継承されてきている。それを再確認することこそ、神話の世界を学ぶ不可欠な視点と肝に銘じている。

明治天皇
あまてらす神のさずけし宝こそ　動かぬ国のしずめなりけれ

（歌意）天照大御神が授けて下さった三種の神器こそ、この國がいかなるものにも動ずることのなき力となる器物である。

(3)天皇は尊い存在

天皇は日本國を創建した群の群長《むれおさ》の子孫・末裔である。動物の群の長は自分の命を懸けて群を守るとか。

そのように原始的群長が天皇だとするならば、天皇は己を顧みず群（即ち國民）を守ろうとするのだろう。昭和天皇がマッカーサーとの会見で、我が身はいかになろうとも、國民を救ってくれと申された逸話はそれを物語るのであろう。

昭和一五年（一九四〇）は、『日本書紀』の記載から建國二六〇〇年にあたるとか。紀元二六〇〇年の國事記念行事が行われ、神武天皇の故郷、宮崎市には八紘一宇の基柱が建設された。郊外の古墳群のある下北方町の市内が一望でき太平洋の水平線に至る小高い丘の上に建設され、私達市民は「八紘台」と親しんでいたが、今は平和台と改名されている。

我が國は歴史が文字化されてからでさえ、一三〇〇年を閲している。

「政治」と「その権力」の中枢に、伝承によると今、二七〇〇年、記録で明らかになってさえ一三〇〇年、一家族が留まり得ていること自体が奇跡的なことである。

政治といい、歴史といい、欲と得と力の衝突の積み重ねである。時には権力自体との距離感の親疎あり、権威たる天皇と権力たる幕府の衝突は、天皇自体が隠岐に流された後鳥羽天皇、佐渡に流された順徳天皇にあるように、そして南北朝という痛恨の時代があっても、名誉と権威と権力とが少なくとも一三〇〇年無事ということは、経済構造・社会構造、幾度かの革命的・暴力的変化の中、これは國民の強烈な支持なくしてあり得ない。

そしてまた、政治権力、政治的地位の濃淡にかかわりなく、建國の詔にある「民のために利あり、國民が皆等しく家族のようであってくれ」、その基になる飢えないために、稲作の豊作を祈ることをはじめとする國民の幸せを願う「祈り」が日常的に行われている。

この「祈り」は「意宣る」、即ちこうありたい、こうしたいという決意の表明であって、他人任せにすることではない。これが現在の祈りの中核たる行者としての厳しい宮中祭祀として受け継がれている。

上皇陛下が譲位の会見で、象徴としての勤めを全身全霊をもって行うことが困難になった、と申されたのは行者としての國民の幸せを祈る宮中祭祀のことであろう。

このことの原点は「鏡」にある。天照大神が、私が國を授けた意味（即ち、民安らかにあれ）を「鏡を見て自分がそのようにしているのか常に反省しなさい」という「斎鏡」の神勅に由来する。この祈りの表現として天皇は、行者として身体全てを民に捧げる宮中祭祀とともに心を磨き民安かれと和歌を歌われる。

「神事」が「祈りの形」であるとすれば、和歌は「祈りの心であり言葉」なのであろう。

短詩は言葉を削り磨かなければできない。言葉を磨くことは、即ち心を磨くことである。天皇は常に鏡に己の姿を写し、祈りの形で表現し、心を磨いて和歌の言葉として、天照大神に國を授けられた心に叶っているかを表現されているのだと思う。

シャーマニズム即ち神道以外に固有の文明文化は我が國にはない、とは瀧川政次郎先生のお考えだ。和歌も古神道の儀式の一つではないかと思う。外来文化のルツボのなか、言語だって固有文化たる大和言葉、和語の他に、漢語に加え横文字からの外来語（翻訳語）があり、それが今ではそのまま日本語になっている。今や廃語となりそうな在来の方言もあって、日本語の表現様式は多様で豊かである。

最近、渡辺泰明先生の『和歌史（なぜ千年を越えて続いたか）』（角川選書、二〇二〇年）というご本が出されて、本文は斜め読みどころか目次の斜め、眺め、読みで、ご本の評価はできないし、芸術論などはさらなりだ。まえがき冒頭に「定型という自由」をかかげ、「縄目なしには自由の恩恵はわかりがたいように、定型という枷が僕に言語の自由をもたらした」という寺山修司の言葉を紹介される。造形や身体表現など多様な自己表現のなかで、美を追求する表現を言語でなそうとするとき、世阿弥《ぜあみ》が能という形式をもって、身体表現を型のなかに求めたのと同じような本質を衝いたものとして、鋭い分析を現代からなしておられる。そしてまた、和歌で天皇が表現されるものは祈りであり、多様な技法の言語表現で「しらべ」の美を表現しているのが和歌とされるかの如くに読めて、それに異論はない。

ただ一点、和歌の原点が古神道の天照大神が國を授けるにつき、鏡と共にして天皇に鏡に己が姿を写して、「真に國民《くにたみ》の幸せの政事《まつりごと》を行っているか」、私が國を授けた原点に常に立返って、自分の姿を鏡に写せ、との仰せを歴代天皇は守って来られた。そして、國民の幸せのための政事に常に心を澄ませ心を鍛えなければならない立場で、和歌によって心を磨き鍛えておられる筈だ。

心は身体の産物であるならば、身体の鍛錬を多様な宮中儀式と古神道の行法にしたがって行い、同時に和歌という短詩形式で言葉を磨いて、言葉による心の美の表現によって心を鍛錬する。身体と言語ともに相俟って、一時も國民の幸せから心を離さない、美しい澄んだ心を持ち続けようと、天皇という政事が日本國の成り立ちだ。その言語表現で心を鍛錬して来られたことが、和歌の基本であるとする私の考えから、身体の修行以上の言語による心の修行が和歌であるとする考え方、そして國民が心を一つにして國家というように、國自体が家族となる（神武建國の詔）和の國の実現維持に、心を一つにして和をもって貴しとする（聖徳太子十七条憲法）。そんな和の実現の美しさを、國民にも求めて語りかけられた。言語表現で「和」の心を澄ませることで、政事（即ち、心を一つにすること）を目指された。そのことをすすめるために、古今集をはじめとする勅撰和歌集が編纂されてきたし、和歌を司る直轄の部署が朝廷にあったとのことである。

私の考えでは、和歌は古神道という固有の日本文明に根ざしている。さればこそ現存最古の『万葉集』には、詠人知らずや防人の歌が多く収録されている。即ち和歌が既に民衆の日常のなかにあったことであり、しかも万葉仮名という漢字で和語を表現する、高い知性をもって社会を支えていたことを示すものであろう。それがまた、言語による美の表現の形式に叶ったものだったから、ではないだろうかと思う。今でも皇室行事として歌会始めの制度があり、令和四年（二〇二二）のお題は「窓」で、投稿できるが、細々とである。街中をコンクリートの建物にして、風景も無機質で作歌もおとろえるなら、國民の心が無機質化するかと案じられます。言葉の美しさの追求が行為の美しさになってきたのが、柿本人麻呂のいう「言あげせぬ国で言霊の幸はう国」でもあったろう。加瀬英明先生は、漢語は実用語であっても、恋の言葉は和語でないと心が伝わらない、と申される。日本人の行為準則は正しいか否かでなく、美しいか否かであるとする者があるのも、言葉の美しさで行いを表現する、そんな原点からであろうかと思ったりする。

四方の海　みなはらからと思う世に　など波風の立ち騒ぐらん　（明治天皇御製）
波立たぬ世を願ひつつ新しき年の始めを迎へ祝はむ　（上皇陛下御製）
海陸のいづへを知らず姿なきあまたのみ霊国護るらむ　（上皇后陛下御歌）
人みなは姿ちがへどひたごころ戦なき世をこひねがふなり　（今上陛下御製）

⑷「國の形」が國体

古典芸術の「お能」の形を崩したら「お能」ではなくなります。日本の國の形を崩したら日本でなくなる。

この國民の幸せを祈る「形」自体が國家構造のなかに組み込まれて、歴史を刻んできている。

大宝元年（七〇一）に「大宝律令」が施行されたとき、「律令」というその体制、体系に存しない神祇官を行政組織の上か並列に置いたことは、それ以前から「惟神の道」として天皇の権威が制度化されていたことが知られ、その伝統慣習が今日に引き継がれているのである。

この現在につながる歴史の軌跡をより豊かなものにして、次世代につなぐのが現代人の務めかと思う。


山高きが故に尊いのであり、財多きが故に尊いのであり、長命それ自体が尊いように、そしてエノキアン協会の誇るように、一族で事業を継続できているのが即ち、尊いのである。

現憲法第二条も「皇位は、世襲のものであつて、」と明確である。続けて、「国会の議決した皇室典範の定めるところにより、これを継承する。」とする。皇室典範第一条が歴史上の慣例に倣い、「皇位は、皇統に属する男系の男子が、これを継承する。」として、男系男子と定めている。

このことは男というものは天然自然の性として名誉と権力と権威のためには自制心を失うことを知って、この地位はどんな暴力も権謀術数も通じないことを知らしめているかの如くである。

のみならず、掌握されている権力の濃淡にかかわらず、日常に國民の幸せを祈り続け、折に触れ國民に交わり励まされることを伝統に従った義務とされる御存在であられること、さらに尊いのである。

これを賢しらに「何故」と言わないのが日本文明である。

小賢しく、浅知恵で弄ばないのが日本文明なのである。「昔からあるものはある」のである。

「不易流行」、時代と共に、環境の変化に応じて、身の丈に合わせた制度にする「流行」の必要と、変えてはならないものは変えてはならない「不易」なのである。

会津武士道の教えにも、「ならぬことはならぬものです」と議論させない「掟」はあるものである。天皇陛下の御存在は、それ自体尊いのである。

慶応大学教授峯村光郎先生が、中央大学の教壇から飽かず語り掛けられた。「形式は内容を規制する重要な要素である」と。

天皇が國家秩序の守護者として、その象徴として存在する、その形式それ自体が和をもって尊しとする國民統合の内容、生活の仕方、國民の幸を規定するのである。

修習時代、前橋の喫茶店に額に入った詩があった。

　自分を失わず、いつも驚いていたい。
　心を尊重すると共に、形を軽蔑するべからず。
　花を愛すると共に人間を愛したい

実にそうなのである。形を軽蔑してはなりません。

原始の昔から我がご先祖様が守り続けてこられたことの意味を今現在の我々の貧弱な頭脳、貧困な時代に拘束された思考で判断してはならない。

何故かは知らねども、我が先人達が神話の時代から二七〇〇年記録された歴史で一三〇〇年残したものをそっと受け継ぎ、後の世の人々の判断に委ねよう。分からんことは分からんのである。謙虚なのが我が文明である。我々の思考を、理解を超える、今は見えない感じられない真実が存するはずである。分からないことには手を触れないのだ。俗言もある。「触らぬ神に祟りなし」である。

⑸法律上の表現

大日本帝國憲法第一条は、「大日本帝国ハ万世一系ノ天皇之ヲ統治ス」、第三条は「天皇ハ神聖ニシテ侵スヘカラス」と形式面から規定し、日本國憲法第一条は、「天皇は、日本国の象徴であり日本国民統合の象徴であつて、この地位は、主権の存する日本国民の総意に基く。」と実質面から規定する。

憲法という國法秩序、國法体系基本法の第一条は、天皇から始まる。旧憲法の第一条、第三条、そして新憲法の第一条が明確にしているのは、表現は異なっていても意味するところは、天皇、それは我が國の「秩序の象徴」であり、手続上の制約はあっても、第六条で内閣総理大臣と最高裁判所の長たる裁判官の任命権を持ち、第七条で國法の公布権、國会の召集、解散、総選挙の施行の公示など多様な國事行為を行う権限を有する、ということである。

天皇は日本國という國の、日本國民が心を一つにして我が國の生活を共にしている象徴なのである。「名にし負はばいざ言問はむ都鳥」である。天皇というからには、天の皇帝である「皇」は統治の実務実権者たる王を束ねるのであり、皇は秩序の象徴であって、実務は王が

明治記念館　©江戸村のとくぞう
明治初期に建てられた赤坂仮御所の別殿。ここにおいて大日本帝國憲法の御前会議が行われた

行う。その皇が単なる皇でなく、天の皇である、ということは非理法権天《ひりほうけんてん》の法諺《ほうげん》があるように、我が國における天の意味するところは、ヨーロッパの全知全能の「神」から宗教性を取り去り、抽象化された「何事のおわしますかは知らねども」かたじけない存在であり、俗性を離れた無私のまさに天の理の意味を持つ。その名に違わない実体を備えている。それが「天皇」なのである。

したがって、我が國でもっとも大切にしている日本文明の核になるものは、天皇を象徴とする「秩序維持という生活規範」なのである。

このことは、「祭ろう」「心を合せる」「心を一つにする」という言葉にあらわされるように、秩序は心を一つにしてこそ守られることだから、「心を一つにする」そのことが秩序の原点である。我が國における「神」は天地創造をされた方ではなく、当然我々に幸せをもたらしているものすべからく、「神」なのである。

そんな意味では、天皇は秩序維持の象徴であって、キリスト教的意味の絶対神ではなく、多神教たる日本的意味における「神」なのである。

我が國には八百万、千万の神々がおわされるのである。天地が開けるとき現れ、お隠れになった三神を造化の三神ともいうが、天地という誰かが造ったこの世界から、お隠れになったのだから、民を豊かに生かすこの天然世界が創造された後の「神々」であって、この三神が天地の造化にかかわられたはずはない。

いずれの社会であれ、社会である以上、社会には必ず秩序が存する。その秩序を象徴するのが天皇なのである。天皇は「秩序の擬制としての天皇」であって、神武建國の詔と三種の神器や三大神勅に示される天皇家家訓が、日本文明が、実現されることによる天壌無窮なのである。

それが価値相対主義の日本文明における天壌無窮の意味するところと思われる。

我が先人たちは、人間は生きるのにすがりつける絶対を求めるものであるが、すがりつける絶対のもの、そんなものはありはしない。あるとすれば、社会に必要な「秩序」だけである。

そこでその秩序の象徴を「見える化」して天皇とし、その役割を定めて構成員全ての幸せの実現としたのであろう。その秩序に具体的に「心を一つにする」という「和」という内容を盛り込む、それを最高の価値とする文化が日本文明なのである。

(6)和の尊さの意味＝和は守り得てこそ和である

天皇を象徴とする秩序重視の日本文明のその秩序の内容は、「和を以って尊しとする」文明である。和が生存の価値であり、かつ生存にとってもっとも有効合理的であるとする行為規範である。この大自然のなか、照葉樹林に覆われた我が國の自然を加工して食糧を自給しはじめたときに、すなわち、農業を営むように人がなったときに、相協力しなければ農業生産ができず、生産の向上もかなわないこと、そして成果物たる農産品のその保存にも協力の必要なこと、自然の脅威やほかの動物からの侵害に対応するには我らがご先祖様は「集団の団結」の和の大切なことを理解して、大切な秩序の中身は和でなければならないとしたものであると思われる。

和の尊さには、人々が生きていることに互いに充実と喜びを共有する意味をここの自然環境で生き抜かんとする先人の知恵があったのであろう。

和における情緒性・哲学性と経済合理性は、争を事とする我が辯護士稼業における日々の実感でもある。仲間と共に生きる秩序が破壊されるとき、闘うべきときには闘わなければならない。それでこそ秩序の象徴たる天皇である。

闘うことは生きる証であり、男の義務でもある。

ただ、争いのマイナスエネルギーがプラスに転化されるなら、どれだけ多くの幸福感と経済的利益が得られるかともったいなく思うことも多い。争わなくて済むことは争わないことである。

(7)男系男子の皇統が現在に至る

今上天皇陛下は、上皇陛下の平成三一年四月三〇日のご退位を受けて、令和元年五月一日に剣璽等承継の儀が行われ即位された。天皇皇后両陛下の即位後、朝見の儀が行われ、一一月一六日に大嘗祭が行われた。

我が國の皇位継承の儀式は、

①践祚《せんそ》＝三種神器を受け継ぐ

②即位礼＝天皇の位についたことを対内・対外的宣布儀式

③大嘗祭＝天皇霊の霊継ぎと稲穂を召し上がることによる穂継ぎ

という三儀式一体になっている。

とくに大嘗祭は太古以来の伝統のまま、高御座《たかみくら》に登られた天皇が、さらに真の瑞穂國の國魂を体現された方として、霊的な資格を得られるための儀式と

即位の礼
今上天皇陛下が高御座から即位を内外に宣言

のことである。

そしてこの日本文明がどのように今日に引き継がれて日本文明として我々が何故に大切にするのかというと、この和を内容とする秩序感覚は、それが最も人々を幸せにし、合理的で効率的、そして危機管理上最も有効だったからであろう。

神武天皇の詔にも宮居を設けるについて、「民《たみ》に利《かが》有《あ》らば、何ぞの聖《ひじり》の造《わざ》に妨《たが》はむ」とあり、宮居即ち政府は國民の利益のために作るとはっきり宣言している。

即位の礼　パレード「祝賀御列の儀」
皇居前広場を通過する今上天皇皇后両陛下の車列

即位の礼　祝宴「饗宴の儀」
宮殿・豊明殿で行われた饗宴の儀

天皇が大切にしているその庶民いわば大切にされる國家的な庶民がずっと守り育ててきたものが日本の文化であり、日本文明であり、日本的秩序であろう。

(8)民衆が支持する日本文明

『万葉集』の防人の歌、詠人知らずの時代から、そして明治の屯田兵そして大東亜戦争での特攻、南海の戦に、あるいは飢えて骸となった兵士達にいたるまで、この日本文明を守り通してきたのは秩序の内容を決定し得る「権力」とは無縁の庶民であった。当然、この庶民を支え励ました心ある指導者の方々があってのことではあろうが。

ただ、権力を持った、あるいは天皇の権力の補佐役の諸君は、古くは争いに明け暮れた蘇我・物部の争いや、藤原一族の専横、貴族・公家の天皇軽視、源平を始めとする武士間、北条・足利、そして戦國を経て徳川の世と武家の権力の擅断の後、明治以後の政治指導者や官僚のなかに日本文明を体得し理解しない、これに悖る諸君があった。

にもかかわらず、この秩序を守ってきたのは建國の詔にある「民に利あらば」のこの國家秩序で守られてきた「民」であった。特に今次、大東亜戦争は、その開戦の責は米國の日本封じ込めの思惑による、そして米國政府内の共産主義者が革命の成就の工作を行うコミンテルンの策謀によるとのこと。

ただ、林千勝『近衛文麿　野望と挫折』（ワック、二〇一七年）によると、國内にもゾルゲ、朝日新聞グループの尾崎秀実事件で明確であるが、近衛と近衛内閣が、この日本文明の破壊と権力占奪を目的として、開戦、そして敗戦へ誘導した側面もあるとのこと、戦士のみならず、家を焼かれ、黒焦げの骸をさらす幾百万の國民は、その犠牲を受忍して、開國以来初の異民族支配の屈辱と文明破壊の策に傷ついてきたが、これに耐えながら、この日本文明、この秩序体系を守り通して来たのである。

我々國民・民衆は、素直に國の自存自衛、そしてアジアの人々を西欧諸國による奴隷的桎梏から解放する大義に命を捧げた。庶民・民衆が支えてきたのがこの日本文明である。それが日本文明の一つの大きな特色ではないか、と思う。

ただ、今日本の指導層の否定的側面を語ったが、中國からの輸入、移入の儒教をはじめとする四書五経とい

知覧特攻平和会館（特攻の母）
（写真協力　公益社団法人　鹿児島県観光連盟）

開聞岳
特攻に飛び立った若者たちはこの山を最後に見て大空に散っていった
（写真協力　公益社団法人　鹿児島県観光連盟）

われる精神文化、そして継受した仏教、さらにその後の西欧に倣う近代化、アメリカかぶれにしても、精神文化も科学技術もすべからく指導層による導入である。

それが、民衆の生活を物質的にも精神的にもより豊かにしてきたことは事実であろう。

しかし、最終的に受容されるかどうかは民衆の生活をより豊かにし、民衆に密着し得る納得性をもつかどうかである。今日の西欧文明、アメリカ文明の習合と同じく、昔の民間習俗も七夕など中國由来が多いが、それとて天文学という新たな地平と共に、民衆に受け入れられる生活上の有用性があってのことで、儒教というも四書（大学・中庸・論語・孟子）、五経（易経・詩経・書経・春秋・礼記）という中國文化は、江戸時代では幕府のみならず民間の教養であった。

したがって、社会の隅々まで行き渡っていたはずであるが、それとて庶民が、民衆が日常の生活において納得する形でその限度での普及であって、指導者の勧める四書五経があってこれが行為規範であったのでなく、これらのうち、惟神の民衆の生活に説得的有効なもののみを取り入れ、習合させている。

日本文明の特色に、埋み火のように、伏流水のように、通奏低音となって、民衆に、社会の生活の基層をなしてきていることは建國の詔にいわれる――即ち市井の生活に受け入れられることである。

第5章　今我らの為すべきことは創國の理念に立返り現代に生かすこと

唯物史観、太平洋戦争史観、戦後民主主義派の政界、官界、財界、学界、教育界、労働界そして何よりも、今や第一の権力ともいうべき新聞、テレビ、出版が情報中枢を抑えている我が國の現況に、天皇を尊崇し保守を名乗り、大東亜戦争史観、皇國史観に立つという者が、窒息死しそうに息苦しいはずである。日本文明につき勉強不足の俄保守の私でさえそうである。

敗戦という、他民族支配という皇國の歴史にあり得べからざる状況の下においてまた、明治の輝きを守り通し得なかった反省の下、苦しい現況にも文明の土壌は失われていないのであるから、日本的美意識を大切にもつ方々と自分の立ち位置で、日本文明の回復、復権の志の目で観察し、働きかけようとするとき、自ら湧くのが祖國への憧れであり愛である。

林千勝先生の『近衛文麿』のご著書にあるように、我が國の中枢に亡國の諸君がいるなど、切ないことだらけではあるが、世界史、人類史のなかではなお輝いているはずの日本文明、という確信に至っている。

第1節　佐藤功先生の最終講義

（1）大学一年生での法律科目は、市川秀雄先生の法学と佐藤功先生の憲法であった。手がかりのない「法学」

にくらべると、「憲法」は手がかりの法文はあるし、講義は分かりやすく説得的で、そして宮澤俊義先生の鞄もちを自認しておられ、憲法制定のいきさつにも詳しく、はじめてきく法学部らしい科目の憲法でもあり、佐藤功先生は政治のなかの立体的法文の位置づけで、歯切れよく条文を解説されたので、憲法が分かった気になった。

佐藤先生のご講義に感動したことは事実だが、具体的な解釈論の内容になると、どうもよく思い出せない。ただ、法律的なことでなく、雑談的に語られた時代背景の話なら思い出せる。ポツダム宣言を受諾するかどうかの御前会議の出席者全員の名前をあげられ、天皇陛下の御前で受諾意見と抗戦意見があり、大勢は受諾意見であった。陸軍は徹底抗戦の主張であったが、昭和天皇の裁下は受諾であって、御前会議の決定として受諾で納まり、今まさに会議を閉じようとする瞬間に、抗戦を主張する阿南惟幾陸軍大臣が膝行し御前に進み出で、「陛下御再考を」とお願いしたが叶えられなかった。阿南は「一死大罪を謝し奉る」と遺書を認めて自決した、と臨場されていたかの如く語りかけられた。

史実では、遺書には

一死以て大罪を謝し奉る

昭和二十年八月十四日夜

陸軍大臣阿南惟幾

神州不滅を確信しつつ

とあり、

辞世の歌

大君の深き恵に浴し身は　言ひ遺すへき片言もなし

昭和二十年八月十四日夜

陸軍大将惟幾

とあったとのことである。

佐藤先生に惚れ込んで、後には先生の論文集にまで手を伸ばして勉強した。論文はそれなりに理解をしたつもりではあるが、今現在記憶に残る感動をもつほどの知的腕力はなかったが。

授業内容が感動的であったればこそである。

しかし、何といっても感動したのは最終講義であった。

君たちは一年間憲法を学んできて、憲法がどんなものかということを理解している。ミーちゃん、ハーちゃんが「憲法がよう！」という話とは次元がちがう。

ところでコップのなかに一ぱい水を入れて、これにインク一滴たらす。そうすると水のなかにインクが入った様子がよく分かる。しかし、時間がたつとインクが水に混じり合って、水でもインクでもない厭な色になる。そんな様子が、今、憲法に生じようとしている。憲法に憲法ならざるものがまじってきている。このままその異物を放置すれば、この憲法が失われて、憲法でもなく異物でもない訳の分からない厭なものになってしまう。皆さんは、この憲法という水を水として保つ努力をして下さい、と結ばれた。

感動したことを照れ隠しに、「彼は役者だなァ」などと言う友人がいたりした。何しろ戦後民主主義で育ってきて、はじめて法学部らしい分かりやすい授業の結びだったので、感動も一入であった。

そうだ、この憲法を大切にするのが、憲法を学んだものの義務だと。

（2）同性婚を認めないことは憲法違反とする東京高裁の判決が出された（令和六年十月三十日）。佐藤先生の申される如く憲法ならぬ日本文明というコップの中にリベラルという名の異物のインクが滴らされたのである。それも誇り高い法の権威東京高裁判例でということは、そこまで異物が民衆の間に拡散し、司法を動かすに至ったことでもあろうか。

世の生活の仕方が変わったものは元に戻せないといったのは、山本夏彦であったか。社会的インフラたる警察も検察も民事刑事他の裁判も、今や社会生活上の静脈ともいうべき秩序維持の機能が「訳の解らない厭なもの」になってしまった如くである。

第2節　自己と非自己を分けるもの＝免疫

（1）ところで最近、『免疫の意味論』（多田富雄、青土社、一九九三年）というご本を知った。自己とは何か、非自己から自己を区別して、固体のアイデンティティを決定するのが免疫とのこと。ニワトリとウズラの受精卵の神経管の一部を入れかえると、孵化した白いニワトリには黒いウズラの羽根が生えてくる。また、ウズラの脳をニワトリに移植すると、ニワトリの器官でニワトリの音質や重さの声で、ウズラの鳴き方をする。このように、異なった種の動物細胞が一つの個体内に共存する状態を、「キメラ」というのだそうだ。ただ、このキメラ動物、生後十数日で死ぬ。ニワトリの免疫系によってウズラの脳が拒絶され、ニワトリ由来の免疫細胞が脳神経細胞を殺し、脱落させ、眠りがちとなり、やがて麻痺を起して死ぬとのことである（同書一二～一八頁）。ギリシャ神話に出てくる体がライオン、胴体から山羊の頭が生えて、蛇の尾をもつ怪物キメラからの命名とのこと。

免疫は、あらゆる自己でないものから自己を区別し、個体のアイデンティティを決定する。ところがもう一歩踏み込んで、免疫学的「自己」とは何かと問いつめてみると、明快な答えは出てこない。分子論的解明が進めば進むほど、「自己」と「非自己」の境界は曖昧になってくる。しかし、このファジーな自己は、それでも一応連続した行動様式を維持し、非自己との間で入りくんだ相互関係を保っている。その成り立ち、行為、崩壊の様相を探ってゆくことは、同じくファジーな個体の生命を理解する手がかりになると思われる（同書はしがき）とある。

ならば「日本國という個体のアイデンティティ」を決定する免疫とは何か。科学技術の発達は、その技術を世界が共有し、日本と非日本との境界線は曖昧になってくる。しかし、日本という自己は、連続した行動様式を維持し、非自己たる他國と入りくんだ相互関係を保っている。

このなかで、日本國という個体の生命を理解し、その生存を維持、発展せしめるための必要な免疫とは何か。それは、いかに保持され機能されるのかが問われている。他國の科学技術や文化文明によって、我が國がキメラ動物となって、免疫不全に陥って死滅することがあってはならない。

（2）（1）で説いたように異物たる准自己を受容し、自己を守る免疫たる秩序予算、秩序人材を涸渇させ、社会静脈を閉鎖させることによって、免疫機能が機能不全に陥り死滅する日も遠くないと思わざるを得ない。

春秋に富む青少年が「特攻」として日本文明に命を捧げた。余命いくばくもない「八十八歳」。おしむほどの命ではない。が、志村喬演ずる映画『生きる』の感動を思い起こしている。「命短し恋せよ乙女」とブランコで歌う最終場面を。

第3節　日本文明の醇化醸成

佐藤功先生の申される「憲法」を「日本文明」と読みかえて、日本文明は既に濁った、厭な色になっている。これが死に至らないために、町の片隅で我が國の成り立ちに従った法律の運用により、日本文明の醇化醸成に心掛けたい。

インクをたらした水は、元の澄んだ水に戻ることはない。外来文化がいったん入ったならば、澄んだ元の水「純水」にはならない。臓器移植で命ながらえることを知ってしまった。いまさら移植の禁じようもない。敗戦による破壊と科学技術の発達受容で「キメラ化」した日本は、座して死を待つか、工夫を重ねて生きのびるか。

生きのびようとすれば、『國体の本義』が結論としていう「我等の使命」に従うのみであろう。國体の本義は、結語の文を「我等の使命」として結ぶ。それは必ず西洋の思想・文化の醇化を契機としてなさるべきであって、これなくしては國体の明徴は現実と遊離する抽象的なものとなり易いという。しかしＬＧＢＴ法や同性婚を肯定する東京高裁の判例など、キメラ化した日本文明は免疫不全に陥ること必至である。

我等の使命

今や我が国民の使命は、国体を基として西洋文化を摂取醇化し、以て新しき日本文化を創造し、進んで世界文化の進展に貢献するにある。我が国は夙に支那・印度の文化を輸入し、而もよく独自な創造と発展とをなし遂げた。これ正に我が国体の深遠宏大の致すところであって、これを承け継ぐ国民の歴史的使命はまことに重大である。現下国体明徴の声は極めて高いのであるが、それは必ず西洋の思想・文化の醇化を契機としてなさるべきであって、これなくしては国体の明徴は現実と遊離する抽象的なものとなり易い。即ち西洋思想の摂取醇化と国体の明徴とは相離るべからざる関係にある。

世界文化に対する過去の日本人の態度は、自主的にして而も包容的であった。我等が世界に貢献することは、ただ日本人たるの道を弥々発揮することによってのみなされる。国民は、国家の大本としての不易な国体と、古今に一貫し中外に施して悖らざる皇国の道とによって、維れ新たなる日本を益々生成発展せしめ、以て弥々天壌無窮の皇運を扶翼し奉らねばならぬ。

これ、我等国民の使命である。

国体の本義　昭和十二年三月三十日　文部省 思想局

ただ、『國体の本義』は昭和一二年（一九三七）の発表で、その語りかけるところは当時、我が國が敗戦の経験もなく、それなりの自信をもっていた時期のことであって、西洋文明を「醇化」しようというゆとりがあった。

しかし、今、占領によって米國を中心とする、いわゆる連合國によって、我が國体、日本文明は徹底的な破壊が行われてきた。我が國が醇風美俗と誇ったこと、例えば個は孤立してあるのではなく、祖先から受継ぐ親、子、孫と続くもので、横の時間軸と共に縦の時間軸として存在するとすることは、一八歳をもって家族の解散式を行えという主張さえ招き、醜悪なものとされる価値観にさらされていて、本来の日本文明のもつ抱擁力をもって、醇化を試みんか、今や連合國史観による免疫が本来存する日本文明を攻撃することとなって、キメラ動物日本國が免疫不全を引きおこして死に至る怖れがある。それのみではない。連合國史観、東京裁判史観の世界的潮流は、現在もなお、國の内外で日本文明への侵食、増幅が続いている。

不易流行。とるべきもの、採らざるものを区分すれば済む時代がすぎ、ＬＧＢＴ法の普遍化など例外の例外としての承認をこえて、例外の一般化という恐ろしさとの戦いが求められている。

我々は昭和一八年（一九四三）敗色の色濃い頃、文部省の出した『國史概説』と昭和一二年の『國体の本義』に立返り、その原点「皇國史観」に立脚して、今次大戦は「大東亜戦争」と位置づけ、日本文明の破壊された部分の修復と占領の屈辱から学ぶ、従前にもまして、より高次の日本文明「醇化」を目指し、現実の現在の日本のさらなる研磨醇化の努力が求められている。

戦に敗れ疲弊しきっても、なお生きてきた草の根日本文明を守り抜いてきたのは、日々の生活を大切にしている庶民の支持である。日本文明は、その意味で草の根文明である。草の根皇國史観に立返り、我が國の日本文明の原点、惟神の道に戻ろう。

その時代の風による極論部分はさておき、日本文明は、この國土、風土と言語、生活様式にしたがって生活することに、帰属意識をもって民衆が支えてきた。そして占領政策で、我々が喜びとしてきたものが嫌悪化され、価値基準行動準則が否定されてきた。私がそうであったように、否定され希釈化されたとはいえ、置き火、埋み火と残る皇國史観の基本に立返ることである。

ただ、各論となる具体的な意思決定、方向見定め、政策決定で、日本文明の日本文明たる「自己肯定の免疫」を見定める困難は、有史以来の求められる困難な判断は、常に惟神の道の原点に立ち戻ることである。

私は今、占領憲法である日本國憲法を国際法、自然法にさえ反する部分があり合理的に解釈運用されるべきとの確信をもち全肯定していない。公布の上諭には「日本国民の総意に基いて」公布とある。現在の法秩序の基本は此処にあるのでその下の弁護士法に忠実に、日本文明の視点に立って業務を行ってきた。

なお、前述した『國史概説』は昭和一八年三月三一日に当時の文部省（現在の文部科学省）によって編纂、発行されているが、平成二八年（二〇一六）に呉ＰＡＳＳ出版より、呉ＰＡＳＳ復刻選書18『国史概説』上が復刻版として発行された。その「まえがき」には以下のように書かれている（下巻は、平成二九年〈二〇一七〉復刻版発行）。

まえがき

「国史概説」は、大東亜戦争最中の昭和十八年、文部省の編纂により公刊された。現在の国家公務員第Ⅰ種試験に当る、高等文官試験の選択科目に、「国史」が採用されたことから、その教科書として文部省教学局が編纂したものである。穂積重遠、和辻哲郎、田辺元、平泉澄など、錚々たるメンバーが編纂部に名を連ねた、所謂「皇国史観」に基づく歴史概説書である。

私も皇國史観を僭称しているが、由緒正しき皇國史観というよりも、我流、俗流の草の根皇國史観である。謡曲に「鉢木」というのがある。鎌倉時代のある大雪の日の夕暮れに、佐野源左衛門尉常世の家に旅の僧があらわれ、宿泊を乞う。常世はいったんは断るが、雪道に悩むこの僧を招き入れ、なけなしの粟飯を出し、落ちぶれた身の上を語る。囲炉裏の薪もなくなっていたが、三鉢のみごとな盆栽を出してきて、いったん鎌倉に召集があれば駆けつけるために鎧となぎなたと馬は残してあるが、盆栽は無用とのことで、これを薪にして暖をとった。

その後、春となり鎌倉から常世に召集がかかり、古い鎧と錆びた刀で身をかため、痩せた馬に乗って駆けつけるが、何故か執権北条時頼に呼び出され、時頼から「雪の夜の旅僧は自分である。このたび言葉に偽りなく馳せ参じたことを嬉しく思う」といわれ、失った領地を返してもらった上に、燃やした鉢の木「松・梅・桜」にちなむ、上野國松井田庄、加賀國梅田庄、越中國桜井庄の領地を与えられた、とのことである。

封建制度は他國にもみられる制度であるが、日本における御恩と奉公は人間関係の象徴としての制度であり、戦《いくさ》における武の大切さとともに、文という人間の心の大切さが「文武両道」という言葉にも表れている。これも日本文明の醇化醸成のなかの一つといえよう。

第4節　國立の小中学校高校は國定教科書にせよ

（1）國史概説に従った國史の試験を國家公務員上級、中級、初級（現在は、総合職、一般職）に、そして地方公務員には、これに加えて地方史、郷土史の試験を課すべきである。

（2）さらに多様な価値観をもつ國民を育成しようとする、現在の検定による教科書制度に一理はある。しかし、少なくとも國民國家の現在のことを、國立の小中高では、國定教科書で教えるべきである。

（3）現在の國としてはこんな國である、との理解であると教育して、多様な見方の一つとしてそのときの國家の見方を呈示することは、大切なことである。蓋し、選挙によって國民が選んだ國家のその時代の考察として、大切だからである。

第5節　日本文明の國際的、國内的広報の徹底

（1）今、日本は一神教的価値絶対主義、即ち異教徒の存在を認めない、あるいは、宗教的確信をもつ中國共産党という、利益共同体社会の中國の武力戦力、孫子の兵法による交渉力と広報力下の支配にあり、その影響は我が國の隅々にまで行き渡っているかの感がある。武力による直接侵略の脅しの下、政治的、経済的、社会的、社会心理的に社会の各層に、我が國の価値相対主義的柔軟な思考を侵す間接侵略が進行しているかの如くである。

（2）また、地球上も、グローバリズムという価値絶対主義とその派生思考をもって覆い尽くされていて、我が國のもつ価値相対主義の懐《ふところ》の深さ、広さを理解しようという風潮が感じられない。

（3）ここで、人間が自然の一部であって、そのなかで束の間の生を許されている小さな存在にすぎない、という謙虚な考えを、日本文明を発信し、世界中にその存在を認めさせる、社会心理学的、科学的方法を開発し、その普及の費用支出をおしまないことによって、文化様式、生活様式としての残すに足りる日本文明を、我が國のみならず世界中の方々の子々孫々に伝えてゆこうではないか。

（4）日本文明それ自体、温和で人類史の理解を超えた歴史を重ねてきているため、世界に日本文明を理解させるために、想像を絶する知性による社会心理を含む日本國内のみならず、地球規模の説得技術の習得と、価値相対主義の日本文明理解を求め、説得のためのこれまた想像を絶する活動とそれを支える広報予算が求められている。

第6節　未来に生かす建國の理念

(1)アメの下を覆いて家となす、よろしからずや

國中が家族のような、お互いに愛しみ合い睦み合い扶け合う、そんな國を創ろうというのが神武建國の詔である。この建國の精神を現代社会にどう生かすか。人類の歴史は、弱肉強食の歴史である。人種の興亡はあっても、その基本に変化はありません。形を変えて今も行われています。誇り高く建國の理念で我が身を護り、近隣諸國との共存を図ろうとして、天皇を頂く共同社会日本の優れていることを発信しつづけて、邪な世界とそれに通ずる國内の反日者に完膚なきまでに叩き潰されたのが大東亜戦争でした。

天皇がいつくしむ民《おおみたから》は空襲で焼き殺され、原爆で炭化され、南洋の島々に餓死し、あるいは戦闘に骸をさらし、輸送船ごと爆死、溺死の憂き目をみたのである。それでもなお、民は天皇を頂く我が國建國の理念に信をおき、再び世界に向かって、人類に向かってあるべき人類の姿を、國の姿を提案しようとしています。そして、その提案を世界に、人類に受け容れられないときには、悲惨な原始時代の弱肉強食の世界に人類が戻る怖れが大きいからである。

先を急ぎます。この狭い島國ながら現在の一億五千万人の人口の維持は、日本文明の維持と発信に必須である。日本という國は、二七〇〇年國自体を共同社会とする――いわば弱肉強食でない愛しみ合う國、愛しみ合う社会とする理想で運営してきて、個別具体的に幾多の失敗を重ねてきたとはいえ、基本的には人類史のなかで最も優れた社会を構築し営んできている。誰か日本なんかダメだよモデルは〇國だよ、という者があればばきく。しかし、つたない私の世界史の知識では、未開の生活評価を別にして、文明化された國で大東亜戦争に至

る歴史において、我が國よりも民が幸せであった國を知らない。我が國の建國の理念を構築したシステムが、最大多数の最大幸福という観点で、國民のため、國民の幸せのために史上最も優れていたはずである。

一神教イスラムの狭量を思え。共産主義を標榜して漢民族の世界支配を目指す中國を思え。アメリカ始発の疑われる秩序の破壊、人々の和を妨げるためのリベラルという世を覆う社会の基底の混乱を思え。

和をもって尊しとする、我が建國の日本文明を超える経営理念をもつ社会を、國家を知らない。人類の生産性が向上して、やがて人類すべからく我が日本モデルの和をもって尊しとなし得るはずである。我が國の経営理念が人類の理想に近い理由は、我が國が狭い國土でアジアモンスーン気候帯で、温暖な気候に豊かな自然のなかで、山の幸、海の幸に恵まれて相争うことなく、お互いが生存し得たという風土的要因が大きかったはずである。隴を得て蜀を望む人間の欲に限りないといえども、戦後我が國の國民性で分かるとおり、暖衣飽食すると働く気力も争う心も生じない。我が國は開闢以来、そんな地域性に恵まれた國だったのである。

厳しさを増す砂漠の民イスラムや共産主義汚染の凍土の國、中國の価値絶対主義革命は、銃口からの物理的、文化的、経済的、そして人的侵攻に、我が國が堪え得るとも思えない。

今我々が直ちに行うべきは、國家総力戦としての日本文明、即ち多神教の惟神の道、価値相対主義の防衛である。そのためには、現在の人口が大和民族としてどうしても必要である。天皇家にさえ韓國の血が入っているとのことであるが、儒教、仏教と同じように韓國文化も、日本文明に同化して現在に至っている。人類のあり方のモデルたり得る、天皇家家訓としての多神教価値相対主義の日本文明を護り抜いて、人類に世界に提案してゆこう。

このたび、東京オリンピックで金メダルの数が中國、米國に次いで三位だったとのこと、単なるメダル獲得競争としての観察であってはならない。人間のもつ能力、体力、運動能力、そしてそれを支える精神力という総合力の國民的開発競争であろう。その開発の成果を世界に還元する、そのための基礎人口も必要なことである。コロナウイルスという本来知られてはいてもあまり害が少ないので、我が國で研究対象とさえされていなかったこのウイルスが猛威をふるう、そんなミクロの防御研究も怠ってはならなかったのだ。どんな害のウイルスに変換しうるのか、その防疫にはどんな手があり得たのかと。

人類は歴史上、弱肉強食を重ねてきたのだが、ダイナマイトの開発から原子爆弾の開発へと物質の組成の基礎が、さらに素粒子などの人類への有益性とも害毒性ともなり得る、ミクロの極限に迫る研究がすすんでいるはずだ。強食の側がその研究をすすめ、弱肉を求めて望蜀の欲望をそれこそ極限まで伸ばすことも想定せざるを得ない現状がある。それに対抗し得る研究開発の人材確保も、求められる人口の基礎の必要な所以である。

小学唱歌に「人知は果てなし無窮の彼方……いざ棹させよや究理の舟に」というのがある。星の世界への憧れを唱え、子供達を励ましていた。

圧倒的科学技術、生産力、物理力と社会科学的先進性を誇る弱肉強食の世界を、明治維新で乗切って弱肉をしのいだ今、科学技術の発達で強食の欲望にさらされている。我が國は國内の秩序維持を越えて、國際的調整力とその技術も求められている。そこに提供する人材も要る。ブラックバスで我が國在来のフナやナマズが絶滅しそうとのこと、川原はセイタカアワダチソウの群生に追われて、「枯れすすき」は「風前の灯」である。我が家のベランダに外来動物のハクビシンがいたが、近頃家の中でゴソゴソする音がネズミのように小さくない。ネズミのフンはまだ辛抱できたが、ハクビシンの糞尿で家が傷み、人に健康被害が出ているときく。温和な我が國の風土に、生態系まで外来動物、植物で侵害され、我が國でなくなりそうだ。そして、動物、植物の次にやってくる和をもって尊しとしない異民によって、和をもって尊しとする大和民族までこの國土から放逐されることのないよう、未来國家の像を神武建國の理念にしたがって安倍が現状に適用しようと努力したように、それ以上に新たな科学技術と國際情勢に適応する國家にしよう。

今年の年賀状の返事に、國語問題研究会の加藤忠郎先生から、伊勢雅臣著『この国の希望のかたち　新日本文明の可能性』（グッドブックス、二〇二一年）というご本に、人口過密、食料、資源エネルギーの輸入依存を考えれば、百年後の人口五〇〇〇万は自然な水準、少子高齢化、人口減少は恐れるに足らず、生産性の向上や医療の発達で充分やってゆける、との考えを紹介された。しかし、私の採らないところである。隣に弱肉強食を國是とする中國がある。文武両道で対立し、ハリネズミ國家日本でなければウイグル、チベットの二の舞である。我が國に手を出して得られる利益よりも、手出しすればただでは済まないぞという覇気を示すには、現在の規模の國家は必須である。

人口の減少は文明の衰退でもあり、國力の弱体化でもある。私の採らないところだ。そんな日本を他國が放置しますか。今でさえ、集団的安全保障という他國との連帯による自國防衛が、國際法上認められています。このことは、國際社会が弱肉強食の世界であることが常識なのである。強食ということは、他國を犯す実力をもっている強國がやるのである。一國でこれに対抗できないので、他國との連帯という相互協力によって、自國の主権という國内秩序を保つことができるのである。今、我が國を犯す怖れの最も大きい中國に対応するため、アメリカと安全保障条約を結んでいますが、ただでさえアメリカに片務的だとお叱りを受けているところ、同盟を結ぶからには相互性は必須で、対抗軸としての軍事力、科学技術力、文化力をもって、我が國の独立を維持せんとすれば、現在、人口的基礎は必須かと思います。

建國の理念をどう生かして、未来の我が國にどう継ぐか。

建國の詔を現代社会にどう生かし、我が國の未来國家像を描く第二の神武天皇が求められている。共産主義が行き詰ったのは、一九世紀の社会を基にして構築した理論を、歴史や社会の変化に対応して現代にどう生かすべきか、という第二のマルクスが生まれなかったからだというのが、司法研修所同期同クラスで温かく指導してくれ、前田事務所に一緒に居候弁護士をやってくれ、一緒に独立してくれた生涯にわたる指導者にして、支援者の藤田一伯弁護士の考えであった。ついに第二のマルクスが出ることなく、実験國家ソ連邦は瓦解し、その鬼っ子中國共産党の主導する中華人民共和國が、我が國の災の種となっている。鉄のカーテンの向こう側で真実は窺い得ないが、武漢は帝國陸軍の中國防疫部の置かれたところで、戦史のどこにも出て来ないが、作戦に参加した指揮官から直接伺ったお話として、中山正暉先輩からお聞きしたのは、徐州作戦で赤痢菌をまかれて三〇〇〇人以上が死んだ（記憶による）ということで、それが対策のために陸軍防疫部が武漢にできたのだといっておられた。武漢ウイルスは防疫部を引継いだ中國共産党の仕業を疑ったりしている。

(2)アメリカと日本

人類史の詳細は学び得ていないが、アンデス文明がスペインに亡ぼされ、白人の横暴に属しない先住北米インディアンは、勇壮な西部劇の舞台であるいは秘かに、白人移住民に皆殺しにあっているか。ギリシャ、ローマの興亡、ユーラシア大陸を席捲するモンゴルの興亡、そして中國の王朝の興亡は知られるところではある。しかし、アフリカ大陸に至っては、地中海沿岸に文明の栄えたことは知られているが、その他については全くといって良いほど知られていない。子供の頃、アフリカの地図で、奴隷海岸、象牙海岸、黄金海岸という地名に、何やらおどろおどろしい気持をもった記憶のみである。民族の興亡がロマンをもって語られても、その実質は殺し合いであって、人類の歴史は聞くに堪えない、見るに堪えない歴史であったろう。

フィリピンのドゥテルテ大統領が、治療しない麻薬患者を裁判せずに殺すという蛮行をしたとの報道があり、アメリカが人権を守れとクレームをつけたことがあった。ドゥテルテは直ちに反撃した。貴國に人権の話はきかされたくないと。アメリカがフィリピン支配中にとんでもない虐殺行為があってのこと、とのこと。アメリカは元来移民國家であり、奴隷制度はともかくとして、一七七六年の建國後も移民を受け入れる移民國家として、豊富な地下資源と相俟って科学技術力を生み、最盛期の世界の富の半分は米國にありといわれるくらいの超大國の誉れを恣にした。アメリカは建國二五〇年足らずの若さ、三十年戦争の洗礼の後のフランス革命のときの最新思想、自由、平等に、独立の契機の関税自主権、主権の独立を加えた、いわば当時流行であり社会構成原理として、最先端の思想をもって建國したピルグリム・ファーザーズの建國と宗教國家という、二側面の人為的國家である。

アメリカという國は連邦制という二重國家制も実験的なら、多様性、移民をおおらかに受入れ、多人種國家性、分断する過激な性状、同性婚など、人間の動物性においても、思想信条においても実験國家で、中心となっていた白人人口が減少に転じて、何処へ行くのやらである。その人類の最先端性を戦々恐々と臆病風を吹かせて、単一民族の國家のぬるま湯から眺めていて、國家的に秩序が保てる革新がもて、國内的コンセンサスの得られるもののみを拝借するのが、我が國の流儀かと思う。

一方、我が日本は伝説、神話ともいわれる実証性の不確かな建國は二七〇〇年以前であり、文献上存在する『古事記』、『日本書紀』から一三〇〇年余、その文献から遡ってゆくと史実もあり、伝説もあるというはじまりさえ確かでない古い古い独立國家で、多少の渡来人ありといえども原則は大和民族という単一民族であって、二七〇〇年の神話に支えられた天皇家、家族経営で共同社会を目指す理念の治世で今日に至っている。典型的、対照的なこの二國家の他、多くの主権國家が地球上に存し、それぞれの國家理念や経営思想をもって存在し、その連合体が現在の國際社会である。

第三編　寸詰り、寸足らず　私の履歴書

第1章　照葉樹林（常緑広葉樹）に育まれて──愛郷、愛國、帰属意識の目覚め

（1）江戸時代名残の幼年期

昭和一六年（一九四一）一二月八日大東亜戦争開戦のラジオ放送を宮崎市新別府町で聴いた記憶は鮮明である。朝の音楽をやっていたと思う。音がプツンと切れた。この切れ方は、故障じゃないなと思った。ブーとブザーがなり、臨時ニュースを申し上げますというアナウンサーの声で、体操の真似事をしていた父が、「ホウヤッタカ」と微笑んだ。私が見た父の表情で、一番明るい笑顔だった。史実では軍艦マーチが鳴ったらしいが、その記憶はないし、ニュースのアナウンス内容を聴き分ける能力はまだなかった。ただ、地球儀上ではイギリス領を示すピンクが地球をおおい、日本の領土が小さく、南洋群島が委任統治地となっていて、何故日本領でないのか、残念に思ったこと（当時、漢字が読めたはずないのに、記憶鮮明なのが不思議である）、プリンス・オブウェールズの撃沈の絵本は記憶にある。

昭和一八年宮崎市立第七國民学校（現檍《あおき》小学校）に入学し、時代だったのか皆ファーストネームで呼び合っていた。大抵呼捨てで、義信（仁田脇）だったり正男（日高）だったりだが、尾崎三郎など何故かサブちゃんだった。「ふるさと」の歌を歌うたびに、新別府の豊かな水路で日がな一日、鮒とナマズ釣に明け暮れて、一《ひと》ツ葉《ば》の松林で野ウサギを追っかけたことが思い出される。冬枯れの用水路の小魚を求める「ウズラ」とりなど

も。

小二で奥の方江田部落に移り、三月の遠足の日が赤江飛行場の宮崎初空襲で、グラマンの機銃掃射を震えながら新別府街道から、松林越しにみていた。

さらにほどなく八紘台のある下北方町に移住し、宮崎高等農林のさわさわと鳴る桑畑実習林で、桑の実を食べるのに夢中で空襲警報の発令に気づかず、時限爆弾の落ちる地響きに生きた心地なく、家路を急いだこと、また、池間の間の小さな滝を昇る小エビの戦果を持ち帰る途中、グラマンで機銃掃射を受けたときのアメリカ兵の怖かったことなど、後に観た映画「禁じられた遊び」の冒頭部分、機銃掃射で両親を失う部分に、自分が体験した畑の砂煙をあげた機銃の経験がよみがえってきた。当時、飛行機から逃げるときは、目標になるもののないところに逃げるように指導された。しかし、心理は怖ろしい。畑の真中で生えていた木立ちの下に、逃げた。旋回してきたグラマンは、私が子供だったのが分かってか、そのまま通過してくれた。空襲での小三一学期を宮崎市立第四國民学校（現大宮小学校）本校で迎えたが、間もなく空襲を避けて景清神社の分教場に移った。灯火管制といった。電気のガラスの笠に合わせて、黒い布をかぶせたのが夜の生活だった。警戒警報の間延びした物悲しいサイレンの音は何となく思い出すが、空襲警報発令のせわしないサイレンの音は、今思い出せない。成田空港署に接見に行って、飛行機の爆音を怖がらない自分に気づいて、驚いたことがある。大人になっても爆音をきくと、空襲を思い出していたから。

夏休みの八月一二日の宮崎大空襲で、暑く息苦しい防空壕の中から我が家への焼夷弾直撃を見た。眼前で家が焼夷弾攻撃を受けて焼けた。

翌日晴れ渡った夏空に双胴の戦闘機ロッキードP38が、戦績の確認かの如く高空を悠然と飛んでいた（きっ

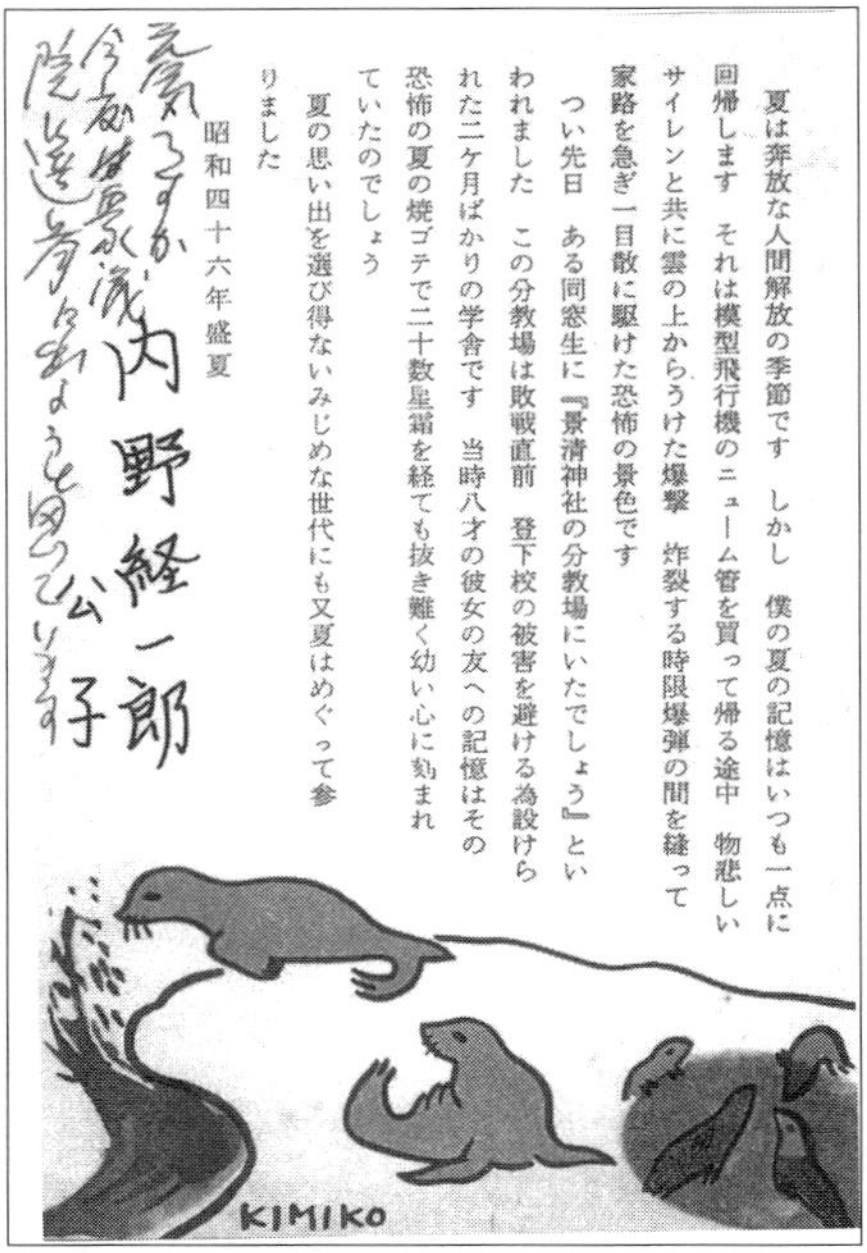

夏は奔放な人間解放の季節です　しかし　僕の夏の記憶はいつも一点に回帰します　それは模型飛行機のニューム管を買って帰る途中　物悲しいサイレンと共に雲の上からうけた爆撃　炸裂する時限爆弾の間を縫って家路を急ぎ一目散に駆けた恐怖の景色です

つい先日　ある同窓生に『景清神社の分教場にいたでしょう』といわれました　この分教場は敗戦直前　登下校の被害を避ける為設けられた二ケ月ばかりの学舎です　当時八才の彼女の友への記憶はその恐怖の夏の焼ゴテで二十数星霜を経ても抜き難く幼い心に刻まれていたのでしょう

夏の思い出を選び得ないみじめな世代にも又夏はめぐって参りました

昭和四十六年盛夏

内野経一郎

KIMIKO

1971 年（昭和 46）　暑中お伺い

と、高射砲が届かないのだろうと、口惜しい思いで眺めていた）。住まいを失い父も交えて、母の実家のある鹿児島入来町に向かった。日豊線帖佐駅で汽車が停まった。軍用トラックに便乗させてもらって入来町新町に着いた。翌八月一五日、父の発案で防空壕を、と畑を掘り返しているとき、奈良脇武光伯父（母の姉の夫）が戦争は終わったそうだといってきた。父が絶句した。その表情を覚えている。お昼の放送があるというので、集落で一軒しかない医師、福島どんの屋敷の入口の通路に置かれたラジオ放送を聞いた。思い出に多くの人が雑音でよく聞えなかったと言われるが、幼くて意味もとれなかったろうが、照り返すお日さまとクマ蟬の声でラジオの声もあったが、蟬の声のうるささの印象が残る。

九月から、副田小学校に転校、ここで多くの人が墨で塗りつぶした教科書の話をされるが、本は焼け出されて、大体、教科書そのものをもっていなかった。一部分は、母の姉シズエの娘、私のいとこが朝鮮で小学校の教師をやっていたとかで、綺麗な字の教科書を写してくれたが他はなしだった。さらに宮崎市郊外の広瀬町、四國からの入植者の開拓部落、片瀬原（四國からの他所者集落のせいか、國道のうえは電線があるのに、ここには電気がなく、ランプと小灯だけの生活だった）に移住、広瀬小学校から小四には宮崎市和知川原《わちがわら》町に移住して、宮崎市内小戸《おど》小学校に転校、小戸小学校にて教わったベートーベン第九「よろこびの歌」への感動が忘れられない。歌をきいて心が躍り、洗われるというか、今まで感じたことのない不思議な気持、感動が体にみなぎった。

さらに五年の終わり頃から市内大淀の鶴田町に、父の会社の社宅ができて移り住んだ。

確か六年生の二学期が終わる頃、校区外通学を許さないとて大淀小学校へ、したがって大淀小学校は六年生の三学期くらいしか通学していない。都合六校の小学生生活であった。宮崎の住まいとしては、小五から高三までここに住み、小学生の頃は昭和館という映画館が家から五筋目くらいにあり、高校時代には西部劇の音楽に苦しめられたのだが、小学校の頃はコンクリートの土間に、目が粗くコンクリートの地肌が透けるむしろが敷いてあり、無声映画大会などがかかると母が連れていってくれた。お陰でスクリーン手前の楽隊の音楽や活弁こと活動弁士の声涙下る名調子を知っている、最後の世代かもしれない。それに加えて「今度んとはトーキーど」、画面で声が出る映画を「はしり」の頃「トーキー」といって、どちらも珍しく母がつれて行ってくれた。東京山の手のお嬢さまが「エリーゼのために」を弾く場面など、感動してきいたことを覚えているし、映画のなかで美空ひばりが、子役で歌う流行歌「星の流れ」も誦《そらん》じて、「こんな女に誰がした」と歌っていたのがに憧れた。

映画をはじめてみたのは、今の宮崎市役所の場所にユウシンカンという映画館があり、戦争映画を観たのがはじまりだが、活弁のいる無声映画だったはずだが明確な記憶がない。

小学校の履歴を記すのは、今でも中原基隆が世話役で、檍小の同窓会に仲間として正月に通知がもらえている。たった三カ月そこそこの在学だったにもかかわらず、後に老境至らんとする頃、大淀小学校の同級生で農機具販売などで成功していた長友勝正君が覚えていて、宮崎空港で声を掛けてくれた。よく覚えてくれていたものだと嬉しかったが、「あんた一頃選挙やるて言いおったけど、俺たちのところには声が掛からんかったんで、俺たちの票は要らんとやろかい、と思いおった」とのこと。小さなそんな縁も親しみをもって大切にしてくれる我が國の風土のようなものを感じ、懐かしんでのことである。

小学校時代、戦前戦後は江戸の名残かと思われる豊かな自然のなかの厳しいと同時に豊かな生活、命がけの戦時中という刺激のためもあろうか。小学校終戦直後と終戦後の少し落ち着いた中学校以後とは思い出の質が異なる。

檍小の新別府時代で落とし籠のなかで飼っていた目白が、ヒヨドリに喰いちぎられ、竹籠ごと無残に壊されてくやしい思いをしたことや、ヒヨドリの鳴き声におびえて鳥籠の中の目白が、恐怖で竹ヒゴの鳥籠が壊れんばかりに鳴きさけび、暴れまわった切なさを感じたこと、そして稲の切株の並ぶ冬枯れの上に広がる空に、トンビが毎日円い輪をかいて飛んでいたこと。

そして、広瀬小学校で二年ばかり先輩の川瀬光春の家の麦踏みが終わり、麦畑になる頃、鳴きながら空高く垂直に昇っては、垂直に降りるヒバリの様子や、屋根瓦の隙間に巣を作った雀をとろうと、手を入れて蛇をつかんで怖かったことなど、のどかな田園風景が懐かしくてならない。

当然戦時中のこと、檍小の校門を入ったところに天皇陛下の御真影を納めた奉安殿があり、立止って一礼のうえで通ることが習いであった。

その思い出を共有する、幼少期を共にし生活感覚を感動を共有した、小学校の友人たちへ語りかけたいのである。

「私の履歴書」ではないのだが、出張帰りの列車が機銃掃射を受けたといって、父がソフト帽や上衣に機銃で穴をあけて帰るなど、命をさらす危なさ同居の、しかしながら生活歴としては牧歌的であって、子供時代を懐かしみ明かしておく。

（2）獄中一八年　英雄　徳田球一

記憶に間違いなければ獄中一八年。当時（昭和二一年頃）は英雄視の報道であった。徳田球一が釈放されて、宮崎県教育会館で講演会があるというので、聴講に行くのを楽しみにしていた。

ところが、確か大津だったと思うが、爆弾を投げつけられ、怪我を負って、来講が不透明とのこと。ただ頭に包帯を巻いた写真が新聞に載った記憶で、それでも講演会は開かれることになったので聴講に行った。満員で入場できず、教育会館の入口付近で会場の声を拡声器を通じて聞いた。

何か力強く演説している声は聞こえたが、内容は聞き取れなかった。

その夜のことかどうか記憶にないが、同居していた母の従兄弟の森山清隆と徳田球一の主張たる天皇不要論で議論をして、完膚なきまでに論破され、口惜しく声を出して泣いたのを覚えている。

森山清隆と母に「分かればよいんだ」と慰められたが、気が晴れずじまいであった。史実を調べてみるが、私が小五～六頃のことのはずである。

(3) 無風の時代――中学・高校・大学入学まで

中学時代

私の宗教的原体験は日向学院中学校というミッションスクールに入学したことである。

入学時、一年生では新任の亀沢経水先生が理科生物担当でクラス担任であった。小柄で細身の先生で、いつか職員室に入った時、冬だったのか一番入口に近い机で寒さに震えておられ、すぐ戸を閉めるようにと促された。二年での担任の記憶がないから、一年生のときの亀沢先生の印象だけが残る。二、三年前ＯＢ会で訃報に接したが、海軍兵学校のご出身の由であった。

入学時のクラス担任としての挨拶であったか、と思う。

丸を書いてこの丸の中に1から12の数字を記入すれば時計になります。しかし、この丸の中に、左に「いつも」右に「いつまでも」と記入すれば何の図になりますか。それは死後の世界になります。天國へ行く人は、いつもいつまでも幸せであるが、地獄に落ちる人もいつもいつまでも苦しみ、になります。天國の幸せは永遠であるが、地獄の苦しみも永遠なのである。

星の世界からカラスがやって来て、一ツ葉の浜の砂を毎年一粒ずつ星の世界に持ち帰るとします。一ツ葉の浜の砂を全て星の世界に持ち帰り終わったならば、地獄に堕ちた人の苦しみが終わるとすれば地獄に落ちた人への救いである。しかし、カラスが砂を全部運び終わったとしてもまだ地獄の苦しみは終わりません。地獄の苦しみは永遠なのである、と説かれます。

この話の前に地球の自転と公転の話をされて、地球が自然に回るはずがないではないか、地球がどこにも傷ついていないとすれば神が行っているとしか考えられない、と言われたときは、神以外に他に何か理由が考えられるだろうにと思った。

だが、一ツ葉の浜の砂の話は、戦時下の東方遥拝に通って、小学生低学年で砂に足をとられた切ない思い出から痛切で、今でも時々先生のお話と共に思い出す。

海軍兵学校のご出身で神父さまになられたのは、どんな心からであったかお尋ねしたかった。

かく言うは、我が母校日向学院を、キリスト教を批判していうのではない。

サレジオ会という教団の創始者ドン・ボスコは、継母の「いじめ」に苦しんだことが原点だったとか、孤児の救済に熱心に取り組まれた由、我が宮崎の「ハンノヤマ」にカリタスの園という孤児院があって、言うことを聞かないと「カリタスにやるぞ」と言われることは、「巡査さんが来るぞ」より怖かった。黒衣のシスター二～三人（この装束自体が異様で恐ろしかった）が、一四、五人から二四、五人のおできのできた、鼻を垂らした子供たちをつれて畑中で行列を作って歩いているのを見ていた日常があったから、あの子たちと一緒の生活を強いられるよりも、親許でいるほうが何層倍か有難い。

日本社会全体が弱者を切り捨てているとき（この頃、我が國の孤児救済の先覚者、郷土の石井十次を知る由もない）、サレジオ会は孤児院を経営していた。財源を知らないが、いずれにしても信者の出捐《しゅつえん》のはずだ。宗教教団としての集金機能は必須ではあろう。

多くの人々が信ずる「神」の存在が信じられず、白門会研究室の時代、八柱霊園に散歩に行き、一年先輩の横山仁司さんに神の存否につき、「田中耕太郎がクリスチャンと聞いたが、あんな知性豊かな方が信じられるのに自分が信じられないのは自分のどこに欠陥があるのでしょうか」とお尋ねしたら、あれは幼児洗礼で訳の分からんときにクリスチャンにさせられているんだから気にせんで良い、と言われて安心した。今、教団によっては幼児洗礼を無効とはいわないが再洗礼を求めるものもあるとのことである。

今、日向学院に学んだこと、そんなこともあった、であって、否定的に捉えているのではない。学院に学んだことを誇りに思い、学友に恵まれたことを嬉しく思っている。サレジオ会の設立した学校だから、弱者への労《いたわ》りの視点を持つ教団の教えを身につけている者としての誇りをもって、サレジオ会設立の他の学校の卒業生も含めて、「サレジアン」という呼び方を普及させませんか、とOB会の事務局に申し入れしているくらいである。

そんなこと言っている間に創設者ドン・ボスコ聖像を象ったサレジアンバッジが出来たので、早速求めた。付けて出かける機会は、まだないのだが。

なお、現在のローマ教皇であるフランシスコ教皇は、神父さまとしてはイエズス会所属ながら学校はサレジオ会の学校で学ばれたとのこと。畏れ多いことながらサレジアンの仲間ということか。

その後、中学に入学しても、賢しらに共産主義讃歌を友人に吹聴していたのだと思う。大淀小学校で成績が一番と言われていて、一緒に日向学院中学校に進学した山下太一郎君から、小泉信三の「共産主義批判の常識」も読まず、共産主義を口にするのは不見識だと、お叱りをうけた。「そうか、それなら読んでみよう」と県立図書館に行って読んで分かった気分になった記憶はあるが、理解できたはずがない。

ただ、やっぱり頭が良くてよく勉強しているから「太ちゃんは凄いなあ」と思った記憶がある。

長じて読んで感動したが、当時中学二年生以下のはずで（山下太一郎君は中三で東京の中学に転校し、中二までしか一緒ではなかったのだが）、理解していたとは思えない高度な内容であった。

日向学院中学校の豊かだった生活も語りたいが、とりあえずバレー部でほとんどの時間を過ごした。当時は九人制で、右利きの私が前衛のライトで左手で打つのだからほとんど戦力外だったが、友人にも恵まれ、朝鮮帰りの大岐義之君は清武町の安井息軒の生家の隣に住み、東海林太郎の満州馬賊征伐の歌を教えてくれた。また、監督の武田正先生を慕ってお宅を訪ねて、夜おそくまで、もう帰れといわれるまで未熟な政治論をきいていただいていた。県の中学校大会で旭化成ベンベルグ工場の新設バレーコートで土砂降りのなか、優勝戦で木《き》花《ばな》中学に負けた口惜しさもさることながら、高校に入ったら、クラスに木花中学の優勝メンバーの長倉眞生君がいて、そのときの試合に私が出ていたことや試合の一部を語り思い出させられたこともさらに口惜しかった。

中学での成績上位者三〇人くらいに数学の和田敬二郎先生が、質の高い課外授業をして下さった。この諸君が日向学院高校進学と県立宮崎大宮高校受験組に分かれた。女子のいる、そして聞こえの良い県立宮崎大宮高校受験を選択したので、我流、無手勝流の高校受験勉強を少しはしたはずだが、受験勉強したことは記憶にはない。武田先生に「お前ら、女子がいるから大宮に行くんだろう」と言われ、図星を突かれて困った。

高校に入学すると、柔道部に入部し、柔道は勝ちたいし、大学受験はあるわで、女子への関心とも相俟って、「共産主義」なんて単語を使った記憶もない。

宮崎大宮高校入学式の感動

宮崎大宮高校の入学式の時、岩切章太郎先生のＰＴＡ会長としての挨拶に感動したことを記憶する。あの時の不思議な感覚を今でも思い出す。退屈なはずなのに何故、何を感動していたのだろうと。先生の講話がいかに高校生の心に響いたものであったか、今思い返しても先生の偉大さが偲ばれてならない。儀式の持つ核心をとらえて参加する者を熱くされていた。

宗教の目的で儀式を行うことがある。宗教の目的で儀式を行うこととは何のことだろうと思っていた。私は日本会議の中野支部長を仰せつかって、定例会を始める時に、國旗に敬礼し、君が代を斉唱し、日本会議綱領を唱和する。これがささやかな儀式となっている。宗教における儀式は倫理性、宗教性、信頼性の醸成の儀式で、私が日本会議の支部で國旗、國歌で愛國心を高め、綱領の唱和で國家の向かう方向への確認を持つようなものなのである。

以前、小中学校の朝礼や入学式の式話も学生生徒としての自覚を促すものであったろうが、全く自覚することができなかったのは、実はおかしいことだったのかもしれない。

平成五年暑中見舞いは宮崎県という唯一の郷土に人生を捧げられた、岩切章太郎先生のことを綴った文章である。

岩切章太郎先生が全日空社長を固辞されながらも、宮崎県体育協会会長を引き受けられたのは「赤ん坊のときから知っている隣のあの子が日本一になった」という喜びに郷土への誇りと愛情をもって人々が生き生きとしてくれることを願ってのことだそうです。

その先生の「経寸十枚國宝ならず、一隅を照らすこれ國宝なり」（最澄）、と何であれ職責を説かれる遺文に接し、暑い夏を涼やかに少し元気を取り戻して仕事に励んでいきます。

平成五年盛夏

高校時代

大宮高校時代もまた、柔道と勉強共々に落ちこぼれながら、豊かな高校生活であった。住宅街のなかの昭和館という映画館で西部劇がかかると、ボリュームいっぱいの「あの娘の黄色いリボン」の歌に邪魔されながら、眠気とも闘ってた。ももをキリで刺したり、手ぬぐいで鉢巻したり。でも眠気に勝てない。単語覚え、少しはかがいくことがあると、翌日の稽古で寝不足がたたって、弱い奴から投げられる。練習を充実させると勉強がおろそかになり、勉強に気合が入ると柔道で負ける。今、思い返すと、動物的な人間としての力量、能力がないのに、田舎の高校生らしい悩みだったように思う。

そんな柔道生活のなかで、柔道部の谷川武市部長先生に試合の前に選手五人が自宅に招かれて、すき焼きをご馳走になったことがあった。二～三歳くらいの可愛いお嬢さんがおられ、皆「抱っこ」したい。でも、小さな女の子だからむずかるのではないか、と不安な気持ちがあったが、選手たちが次々に「抱っこ」を求めても素直に抱っこさせてくれて、廻し呑みならぬ廻し「抱っこ」の嬉しい思い出があった。お嬢さんは長じて東京の大学に入学され、時々我が家に遊びに来てくれた。物静かは徳でもあるが、家に来てくれるのは嬉しいのだが、「こんなことが彼女楽しくて、来てくれるのだな」という、そんな表情をしてくれない恩師のお嬢さまのお出ましゆえに、丁寧にもてなしてそれなりの食事の馳走もしていた。厭なところへは誰だって来ないはずだから、喜んでもらってはいるのだろうが、美代子ちゃんは表情に出さないためと、こっちとて厭どころか恩師のお嬢さまのお出ましが嬉しくはあるものの、少々物足りない思いをしていた記憶があった。卒業されて、少時音沙汰がなかった。あるとき、幼い子供二人だか三人だか伴って、久しぶりの来訪を受けた。結婚して子供が授かったんだと喜んでいた。そのときも、私には相も変わらず自分を表現しなかったが、妻公子には若いとき、結婚するなら内野さんみたいに目の輝いた人と結婚したいと思っていたのだが、そんな人に巡り合って結婚できたので子どもをお連れした、と言っていたとのこと。

ご主人は植物の原種を求める研究者河野耕三氏である。お子様方も研究者の道を選ばれて、親子共々に充実した研究者生活をしておられる。私もフィールドワーク中心の研究で、屋久島での映像を使っての研究発表に参加したことがあったが、自然の驚異に目を見張る思いがして、異界をみる驚きと楽しさがあった。成程、こんな研究生活ならば目が輝くはずだと納得した。もっとも、谷川先生の奥様、美代子ちゃんのお母様は、「子供を大淀川添いの実家に預けて郊外まで勤めに行く。美代子一人が苦労している」と私に苦情を言っておられた。でも、美代子ちゃんの憧れの目の輝いた人との充実した生活は、何物にも、どんな苦労にも替えられないよね。貴方が妻に私のことを、結婚したい目の輝いた人、と言ってくれたのは私の勲章で大切にしています。他人に披露するのはもったいなかったのだけど、貴方に褒めてもらったことが生きる張合いになっているので、記しておきます。

中村二丁目の本屋で、伊藤左千夫の『野菊の如き君なりき』を、立読みで読んで感動しているところに、尊敬する岩切章太郎先生のご子息岩切達郎先輩が入店して来られ、少時お話を下さったのだが、立読みで涙流していたのがバレないか、気になってならなかった。

誰にすすめられたか、倉田百三の『出家とその弟子』を読んでの感動も忘れられない。夏休み、冬休みは、青葉会という警察の武徳殿道場の朝稽古、学校の柔道部、夕方の青葉会と一日三回の練習に励む気分のよさ、結果が出て格上の先輩から投技で一本をとる爽快感は忘れられない。そして、フォークダンスで女子と手をつないで踊る女子の手の柔らかさ、そして、今まで感じたことのない未知の体中にみなぎる感動も。宮崎大学付属中からの入学者は、宮崎のエリートらしく大人で堂々としていた。担任の園山謙二先生は大宮高校校歌を作曲された園山民平先生のご子息で音楽の先生で、宮崎県音楽文化賞を受賞された由、宮大付属中学出身の曽根弘陽が、一曲きかせて下さいと進言し、先生がハチャトリヤンの「剣の舞」を、顔の汗をとばしながら演奏して下さった。「一般社会」の学科で先生に、本日の日銀発券高を問われて、田舎ともいえる檍中出身の大久保光和子さんが正確に答えられた。新設校日向学院の牧歌世界からは、驚きの異空間であった。実り多く豊かだった、今思い出すと、あんな幸せな生活があって良いものか、と涙する高校生活を懐かしみ校歌を掲げる。小学校時代、東方遥拝に日曜毎に通った一ツ葉の浜に思いを致し、黒潮岸を洗う実感と橘橋を渡るとき、三角の頭を出している高千穂の峰、そして足腰を鍛える八紘台森の階段、と歌詞自体が生活に密着していて心から歌えた。

岩切章太郎先生は明治時代に宮崎中学、東大の学歴で、岡崎嘉平太の同級生、友人であるから、能力といい、時代といい、いかようにも生き得るのに、その生涯を「宮崎」という唯一の郷土に捧げられた生きるお手本、岩切章太郎先生の母校でもあった、と知るのは後のことである。

「宮崎大宮高校校歌」

作詞　長嶺　宏
作曲　園山民平

1　黒潮岸をあらひ

日の輝くところ
若き命はここに育つ
真理を探り夢は花咲く
あゝあゝ　永遠の星座
大宮　大宮　我等が学園

2

秀峰空をかぎり
雲かけるところ
清き心はここに芽ぐむ
美にあこがれ胸は波うつ
あゝあゝ　親愛の星座
大宮　大宮　我等が学園

3

清風森を流れ
気のすみたるところ
強き体をここに鍛ふ
善を行なひ力溢る
あゝあゝ　栄光の星座
大宮　大宮　大宮　我等が学園

第2章　東京へ中央大学へ

とにかく大学というものに行くものだと上京した。母の伝手《つて》で確か高妻さんという東京外語大のポルトガル語の方の下宿に泊めてもらい、その方の大学同級生の牧野伸明さんの親戚の阿佐ヶ谷五丁目の牧野方に下宿させていただき、方々の受験をした。高妻さんと同じ下宿に外語の同級生でクリスチャンの方がおられ、「ボーン・プリーチャー」と親しまれていた。上京してはじめて覚えた新語で新鮮で、辯護士しか生きる途、生きる道がないと感じはじめた頃から、このときのことを思い出して、生まれながらの辯護士「ボーン・ローヤー」を自称したりしている。入学許可をもらえた中央大学に籍を置かせていただいた。高校時代を通じて私を認め、指導してくれた山口武親君が、受験浪人でこの阿佐ヶ谷の下宿に下宿してくれ、自分の勉強をしながら私の生活指導をしてくれたこと、今もって感謝している。

（1）デモシカ中大

大学で何をやろうという志もなく、五教科の一次試験くらいは合格する自信があったので、参加するだけ。八教科の不合格承知の東大受験もあったが、早稲田も落ちて中大しか行くところなく、中大にでも入るか、のデモシカ中大である。何の勉強するところかの自覚もなくの入学であった。ちなみに明治大学商学部にも合格して、校歌の歌唱指導をうけた。校歌は恰好いいと思ったが、「中大法科」の方が聞えが良いかくらいの意識しかなかった。

ちなみに夏休みに帰省すると、高校時代の仲間に卒業後の生活の報告をお互いにする。柔道部で中堅をやった谷口強は、熊本大学工学部に入学した。熊本で熊大は一流大学で女性にモテるといって、セックスがいかに素晴らしいものかを微に入り細を穿って語りきかせる。独り身をかこつ我が身切なく、生つば呑み込みながらうらやましくきいていた。「ところで内野、東京には女がよけいおろう。お前も、もてとろうが」と話をふる。「谷口、東京には東大も一橋もある。私学でも早稲田、慶応がある。三流の私立でもてるワケないだろう」というと、「お前、三流は三流の女《おなご》にもてはせんか」との御挨拶。人生への自覚なく、切ない学部一、二年生であった。

法律学科四組、みんな優しかった。あの豊かな仲間の全人格を自分の人格形成に生かせなかったことが悔やまれる。クラスの三人のお姫様まぶしく、山口さんは弁護士さんの奥さんになられたときき、一別以来お会いしていないが、弁護士の奥さんになられていた高居さんには嫁探しで常ならぬ世話になり、憧れの人、林義子さん（日本での「いのちの電話」創設）はお濠をはさんで今でも近くなので、たまにお会いできている。平野君や柳沢君など東京出身者の会話は洗練されていた。一橋四浪の落武者久米健之さんは、そして働きながら夜間高校から入学されたこれまた四浪の山口章さんは、世間知らずの田舎者にも優しく、兄貴分、親分としてクラスを取りまとめてくれた。『町辯五十年』という年賀状と暑中見舞の記念誌は、久米さんが全部とっておいてくれたお陰でできたし、私は大好きなのに私の右傾化に機嫌を損ねて、最後のクラス会で「馬鹿野郎！」と怒鳴られた。山口さんの期待どおり、いつまでもゼブラ模様の左翼に止まらず、済まんことではあるが、でも山口さんの言葉をきいてさらに嬉しくなった。いつまでも自分自身に正直な人だと。

「さつまのいもずる」と言うが、クラスに伊集院出身の奥徹と串木野出身の内徳幸男がいて三人で仲良くしていた。豊橋出身の鈴木登次郎君が、私の面倒見る傍ら二人とも仲良くしてくれた。

クラスの皆、みんな温かかった。後に司法修習以来、生涯にわたって師と仰ぐ木更津高校、早大政経卒の藤田一伯さんは「浪人してでも中大ではなく早稲田か、浪人してまで早稲田なら中大でも止むなしかが、お前と俺の選択の分かれ目だったな。中大は大学というよりも司法試験受験の講習会に集まった講習生の感じでね」と言っておられて、その時は、外からそう見られるのか、と感じ入った。

ただ、後に韓國籍の任錫欽さんに「人はスローガン通りに動く」といわれてみれば、我が中央大学、「質実剛健　家族的情味」の校是通りのスローガン通り、糞真面目で優しい学生ばかりだった気がする。

みんなみんな温かかった。その温かさを生かし切る感受性が、人間的力量が、私になかった。

千葉市の浄土宗大厳寺境内にある同寺院創立の淑徳大学がある。大学の創立五〇周年記念誌に、群馬県立前橋女子高校卒業の方の事績がある。

京都で勉強したいと思って京都の大学を受けたが全て落ちて、新設の校舎も校地も整わない淑徳大学しか合格できなかった。苦しんでいるところに東京大学在学中の兄上が、「他の大学は、お前をいらないと、蹴飛ばした大学だが、淑徳大学は「おいでよ、ここで一緒に勉強しようよ」といってくれた大学だ。そこで自分を精一杯活かしたら道は必ず開けるはずだよ」と励ましてくれ、また、優しい先輩に出会えて、ここで勉強して警察官となり、さらに非行少年の更生の専門家として充実した人生を送られた手記があった（割田剛雄氏編集の同大学記念誌）。

この手記を読んだ時、自分が中大合格の時、そんな兄がいてくれたらどうだったろうとふとした感想をもったが、今思い返すと言葉でなく、肌で法律学科四組のクラスでも、柔道部でも、三州（薩摩・大隅・日向）学生会でも、そしてまた、白門会司法研究室でも、これ以上ない温かさがあった。当時これを感じ取り、我が物となし得なかった反省ばかり大きい。

今思い出して、中央大学への感謝の心一入である。

(2) 夫のソ連からの帰りを待つ叔母北山桃枝

私が大学に入学したというので、父の妹の叔母・北山桃枝が富山在住で、遊びに来ないかと誘ってくれた。妻であった桃枝の姉が亡くなって、その子（正行）をかかえて困っている北山さんに、当時の言い方で直って結婚したといわれていた。北山さんはソ連によってシベリアに抑留され、未帰還であった。富山県婦負《ねい》郡上新川村というところで、雪深いところであった。桃枝叔母は、その地の中規模位の広い縫製工場で、女工として働いておられた。歌を詠まれ、以後多くの名歌を手紙で届けて下さったのに全て散逸して、本書七七頁に記したのだが、「子のために　生きるにあらで　子によりて　たどたどしながら　人の世を生く」の一首だけが記憶に残る。

後に北山さん帰國の報はきいたが、報道で共産主義に洗脳して帰されるとあり、人伝てに北山さんも洗脳されて帰國されたときき、恐ろしげで連絡もしなかった。桃枝叔母さんの人生に今思いを致し、反省と共に寂寞の感、止み難いものがある。ただこのとき何故か、一人で行った記憶なのだが、雪に覆われて流れさえ感じられない静かな神通川の神秘な風景が忘れられない。多分、初めてみる雪景色だったせいもあろうが、勤め先の工場の様子と気力は充ちてはいても、くたびれ果てた粗衣の叔母とあの神々しい雪の神通川の不似合な様子が思い出され、叔母をいたわらなかった反省一入である。

また、後に白門会研究室で共に学んだ永野義一が、富山地検次席検事に赴任して、案内してくれた富山湾から望む雪をいただく後立山連峰の神々しさも忘れられない。神々しさといえば、槍ヶ岳から下山して大正池のほとりから望む槍穂高の風景が、今思い出しても胸が痛む感動があった。富士山については、急行高千穂号で大学、大学院の七年間往復を繰返していて、車窓の花くらいの感覚しかなかった。当時のこととて、富士市あたりの製紙工場の煙突の林立する煙の先であり、田子の浦のヘドロとの間という事情もあったろう。その後も自衛隊の演習や研修その他で、富士五湖など富士を見る機会は多かった。過日、富士山が世界の文化遺産に登録されたというので、思い出してみた。登山の好きな谷田貝が、富士は別格だといって、いつも歌っていた「旅の空から見た富士山は、遠い故郷のあの娘に似てた」という歌を思い出して、富士山が若い女性に似てるわけないだろうと不思議に思ってた、その理由を反省した。憧れの若い女性ほど、若い男性にとって（老いさらばえた私の今でさえ）神々しい存在はない。何物にも代え難い神々しさの故であったろうかと、最近また縁あって接する富士に、ようやく肚の底からの感動を感じ得ている。

(3)　柔道部の副産物＝自由民主党学生部

デモシカ中大やること分からず、デモシカ柔道部、昼休みの稽古だけであった。地下道場の片隅に何個か痰壺が置いてある。最初何だろうと思ったがすぐに理解した。吐くまで、動けなくなるまで稽古をするのである。受験勉強と称して怠けた後のこと、痰壺がなかったらどうなったかと思うくらい、幾度も痰壺のお世話になった。

投げられるが技を掛けるどころか押しても引いても動かない大分出身の太田伸一先輩が、何くれとなく気にかけて下さり、同級生の浅野真君は、私が道場に行くと目ざとく見つけて稽古を申し込んでくれた。当時、同級生では実力で頭一つ出ていた浅野君が認めてくれたものと嬉しかった。

天才の誉れ高い渡邉喜三郎先輩を標的にして稽古をつけてもらった。技の切れは凄いのだが、その自信の隙をついて時々技を掛けさせてもらえたのも自信になった。どういうわけか一年先輩の高木志行先輩にも時々声をかけてもらったが、老い至った後に、中野区柔道会や講道館でご指導頂いた。

そんな昼稽古だけのさぼり柔道部だったが、一～二年先輩で私の方が明らかに強いと自惚れていた先輩に、我が中大講堂で設立総会が行われ、立党されたばかりの自由民主党での学生部設立準備会への参加を求められた。

何回か自民党学生部設立準備の会議に参加した。議題は覚えてはいないが、他大学の先輩たちの熱い議論に接して、動議、議事進行、「先議だぞ！」と議長に詰め寄る。会議法の規則があることを知り、興奮したものの、会議法の勉強せず、未だにそのままだ。

無事学生部が設立された。浅草公会堂で何かの災害でイベントの際、災害義援金の募金を自民党学生部でやった。ただ、そのうち召集がかからなくなり、そのままになった。

つい最近、当時自民党学生部の幹部だった方が事務所に見え、あの義援金飲んじゃった、と言っておられた。

その方のお名前と住所を控えておかなかったのが悔やまれる。

学生部にお誘いいただいた先輩の名前も今柔道部ＯＢ会で尋ねてみるが分からない。自民党本部に問い合わせてみたが、当時の記録は火事で焼けて何もない、とのこと。

ＮＨＫのニュースで自民党学生部の設立総会をとりあげ、柔道部の先輩が設立趣意書の読み違いをやって、後でアナウンサーが「学力は今一歩」とか、からかった記憶があるので、ＮＨＫに問い合わせたが、ニュースはアーカイブスにとっていないとのこと。これでは立証しようがないので、この他に立証できない単なる私の記憶同様、私のホラ話とでも受止めておいて下さい。

この小文の随所にある証拠のない思い出話は、全部思い込みということにしておいて下さい。自分の単なる思い出話であり、誰かを傷つける他意はありませんので。

今、笑い話にもならないが、大学一年生は母恋しくホームシックにかかり、勉強の意欲どころではなく、中学・高校時代の友人たちとのおしゃべりも寸詰りであった。

この頃、名に負う糞真面目学生集団、中央大学法学部である。クラスの諸君は真面目によく勉強する。私は勉強を怠けて落ちこぼれて、一年生で、ほとんどの成績が「可」で、「不可」の三・四科目は二年次の再履修で、何とか二年生にしてもらった。

（４）武藤光朗先生の経済学——共産党に入党すべきか悩む

次に共産主義とか唯物論とか労働価値説という単語を聞くのは、中大に入学して一年生で武藤光朗先生の経済学の講義を聞いてであった。アダム・スミスの見えざる手や、ケインズの需要供給論、パレードの選択曲線・効率性（最適）などと共に、労働価値説のマルクスを説かれたはずである。

それでも反共の旗手武藤先生の講義を聞いて、共産党に入党すべきかと悩んだのだから、講義など全く理解できていなかったことが分かる。いかに不勉強・不理解であったか知れようものである。

（5）砂川闘争

砂川の反基地闘争というものがあった。うちわダイコを叩いてデモする黄色い袈裟の日蓮宗の僧侶が機動隊の警棒によって流血を招くという事件の報道に触発されて横田基地の反基地デモに参加した。ただただ退屈と時代の雰囲気だけでマルクスのマの字も読んでいないし、反安保のデモに参加しながら、六〇年安保では条文も読まずじまいであった。

安全保障条約の条文も読んだのは、七〇年安保の弁護活動に従事して、その必要になってからであった。時代の風って何だろう、と訳も分からず、知ろうともせず、勉強もせず、自分の将来どころか、デモの現場への参加自体が身の危険があっても構わず、他に自分の尽くすべき幾多の義務に背を向けて参加する。

確かに興奮して自分の意思で参加しているのであるが、今振り返ると、自分の意思を超える何かに動かされていて、それが何であったのか今もって分かっていない。

本来の怠け者、ろくに本も読まず、勉強もせずの当時の言い方、六〇年安保での「一般学生」、七〇年安保では「ノンセクトラジカル」と呼んでいたか、即ち「その他大勢の付和雷同組」でしかなかったか。

（6）追い詰められてデモシカ司法試験

二年生にはしてもらったものの、可・不可の他、良が少々で優など感動した佐藤功先生の憲法一科目だけの成績で、まともな就職はできないことを知った。

自分で成績の悪いことを自認していたクラスのまとめ役のブービー競争相手と思っていた棚橋基君が、「あんたよりはましだ」と言っていたからクラス最下位の成績のはずだ。

当時、「墨田区有限会社〇〇運輸運転助手」という求人はあったが、普通の会社は、「ブランド國立大と早慶の指定七大学」以外では大学による推薦者しか企業の入社試験を受験できなかった。就職部の掲示板には、会社名の下に法経商三名などと、就職試験受験許可人数が表示されていた。優など虫眼鏡で探しても見つからないくらいで、不可と可と良しか取れていない成績で学内推薦がもらえるはずはない。人生の先行きに絶望して、どうしたものか考えに考えた。それでも思いあたらず、父がやっていた青果の移出販売の手伝いをさせてもらおうかと思ったりしていた。

あるとき、学内選考なしで受験できる司法試験に思い当たったときの安堵（!）の気持が忘れられない。「学内選考なしの道があった」、これで行くか、である。少しハードルは高いが、司法試験しか思い至らず、そこに舵を切った。ここでも行き当たりばったり、就職の道は司法試験しかなく、司法試験でもやるか、のデモシカ受験である。

（7）　遊廓跡の白門会司法会計研究室

ただ、独学での勉強など、この頭脳、この怠慢では無理。司法試験の受験団体「研究室」に入室して、合格者による答案練習、日常ゼミ議論の先輩などの指導者を得て、仲間と共に学ぶのが我が大学の定番。白門会司法会計研究室で勉強させてもらった。

ただ、司法試験の研究室の入室も競争率のハードルが高く、「学研連」と称する伝統的なブランド研究室は、校舎の五階に研究室があり、授業にも出られ勉強できるし、先輩方も多く実績も高いので無理。

志望者倍率の高くない、比較的ハードルの低い新設研究室、松戸の全寮制の白門会司法会計研究室に二回目の受験で二年の秋に入室許可された。第一回の入会試験の問題は「正義について」で、何をきかれているのか題意さえ分からなかった。この研究室は、売春防止法施行で廃止された平潟遊廓を、中大の憲法の教授柳沢義男先生が、自分の姓「柳」をとって、雲仙のように大らかな学生に育てたいと、「柳仙育英センター」と名付けた寮に併設されていた。松戸は江戸川沿いにあり、参勤交代で江戸川を越すときは旅装を解くきまりだったので、宿場となり遊廓もあったとか。

この研究室に私が入室許可をうけた前年に、植竹恵美子と小竹耕という二人の先輩が合格されたばかりであった。在室の先輩方からは、お前らいいよなァ、ここで勉強しても受かるということが分かって入室してきたのだから、俺らはここで勉強しても合格できるかどうか、不安な思いをかかえながら、勉強にきたんだ、とうらやましがられた。それにしても、先輩方の安定的な勉強態度は脅威であった。私など女性の肌恋しく、生活が荒れたりするのだが、判でついたようにこの遊廓跡のフスマの下張りに「〇〇奴玉代一円」とある部屋で、机と机を板で仕切った、冬は隙間風（なんて生やさしいものではない）ならぬ、破れ障子をバタバタさせる風が入り暖房なく、夏は蒸し風呂の研究室で汗みどろになりながら坐り尽くす。

そして、朝食終わって坐ると、昼食までビクとも動かず、静かに頁を繰られる先輩方は真似のできるものではないと思っていた。「朱に交われば赤くなる」というが逆もまた真、この環境になじむのに時間はかかったが、先輩方や友人たちのようにはとてもできなかったとしても、そこそこついていった。

私は、千葉県松戸の江戸川べりの旧平潟遊廓跡の全寮制司法研究室「白門会司法会計研究室」に、昭和三一年（一九五六）の大学二年の秋から昭和三七年（一九六二）合格まで六年間在籍した。当時残っていた建物は六棟あり、道をはさんで北側が1、3、5号館で、南側を2、4、6号館といった。1号館は東洋大学の寮、2、3、4を白門会、ただ、4号館には食堂があり、5号館は雑多寮で、6号館は聖徳大女子寮で、室員とカップルができたりしていた。1、3、5号館の北側には、延々と続く田圃との間に深い淀んだ堀があり、女郎が逃げられないように掘ったものとのことだった。3号館の二階、離れの下に不思議なコンクリートの空間があり、女郎のセッカン部屋で、時々若い女性のウメキ声が聞えるといっていた。離れが上部屋で入室の競争率が高か

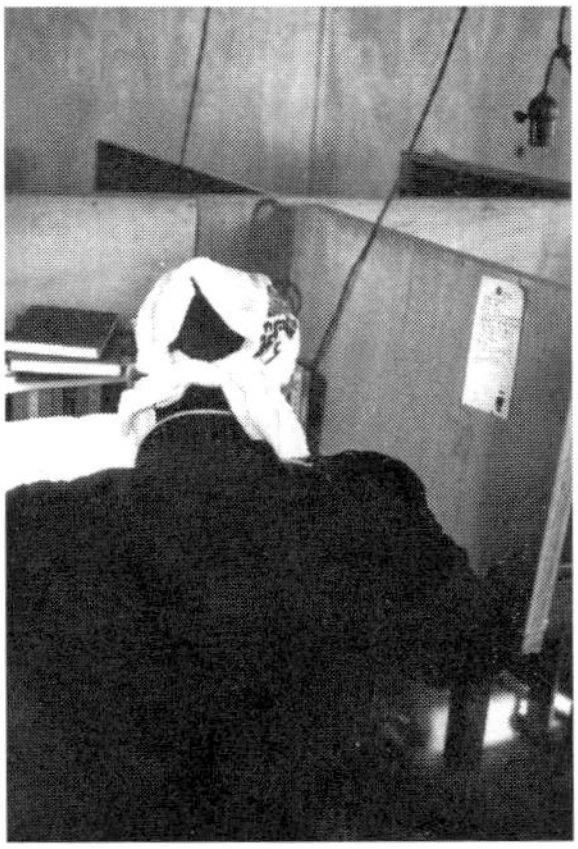
司法試験にむけて勉強に励む

ベニヤ仕切りの研究室（昭和 33 年頃）

寮の入口（昭和 33 年頃）

ったので、部屋の住人が安んじて居室にするためのデマかもしれない。若気の至りで在学中は遊び呆けていた。大学三年の初夏に父が脳溢血で急死して生活の先行きがみえなくなった。幼い弟妹が三人あるのに途方に暮れて為す術わからぬ母を思いやることもなく甘え、全く自覚できなかった。在学中の合格など覚束《おぼつか》ないから、執行猶予を得ようと大学院に進んだ。ようやく勉強の真似事をはじめたのは学部を卒業する頃からだったろう。

この受験時代に多くのことを学んだ。学ぶ、識る、考えることの楽しさや勤勉、辛抱の大切さなど出口の見えない受験勉強を豊かに支えてくれたのは同輩であり、先輩そして後輩たちであった。口角泡をとばした仲間との議論は未熟なものではあったろうが多くのことを学んだ。結論を聞いて「こいつは馬鹿だ」と心の中で軽蔑し、論拠を聞いて「こいつは天才だ」と青ざめたこと一再ならずだ。

年によって合格水準に達している人達が仲良しの年もあれば、何となくトゲトゲしい年もある。寮内の雰囲気が良いときは、

「エッ、彼も合格したの？」

というくらい、実力の今イチの人まで合格する大量合格者が出る、雰囲気今イチの年は、

「エッ、彼まで落ちたの？」

というくらいさびしい合格者数になる。研究室員八〇人余、低学年もいて受験者五〇～六〇人のなか、一人しか合格しない年もあっても、多いときは合格者一二、三のこともあって、研究室を大学に見立てると、超一流大学であったろう。

合格の秘訣の一つは、多少のことは辛抱してみんなと仲良くやることであると思った。ここで「和」が、中大精神の「家族的情味」が大切なのである。仲間は大切である。仲間の存在は受験勉強に有効というに止まら

ず、合格後の有用な副効果もある。お互い合格すれば、いつまでも勉強仲間でいられ、また仲間意識は脱線制御という機能も営む。あるとき、中大の同学年他クラスで事業家の方が、手形に裏書きしてくれと申される。魅力的なお礼の提案であったが、お断りした。失敗したら、内野の奴、欲ボケで筋違いの金を欲しがった、と研究室仲間の物笑いの種になると怖れてであった。もっとも、そんな不義理をしたのに、その方は今に至るもご信頼いただいている。

　白門会に入寮してややあって、末政憲一先輩（一三期・東京弁護士会）が毎早朝、風呂場で水をかぶっておられることを知った。凄い人がおられるものとは思っても、そんな無茶は他人事だと思っていた。そのうち先輩に続く人が出て小さな流行になった。オッチョコチョイは流行にのりやすい。「俺も付き合ってみるか」と始めた。水をかぶるため毎朝五時に起きて、六時半から竹刀をもって部屋を廻って後輩を起こして、江戸川べりで体操会をやられる末政先輩に従った。

江戸川堤の体操会

　風呂場で洗濯だらいに水道の水をいっぱいに溜めて、水を流しっぱなしでさらに溜めながら、手桶で水を汲んで肩からかける。一〇杯かけたところで残りの水を洗濯だらいごと首の下からかけて水道の水を止める、という「行」を毎日やった。

　かぶり始めは冷たいが、かぶり終わったときは体中がポッとする。雨が降っても雪が降っても寮にいる限り三六五日これをやる。雪の日に風呂場の横、中庭に積もった雪の上に乗ってみると、凍りついていて雪は崩れない。寒いときのきつさは分かってもらえると思うが、暑い夏の日だって朝の四時三〇分頃から六時頃までのあいだの「行」だから、これまた冷たくてやるのが厭になる。健康のために良いともいわれるが、一寸の油断や不摂生で風邪もひく。それに怠けもするし酒も呑む。呑んだ翌朝など心臓麻痺で死ぬのではないかと怖い。〝何のためにこんな自虐的なことをやるのか。そうだ、何の意味もない。ただ、お前は司法試験受験生だ。受かるまでかぶると決めたのだろう！　だから自分の立場を忘れないため、ただそれだけのためにやるのだ〟―臥薪嘗胆《がしんしょうたん》の故事もあるぞ、とそのとき思いついた覚えがない。高校三年の夏、受験勉強とは何をどうするのか分からず、学級文庫、保坂弘司の漢詩の研究など読みふけっていたのに、今でもそうだが虞美人草や比翼連理の物語しか思い出せなかったはずだ。

水をかぶるのはいつの頃からか末政先輩と私の二人だけになっていた。先輩が合格されたあとは、私が一人でかぶっていた。私は都合四年かぶっていた。私が合格してからは、誰も水をかぶる者はいないという。

白門会に入会して二〜三年で何とか教科書が読めるようになり、張り切って日曜日の午前の答案練習に向けて月曜日から日曜日までの一週間一睡もせずに準備したことがある。そのときの身体状況がどうなってしまったかよく覚えている。

体全体が興奮状態になり、頭は締めつけられるようにキリキリと痛むのに、意識は冴えわたる。そして、体の節々とくに手指の関節が鈍痛に見舞われる。小便しようとすると出したいのに痛くて出ない。それでも無理に出そうとすると尿道に焼けつくような激痛が走る。痛みはそれだけにとどまらず、体全体に針を刺されたような痛み、なかでも顔面はひどくビリビリと激痛が走り、頭は割れるように痛い。もう気が狂う寸前である。

決して、決してこの真似はしてくれるな！　生命が危うい。本当に気が狂う恐れがある。高校時代柔道漬けで全身体力の私でさえこのザマなのだから。

それだけ苦しんでもたった一週間の努力。それまでの怠慢のツケで頭は空《から》っぽ、知らないことだらけ。このままでは試験の合格は地平線の彼方だ。いままでの遅れを取り戻すのには眠ってなんかいられない。「人間、何で眠らにゃならんのだ」眠らずに勉強したい。悔しい。

そんなとき峯村光郎先生の「ゲーテ曰く、〝人間は努力する限り迷うものである〟」という言葉を思い出す。一週間眠らずに勉強して峯村先生のおっしゃった言葉の意味を実感した。「俺はやるだけのことはやった」という奴は嘘つきだ。本当に極限まで努力したら、きっとまだ努力が足りないと思うにちがいない。

睡眠不足に苦しみながらも答案練習を終え、「昼食後一〜二時間も眠れば体も少しは楽になるだろう。夕食後は来週の予習にとりかかろう」と床に就いた。「しまった寝過ぎた」と目を覚ましたときは外に夕日が残っている。寝過ぎたと思うくらいに眠った実感からすればすでに夜のはずである。起き出してみると、まだ日は残っているし、鳥の声はのどかだ。だが日曜日にしては雰囲気に緊張感がある。確かめてみると月曜日の夕方だった。私は三〇時間近く眠っていた。毎日五時間の睡眠で安定した勉強をする方がどんなに効率的か、体力に任せ興奮して勉強しても、苦しむばかりで決して実際的でないことを悟った。

また、この寮は、夏は通信教育生のスクーリングの宿舎を兼ねていたので、夏休みに帰省するときは荷物は押入れに入れて、部屋をスクーリング生に使ってもらっていた。帰省しない夏など寮にいると、通教生は皆年上なのでお声をかけていただき、会話や議論が楽しかった。いただいた名刺が、「農業　工藤清助」と名のみであったり、年上の創価学会員の通教生の方に、創価学会入会の折伏《しゃくぶく》をうけて論破すると、返す刀で「でしょう。私たちは信仰しているのですから、貴方のような方が入信して下さり、私たちを指導していただきたいのです」と申される。人間の格のちがいを感じさせていただいた。年かさの通教生の厳しい生活のなかでの、勉強に取組まれる生活や意気込みに接して教えを受け、苦学生への尊敬を「俺にはとても出来ない」と新たにした。働きながら勉強して、司法試験に合格される方もおられ、人間の質というか格のちがいを思い知らされた。

主流は世評通りの糞真面目中大生である。研究室のこれらの諸先輩の教え、そして同級生や後輩の励ましなくして合格はなかったのだ。ただ、この研究室入室のハードルの低い分、異分子も混入する。

本人申告だから真偽不明ながら、東北大の法学部と早稲田の法学部を蹴って入学してきたという共産党シンパの谷田貝臣男君と会話するようになった。別れて以来、年賀状や暑中見舞に生活報告や所感を書くのは、彼に報告するつもりで書いてきた。司法試験勉強の傍ら、共産主義のご本も知ることになり、ほんの少しばかり読ませていただいた。

そんなわけで、私のマルクス理解は谷田貝君のフィルターを通してのものであったろう。

私が中大の大学院に進学したので、彼は中大大学院の発表後、まだ受験できた早稲田大学大学院の公法コースに進学した。浦田というよくできるやつがいると噂に聞いていたが、後に早大教授になられた。

九大の医学部を赤旗振ってクビになったと申される磯野有秀先輩の教えを受けたが、人格責任論を我が國に紹介された不破武夫先生仕込みの井上正治先生から中大通信教育部の全國にある提携校の一つである西日本法律学校で教えを受けられた人格責任論や訴訟構造論に及び、その鋭さに美意識を感じさせてもらった。

共産主義の教条的な話はされず、高橋鉄の性愛論や共産主義の社会的・人間的背景や、労農党員の京都市議会議員で、テロで命を落とした山本宣治による「産児調節論」など、政策や歴史のお話であった。磯野先輩のこれらの社会的背景のお勉強のうえに立つ、人格責任論の不破武夫の弟子の井上正治説の鋭さ、理解に感銘を受けた。

熱心に指導下さった木梨良繁先輩など、実は党員だったらしいのだが、共産党のキの字も申されなかった。憧れの先輩、木梨良繁弁護士が独立され、福岡第一法律事務所と名付けられた。どういう訳か木梨先輩に可愛がっていただいた。ご家族がありながら、単身入寮されて東京地裁（事務官）に通っておられた。日曜日は家に帰られるので、その隙に私も外泊した。帰寮したとき、昨日寮中を木梨さんが、「「内野さん、内野さん」と寮中を探していたよ」といわれて、いたたまれない思いをしたことがあった。

そこで私も藤田一伯弁護士の助けで事務所を立ち上げるとき、木梨さんの弟子筋の事務所としてその名を借りて東京第一法律事務所とした。

ところがこの「第一」というのは共産党系の事務所の名称ということで、東京には第一法律事務所というのがある由で、その事務所から後に我が事務所の名称も定着し、依頼者層もできてきた頃、クレームがついてきたことがあった。第一法律事務所の先輩弁護士の「名前を変えよ」という要求が高飛車であったので、反抗心から意地になってそのままにしてある。世間知らずも甚だしいが、木梨先輩、そうと言って下されば付けなかった名前である。

（8）白門会研究室寮のオアシスにして滋養源　石川博臣先輩

寮生活で忘れられないのは石川博臣先輩（一九期・第一東京弁護士会）のご指導である。松鵜靖先輩（千葉県庁

OB）の久留米の友人で明善高校、早稲田大学OBだった。斉藤金作先生に「中大の研究室で勉強するから、推薦状書いてくれ」と頼んだら、「あんなところに学問はない、司法試験位早稲田で受かる」と書いてもらえなかったので、誰方であったか、民法の先生に頼みに行ったら「学問に國境はない、しっかり勉強して合格し早稲田の名を高らしめてください」といわれて推薦状をもらって我が寮に来られたとのこと。

石川先輩は感激家で感受性豊かでよく涙された。

何のときであったか先輩の感傷を誘うことがあった様子、涙声で「あー　消え果てし青春のー」と、先輩の歌われるアルトハイデルベルクを聞いたのが、この歌を聞いた初めてのことであった。昔、映画があったろうと言われるが私には記憶にない。

毎年、落ちては悔しい涙を流し「俺は幾度「草のみどり」（中大校歌）を歌ったか。おいみんな。俺が受かったら「都の西北」（早大校歌）を歌ってくれよ」といっておられたのは、中大が合格者の三分の一を占め早稲田がまだ受験戦線に出てくる前の我が中大のよき時代の話だ。先輩の合格を心から喜び共に「都の西北」を歌わせていただいた。中大への推薦状を書いてくださった教授の仲人で受験当時先輩がデートをさぼると翌日「ナゼコナカッタ」と先輩のところに電報の届いた先輩の勉強の同志でもあり当時の恋人と結婚された。

石川博臣先輩の指導に感謝して

「早稲田大学校歌」

作詞　相馬御風

作曲　東儀鉄笛

1
都の西北 早稲田の森に 聳ゆる甍 われらが母校
現世を忘れぬ 久遠の理想 進取の精神 学の独立
栄ある歴史を承け伝う かがやくわれらが行手を見よや
わせだ わせだ わせだ わせだ わせだ わせだ わせだ

2
東西古今の文化のうしほ 一つに渦巻く 大島国の
大なる使命を 担ひて立てる われらが行手は 窮り知らず
やがても久遠の 理想の影は あまねく天下に輝き布かん
わせだ わせだ わせだ わせだ わせだ わせだ わせだ

3
あれ見よかしこの 常盤の森は 心のふるさと われらが母校
集まり散じて 人は変れど 仰ぐは同じき 理想の光
いざ声そろへて 空もとどろに われらが母校の名をばたたへん
わせだ わせだ わせだ わせだ わせだ わせだ わせだ
そして、私を生かしてくれた母校へ愛をこめて

「中央大学校歌」
作詞　石川道雄
作曲　坂本良隆

1
草のみどりに風薫る 丘に目映き白門を
慕い集える若人が 真理の道にはげみつつ
栄ある歴史を承け伝う
ああ 中央 われらが中央 中央の名よ 光あれ

2
よしや嵐は荒ぶとも 揺るがぬ意気ぞいや昂く
春の驕奢の花ならで みのりの秋やめざすらむ
学びの園こそ豊なれ
ああ 中央 われらが中央 中央の名よ 誉あれ

3
いざ起て友よ時は今 新しき世のあさぼらけ
胸に血潮の高鳴りや 湧く歌声も晴れやかに
自由の天地ぞ展けゆく
ああ 中央 われらが中央 中央の名よ 栄あれ

石川先輩に多くのことを教わった。

何の問題であったか、司法試験を受験すると称して、懶惰《らんだ》な日々を過ごして、倦怠と嫌悪感にさいなまれているとき、石川先輩は生活の現状に対する厳しい反省と批判を舌鋒鋭く展開され、我々を戒められた。

阿川弘之の『雲の墓標』の、海軍予備学生として応召し、特攻隊員として散華された方の物語をされた。彼は「天際の海と、雲とが、合するところに、潮を墓にして、雲に碑銘を記して、静かに眠っているのだ。雲こそ、吾が墓標、落暉よ碑銘をかざれ」と遺書を残して……。

一身を御國の為に捧げた、二五歳の青年の犠牲の上に惰眠を貪るなと。今早速求めて読んだ。感動したことは覚えているのだが、なにをどう感動したのかさえ、すっかり忘れて、今読み返してみると、先輩のお陰でこんな本を読んで感動した若き日があったことを誇らしく思う。

また、何かの折、いつものように青木武君が石川先輩をからかったのだと思う。「皆さんはそんな見方しかできないのだ！　それでは教えよう！　巌流島の決闘はご存知だと思う。決闘で勝った者は敗者が苦しまないように止めを刺すのが礼儀なのだ。しかし宮本武蔵は巌流佐々木小次郎に止めを刺さずに去った。偉大な尊敬すべきライバルに対して生き返り得るならばとの配慮であった。しかし巌流は息を吹き返すことはなかった。人々は武蔵のことを、さすがの武蔵も「慌てふためいて止めを刺すのを忘れた」と悪口を言った。しかし吉川英治はいう」といって、吉川英治『宮本武蔵』の結びの文章を胸を張って朗々と気持ちよさそうに誦んじられた。――波騒は世の常である。――波にまかせて、泳ぎ上手に、雑魚は歌い雑魚は踊る。けれど、誰か知ろう、百尺下の水の心を。水の深さを。――「吉川英治は武蔵の心をこう結んでいる。この言葉をそっくりお前らに贈ろう」といって立ち去られた。

何とはなく先輩が武蔵で周りの我々が雑魚の気分だった。いつか、この手をどこかで使ってやろうと思いながら吉川『武蔵』を読むはおろか、たったこんな短い文章さえ暗誦できず使いそびれている。

また、今の奥様、当時の恋人を大切にされているご様子に学ばされた。今でも学ぶべしと思いながらなかなかに真似ができないでいる。勉強もさることながら、人生について、憧れについて、生きる指針を教えられた。

今、女の幸せのために己が人生を捧げ尽くすことが男の正しい生き方だ、などと吹いているが、これはボクのオリジナルではなくて石川先輩の生活からの教えだったのかもしれない。一別以来、世に出てからはなかなか遊んではもらえない。あるとき思い出して電話したところ、「有り難う。君の今日の電話のお礼にこの歌を返そう」と当時流行しはじめたばかりの、かまやつひろしの「我が良き友よ」のレコードを奥さんにかけてもらい電話越しに聞かせてもらった。電話越しで良く聴き取れなかったのでレコードを買ってきて聞いた。

先輩の心遣いが伝わってうれしく何回もかけていたところ、当時小学生の長男が覚えて「女郎屋通いを自慢する」などと人前で大声で歌うので往生した。先輩への感謝をこめて歌詞を載せておく。

作詞・作曲　吉田拓郎

「我が良き友よ」（昭和五二年）

下駄をならして奴がくる　腰に手ぬぐいぶらさげて
学生服にしみこんだ　男の臭いがやってくる
アー夢よ　よき友よ　おまえ今頃どの空の下で
俺とおんなじあの星みつめて何想う

可愛いあの娘に声かけられて　頬を染めてたうぶな奴
語り明かせば下宿屋の　おばさん酒持ってやってくる
アー恋よ　よき友よ　俺は今でもこの町に住んで
女房子供に手を焼きながらも生きている

男らしさと人が言う　おまえの顔が目に浮かぶ
力ずくだといいながら　女郎屋通いを自慢する
アー夢よ　よき友よ　時の流れをうらやむじゃないぞ
男らしいはやさしいことだといってくれ

家庭教師のガラじゃない　金のためだといいながら
子供相手に人の道　人生などを説く男
アー夢よ　よき友よ　便りしたため探してみたけど
暑中見舞が返ってきたのは秋だった

古き時代と人は言う　今も昔と俺は言う
バンカラなどと口走る　古き言葉と悔やみつつ
アー友と　よき酒を　時を憂いて飲みあかしたい
今も昔もこの酒つげば　心地よし

学生たちが通りゆく　あいつ程ではないにしろ
まじめなのさと言いたげに　肩で風切って飛んでゆく

アー友よ　よき奴よ　今の暮らしにあきたら二人で
夢を抱えて旅でもしないか　あの頃へ

〔(社)日本音楽著作権協会出版許諾番号００１５０１１－００１〕

(9)「ナゼ　コナカッタ　ミドリ」

生きるお手本石川博臣なのですから、書くことを許してください。先輩八九歳のはずです。私も八八歳。書き残さないと消え失せてはもったいない。「ナゼ　コナカッタ　ミドリ」という名文にまつわる話です。

七〇年安保、ブント（後に赤軍、連合赤軍へと展開）の10・21防衛庁突入事件の統一公判の主任辯護人を勤めた。被告人に藤本常夫がいた。公判傍聴に加藤登紀子が、名前も知らず何をする人かも知らなかったが、来ているという話をきいた。後に東大生歌手で、後に森繁久彌の知床旅情を、音程を故意にはずすような歌い方で、味があると感じて、藤本の恋人（後に結婚）という親近感もあって、コンサートを何回か聴きに行った。彼女の書いた『壊された大地の上に』（合同出版、一九七二年）のご本を読んだ。感性と筆力共にある読み応えのなか、人間の、事の本質に迫っていると感じた石川五右衛門の話を覚えている。五右衛門は秀吉と一戦交えるため、堺に鉄砲買収に出た。どこかの山中に武器弾薬を備蓄し、配下の兵を蓄え、その一切を信頼する女性に預けて出た。ところが、その女性に進言する者があって、五右衛門は鉄砲買いというのは真赤な嘘で、堺に女遊びに出掛けていったのだ、と告げ口する者があった。彼女は怒って、何月何日の〇刻までに帰って来なければ、預かっている武器弾薬を全部焼却すると手紙を出す。しかし、五右衛門が手紙を受け取ったときには、どう考えても指定の時間は間に合わない。何はともあれ、急いで隠れ家に帰るだけ帰ろうと必死で帰ったが、隠れ家のある場所の見える峠にきたとき、隠れ家のあたりから白い煙が立上り、己が運命を悟った、という話だけ記憶している。男と女の関係というものは、そんなものなのだろう。そして私は今、人生最大の困難にある。惚れて一緒になったお公《きみ》に、何がどうあったとしても、全部私の責任だ、何がどうといっても私は生きてはいる。

江戸時代の名残りかの如き、何奴花代だったか玉代だったか、〇円〇銭という記載のある和紙のフスマの下張りのある、遊廓跡の老朽化した全寮制の司法試験受験研究室である。月曜日から土曜日まで勉強して、日曜日の午前中に答案練習とその解答解説を合格者講師からきいて、日曜日の午後と夜が少時の休息という生活である。皆、この午後と夜が息抜きで思い思いの時を過ごすのだが、石川さんは恋人があったので、その日はデートにあてておられた様子だった。

卒業後も司法試験に打込んでおられる石川先輩には、高校、大学のご友人から時々励ましの手紙が届くようであった。あるときのハガキを読み聞かせてもらった。石川博臣、右の者は「粗衣粗食粗マンによく堪えて司法試験の勉強に励む者なり」とあって、ご感想は「こいつのいうのは、粗衣粗食は間違いないが、マンだけは上マンだぞ」と言っておられた。「カアチャンと呼んで大切にしておられたので」私も見習って、今でも真似て妻をカアチャンと呼んだりする。また、寮の隣の三谷屋日用品店の親爺さんが奥さんのことを大声で探して、「お常お常」と呼ばれていた。そこで、お店のことを「お常の店」とよんでいた。イソ弁やった師匠、前田知克先生が奥さまのことを「お外美さん」と呼んでおられた。そんなこんなで、妻を青春の憧れから「カアチャン」「お公」「お公さん」と呼びかけている。

ある月曜日、寮の事務室から研究室の石川先輩に呼出しがかかった。石川さん電報ですよ。石川先輩が飛ぶように走って寮から出てゆかれた様子が、今でも昨日のことのように思い出される。後に聞かせていただいた話では、電文は「ナゼ コナカッタ ミドリ」だったとのこと。みどりさんとのデートをさぼったのは、他の女性とデートをしておられたかららしい。あるとき、我々後輩相手に、心情を語り聞かせて下さった。あの娘とみどりを較べて、全てあの娘が優っている。実家が資産家か、門閥があるか、係累があるか、学歴はどうか、教養はどうか、俺に対するやさしさはどうか、美貌はどうか、年齢はどちらが若いか、どれひとつをとってもみどりよりあの娘が優れている。

しかし、あの娘になくてみどりにあるものが一つだけある。それは、早慶戦の夜を新宿の町で呑み明かした、あの思い出だ。やっぱり俺はみどりを選ぶと、我々後輩に語り聞かせてくださった。その感動を大切に心にしまっている私は、青春を迷走し自らも傷つき、女性をももっと傷つけてきたはずだ。もう一人の寮の先輩、佐藤みどり探偵局の調査員をしておられた関良道先輩紹介の下町のしがない仕立屋の小娘と見合結婚して今日に至っている。ひるがえって我が身である。老い至って、先輩の申される係累もなく、天涯孤独の感の心細さのなか、都ではあろうが異郷東京にあって、町場で喧嘩請負を事として、今五人の子供を生み共に育ててきた困憊、苦労の共有はある。早慶戦の夜の感動の共有はないが、結果は問うまい。共有する生真面目に生きた経過は消すべくもなく、お手本石川先輩を見習って「お公」大切を心掛けている。男の生き方を石川先輩に、そして自己責任を加藤登紀子の御本に、女を信じた男は、そのツケは生命で清算することを学んだ。

(10) ドイツ語めくらのマルクス

大学生二年か三年頃のことであった。級友で大学生活全部の指導をうけ、白門会にも一緒に入室してくれた（何があったのか白門会はすぐに辞められた）ドイツ語師匠の鈴木登次郎君と「Die letzte Brücke（最後の橋）」というドイツ映画を一緒に観た。彼が、字幕が出る前に笑ったり反応するのをうらやましく思うと同時に後悔をもった。

文法と読解の週二時間、たった二年であれだけ上達する我が中央大学のポテンシャルの高さ、生真面目さを生かし得なかったこと、反省しきりであった。

当時はドイツ文字大文字（花文字）まで書けるようになっていたのに、である。以来、鈴木君への感謝と尊敬とは別に、ドイツ語とドイツ語劣等感から抜けられない。泰明小学校の隣にあったドイツパブ「ゲルマニア」に師匠前田知克先生に連れられて以来のドイツパブファンで、新宿にあった「ホフブロイハウス」にも、溜池の「ベルマンズポルカ」にも大分通った。今でも生き残った貴重なドイツパブ「ローレライ」のお世話になることがある。ホフブロイハウスは、一五八九年にドイツの宮廷醸造所としてミュンヘンに創設、一八二八年に一般市民に開放、一九二〇年二月二四日には、ヒトラーのナチス党の結成集会が開かれている。とくに新宿のホフブロイハウスは、由緒あるビアホールの直営といわれていて、ミュンヘンの風格はないものの楽しい店だった。

でも、ドイツパブのお店はほとんどなくなり、銀座ローマイヤはまだあったか、ゾルゲ御用達といわれたドイツレストランの銀座ケテルくらいはまだ残っているだろうか。

今もなお、リベラルという亡霊で残る史的唯物論的文明論の経験上の検討から始めたい。

翻訳ででも読んだ原典は『共産党宣言』とレーニンの『帝國主義論』だけである。『家族私有財産國家の起源』は勉強会で半分くらいまで読んだかだ。資本論など大内兵衛訳でも長谷部文雄訳でも用語自体の意味が取れず、二頁がせいぜいで全く読めていない。

資本論で感動したのは、第何版であったか忘れたが、序文で、頂上を極めた者のみが頂上からの眺望で、その頂上の位置を理解する感動を得ることができる、という趣旨の文章だった。法解釈学のほんの一部、牧野英一先生の刑法解釈学がヘーゲルの一元論は理念的なものは現実的であり現実的なものは理念的であるという哲学的体系で組み立てられていることを戦前の岩波全書『刑法』の簡潔な表現から感得し得たときの感動を、川島武宜先生の現在の社会構造をフランス革命の成果としての市民社会を理論立てされる、緻密で正確な民法の体系への胸苦しくなるほど感動した経験に重ね合わせ、唯物史観の膨大な知の体系を知り得る感動に思いを馳せて憧れをもった、それだけだった。それだけしか理解も出来ず、覚えてもいない。

マルクスは膨大な知の集積のうえに、人智を超えるような知の集積と高い質を備えた体系を築いたのだろうという憧れだ。身近な友人や師と仰ぐ人たちが、「マルクスの史的唯物論は科学である、マルクスの言っている通りに社会が動く」と確信し、語りかけていたことを思い起こす。

そんな感想とて、高校時代の同級生（日高明、上月武士、菊池武の三君の記憶）との高千穂の峰登山と白門会研究室の谷田貝臣男君に案内されて、大天井岳から槍ヶ岳に至り、上高地に降りる北アルプス銀座といわれる縦走路と、八ヶ岳縦走という初心者向けの登山経験から得られた感想だ。

そんな容易な登山道でも、日帰りまたはたった二泊三日でも肉体的困難もさることながら、身の危険のある難所もあって、頂上の素晴らしさと無事下山できた安堵という登山の実感あればこその感慨であったろう。

(11)　名ばかり受験生――デモクラシーとデートクラシー

大学三年生の初夏の頃、母から「チチ（父）ヤマイ（病）ヤヤオモシ（重し）スグカエレ」という電報を受け取った。血圧が高く、脳溢血で眠りこくったまま、治療法とてなく、一週間くらいで息を引き取った。

当時のこととて、かかりつけで戦前から自動車で、市内のお医者さんで新別府町に往診に来てもらっていた中留先生に電話すると、脈を看に来られる程度で、手の施しようなく息を引き取った。さあ大変、一家の生活を支えてくれていた父が死亡して先行きが見通せなくなった。その瞬間は少し気合いが入ったように思う。ただ、訴訟法で法に時間軸が加わってきて、兼子一先生の授業で民訴が分からないところに村松先生の強制執行法がさらに分からず、ようやく単位はもらったものの、まったく理解できずじまいであった。

村松俊夫先生の授業にも出席し、答案練習も実体法ではそこそこの点数が取れていたが、強制執行法や刑訴も団藤先生の授業は必ず受講したのに、公判手続の理解程度で、捜査を含む訴訟構造という流れが理解できずに卒業の年の司法試験合格を諦めた。

この頃であったか、研究室の後輩渋谷与一の新潟佐渡の両津の高校の同級生で明治薬科大学の女子学生さんを追っかけていた。明薬の同級生同志の会話が「喫茶店に沈澱して」であったり、新鮮であった。追っかける間もなく、もうこの年齢、指一本触れさせてもらっていないのだから、広橋紀子さんと名前を明かしておこう。訣別の手紙が届いた。ヒルティの幸福論の結びの言葉「偉大な人々の生涯は我らに教える。我らもまた、かく偉大に生き得ることを。」であった。

折につけ思い出されて、胸苦しい思いをしている。

⑿　司法試験受験生と大学院生と神田川の世界の同居

四年生の秋口、答案練習の成績はそこそことれるようになってきたが、授業も魅力的で出席したいし、基礎力不足の自覚はあって、司法試験受験の執行猶予を得ようと大学院の入試を受けた。

助教授で講義をもたれたばかりの新鮮な下村先生の講義、三年四年と出席していて、司法試験のためには民事法を学ぶべきと思ったが、民事に自信持てず、刑事法を受験した。大学院の刑法研究室も居心地がよかった。日本法制史で隈崎渡先生の授業をとり、江戸時代の刑法「御定書百箇条」が教材の授業で、他大学で助教授になっておられた荒井貢次郎先生と一年上の大久保治男先輩の指導で、江戸時代の法の規定が人間の行為を具体的にとらえて、誰が誰に対してどのような罪を、どのような方法で犯したかによって、刑罰自体が多様化していて、近代法の「人が人を殺した場合」は「死刑、無期、七年以上の刑」と抽象化しているのは、単に立法政策の問題にすぎず、当時のその運用が立体的に理解でき、現在の運用と立法の方向を学ぶことができた。司法試験のプレッシャーさえなければ天國のようなところだった。

大学院入学で司法試験の執行猶予をもらったこともあって気が緩んだか、六〇年安保の季節でもあって、勉強よりデモの方が気合いが入り、デモクラシーであった。

当時の言い方では「一般学生」といわれる、その他大勢のいわば付和雷同の徒ではあった。

(13)　治安出動要綱と新安保自然成立の六月一八日

アイゼンハウアー米大統領が、日米安全保障条約改定に合わせて訪日する予定であった。露払いに訪日したハガティー大統領補佐官は、羽田空港から都心に入る——確か弁慶橋といったか——隘路でデモ隊にはばまれて立往生した。これが六月頃のことであったかと思う（昭和三五年〈一九六〇〉六月一〇日ハガティー事件）。

樺美智子さんが亡くなった六月一五日の爆発的な國会突入事件の夜、北京放送は樺さんを悼む葬送曲を流した。多分はじめて聴く葬送曲で、感動がいつまでも忘れられない。学生諸君なりの「仕掛」があって、六月一五日の爆発があったことと思うが、六月一八日は國会前の道路で夜を明かしたが、この直前頃に「治安出動要綱」が政府によって策定され、デモ隊は特車（戦車のこと）をもってこれを超越する、とあって、スクラム組んで坐り込んでいて、俺だけ逃げるワケにもいかんな、と妙な覚悟をきめた気もする。

六・一五こそ参加しなかったが、六・一八の安保改定自然成立のときは、國会前デモで夜を明かした。

史実によると、総理が池田勇人に代ったあと、北京で浅沼が人民帽を頭にして「米帝國主義は日中共同の敵」と談話するなど、人間機関車といわれ、清貧に甘んずる浅沼の人気は高く、安保反対の嵐のなか革命前夜の感さえあった。

60年安保自然成立の前日（1960年6月18日）

(14)　衆人環視のなかの浅沼稲次郎への山口二矢のテロル

赤尾敏率いる愛國党を主とする右翼が、テロルをやる訓練の映像がＴＶで放映されるなど、世間が革命とテロルのせめぎ合いの雰囲気のなか、池田勇人、西尾末広という政治の中枢の立合演説中に、浅沼稲次郎が昭和三五年（一九六〇）一〇月一二日日比谷公会堂で山口二矢の計画と訓練の上の、己が命と引替え覚悟とみえるテロルの犠牲になった。

この事件で政治の風景が変わった気がする。この後もテロル反対のデモは行われる。ただ、浅沼を担いでする革命への勢いがなくなる。それどころか、デモ行進のテロル反対のシュプレヒコールには力がなく、お通夜デモだ。今まで威勢の良いことを言って多衆をたのんできたが、命がおしいのかテロルの政治効果の恐ろしさを知り、石川啄木の「ココアのひと匙」の詩を思い出したりしていた。

石川啄木

「ココアのひと匙」

われは知る、テロリストのかなしき心を
言葉とおこなひとを分ちがたき、ただひとつの心を
奪はれたる言葉のかはりに、おこなひをもて語らんとする心を
われとわがからだを、敵に投げつくる心を
しかして、そは真面目にして、熱心なる人の常に有つかなしみなり
はてしなき議論の後の冷めたるココアのひと匙を啜りて、そのうすにがき舌触りに
われは知る、テロリストのかなしき、かなしき心を

［註］

政治的暴力防止法こそ労組や革新派の反対で成立しなかったが、池田総理の國会における浅沼への弔辞で、自分に政権移譲した岸が國会内で刺され、さらに目の前で政治家が命を落としたことへの危機感からか、政治暴力を許さない決意を披瀝したこともあってか、行動右翼や総会屋といった暴力的背景を思わせる活動が沈静化すると同時に、脅し、ゆすり、厭がらせの政治活動や企業活動がいわば地下化するというか、段々と見えにくくなっていった。

記憶にある限り、行動右翼といわれる活動は、竹下登氏に対する「ホメ殺し」活動が最後の気がする。

その一方、革新の側でも「革命は銃口から」という毛沢東を尊敬する諸君も表向き口をつぐみ、思考がおおらかに表現されなくなって、これまた地下化していって、左右共に誰がどう思って、どう行動しているのか、オブラート程度でなく、厚いベールをかけて世論を操作してきた気がする。

自社さの細川政権が出来たとき、メディア関係者の忘年会で、政治評論家の宮崎吉政先生が、「マスコミを第四の権力というものがあるが違う。細川政権を作ったのはメディアであって、メディアこそ第一の権力である」と挨拶された。菅直人政権で、東大闘争弁護団など新左翼の弁護活動の同志でもあった、仙谷由人弁護士が官房長官になり、海上保安庁の領海警備船に体当りして公務を妨害する中國人船長を釈放し、その映像を公開した海保の一色正春氏を追放するなど「事勿れ政治」や東国原宮崎県知事や小池百合子東京都知事など、「劇場型選挙」で政治が決まってきた。政治的方向性たる國家観や世界観、人間観の見えにくい時代になってきた印象をもつ。

大きな事件は社会をえぐる鋭利な刃物の役をする。政治的暴力取締法の勉強会が、学者、研究者を対象として中大会館で行われるというので出席した。講師は法政大学教授刑法専門の吉川経夫先生であった。予習しておいた政防法は、テロル防止に誠に有効に感じられ、何故に皆がこれに反対するのか理解できなかった。ところが吉川先生が法案文を逐条で読み説かれてゆくたびに、刑事法専攻の大学院生であることなど吹き飛ぶ鋭い論理で先生が、「この法律で労働組合運動を取締ることはできても、テロル防止のためには何の役にも立たないことを、私は刑法解釈学者として責任をもって申し上げます」と結ばれた。法解釈学なんて法文の字面をなぞるだけで、司法試験合格の手段にすぎない、という意識が一転一変して、法解釈を誇り高く学ぶ動機づけとなった。

科学技術の発達に人間科学、人文科学、社会科学の発達が追いつかず、いびつな國家社会、國際社会を招来しないか案じている。

受験生であることを忘れないために、それでも毎朝早朝の水かぶりは続けた。

また気持ちは追い詰められていたのか円形脱毛症を患ったりしていた。

当時流行の歌声喫茶カチューシャで知り合った彼女もできた。都立の地域名門小松川高校の卒業生で、向上心高く知り合って間もなく、働きながら早大の夜学に通いはじめられた。私は勉強よりデートの方が楽しく、デートクラシーである。生活は勉強の真似事三分で、デモとデートが七分くらいで充実と寸詰りの、希望と絶望の明暗併存の、後に流行した「神田川」の歌の世界であった。彼女には基本書に他書籍の文献を筆写して添付を手伝ってもらうなど、受験の同志であり、橋本公亘教授の顰みに倣って「抵抗権論」、献呈論文も書いたが、そんな拙い学問の真似事も伴走してもらった。合格まで受験生活を支えてもらってこその合格であった。修習前期にこの貴重な同志を失うこととなった（自業自得で）。言葉を越える人生の悔恨である。

⒂　はじめに言葉ありきか

そういえば、大学院の刑事法クラスの親分格で、学年一同を引連れて映画館に行ったり、銭湯に行ったり、クラスをまとめてくれていた岩崎修は後に弁護士になり、共産党から船橋市長選に出たりしていた。日常では何も語らなかったが。

彼が当時助手だった桜木澄和先生と「はじめに言葉ありきか」「行為ありきか」と「Wort oder Tat」だといって議論には加わらせてもらえなかった。

在籍二年で大学院の単位論文も書かず、修士論文も書けなかった。一年卒業延期で単位論文と修士論文に暮までかけ、苦しかったが充実感もあり、その年は司法試験の勉強全く手がつかず、昭和三七年（一九六二）の正月を迎えた。

五月五日択一試験まで半年を切り、論文試験までも半年。この半年だけは多少勉強した。

自分なりに限界まで勉強すると身体と精神がどんな状態になるのか生体実験をした気がする。一年間ベニヤ仕立ての折りたたみ椅子に坐り放しだと、頭が抜けるかと思う痔の痛みのあること、胸苦しくなって呼吸困難になること、精神を病んだように両手で空をつかむなどである。中大在籍七年でいくらかまともに勉強したのはこの一年否、この六カ月だけだった気もする。その年合格した私が司法修習一七期。ただ、後に受験をあきらめ成蹊大学職員となる水野誠と研修所二〇期の弁護士安岡清夫や徳島で弁護士をやった二六期村松克彦が一緒に択一のゼミをやってくれて、はじめて択一に合格して最終合格につながった。水野は、先輩は後輩を踏み台にして合格した、というが、お前もあきらめたのがいけなかったんだ。安岡だって村松だって合格したたし、俺だって、あきらめなかったから合格があったんだぞ。

第3章　ようやく司法試験合格・デモシカ辯護士事始め

(1)　生涯の指導者　藤田一伯さん

昭和三七年（一九六二）、司法試験に合格し、三八年から司法修習生、研修所は前期指ヶ谷町の研修所の寮から、四谷紀尾井町の研修所に通うのだが、後に落ちこぼれる賀集唱教官の要件事実を別とすれば、教科の内容の充実もさることながら、春風に吹かれることが、かくも心地よいものとは初めて感じた。

八組で前期の見学で行った、機関車試乗の折、「貴方、早稲田でしょう」と藤田一伯さんに声を掛けていただいた。

以来、彼が病を得るまで、常に他人とは思えない、心優しい心遣いの指導を受けてきた。おかげで辯護士として何とか今日に至っている。

(2)　充実と怠慢同居の実務修習

実務修習は前橋だった。机を並べて受験勉強した白門会研究室で同学年の仲間、宮嶋英世君が判事補でいて、指導を受ける立場になっていた。

東京在住の同期の観世流の謡をよくされる、慶応大学ご出身の伊藤芳生さんに同じアパートで隣に住んでも

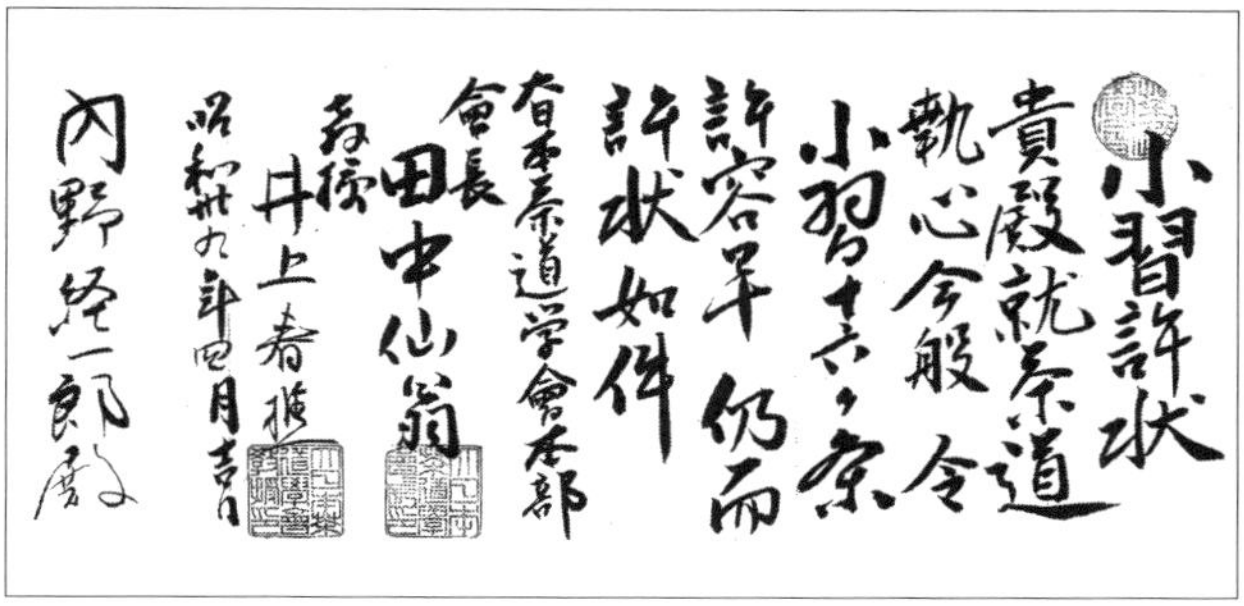

小習許状

らい、社会生活の、生活常識のイロハから手とり足とりの丁寧な指導をうけた。また、前橋在住の慶応大学ＯＧの美濃部和子さんのお導きで、さらに毎週、高崎の大日本茶道学会の、井上工業の社長夫人でもあられる井上春樵先生（学会創設者田中仙樵氏の名から一字いただいている）の下に一緒にお茶の稽古に通うなど、多くの教えを受けた。

子供時代に花嫁修業として、若い女性がお茶とお華（茶道と華道）の習い事をするのが定番で、能なしで妻としてしか生き得ない女性の装飾稽古事でもあろうかと、軽蔑の眼差しで見ていた。

このことを恥じ反省する。真似事程度のお茶であっても、作法の所作の締まった美しさと稽古の終ったあとの清々しさを思い起し、お花ではお花の稽古をしていた実弟守に教わった、自然の美の美意識の高まりと充実を感じたことから、今、当時の我が國の日常生活のなかに生活の所作を美しく、家庭を無駄のない空間にして、また家庭生活のなかに、自然の美の美意識を涵養して、共に女性の、そして家庭生活の質を充実し、実りあるものへとの親心であったことを理解できるようになったのは最近のことである。亡び去った、失われたお茶とお花が花嫁修業であった、古の豊かな生活習慣を惜しみ懐かしんでいる。

かたわらの　秋草の花　語るらむ　亡びしものは　懐かしきかな　　若山牧水

再び復権を目指したい。

かつて喜多流のお能をやっている、伊勢崎市出身の女性に憧れを持ったこともあって、伊藤芳生さんが時に練習される観世流の謡は、朗々として心が洗われる思いであった。いつ、そんな勉強をしたのですか、と不思議に思うくらい、半端でない豊富な知識で、実務修習中に教えを受けたことを感謝している。彼の口癖は親しみを込めて、「アンタ、もの知らんからなあ」と基礎知識なく会話が通じないことをもどかしがられた。今でも「俺は物を知らんからなぁ」を生活の原点に置いているつもりだ。

刑事の部長三橋弘先生の人間性豊かで感覚鋭く、歯切れ良い指導や、民事中堅裁判官秋吉稔弘先生の論理鋭い、当事者に有無を言わせない厳しい訴訟指導が印象に残る。

前期に失った人生の同志に代わって、前橋で、当時アメリカで評判と聞くスポック博士の育児書の邦訳に挑戦する知的腕力と、ブルーノ・タウトを評価し、その事蹟を案内してくれ、そして広島原爆の被害者阿部静子さん（後に阿部さんのご長男も中大の後輩だと知り、嬉しかった）の詩「午前10時のひざしのようなあたたかい手を　生きていてよかったと思いつづけられるように」の感動を語り聞かせてくれる感受性をもつ幼稚園教諭の方があって、結婚しようと言ったのに小さな個性の折合いがつかず流された。シリンダーとピストンはどんな小さな傷でもあれば機械としての機能を営まないものだと感じた。

⑶　頼りは修習修了証のみ

後期になり、起案に明け暮れる。

二回試験の恐怖で、落とされるのは四五〇人中一人二人というのであれば、何とかなろうと思っていたが、結果約五〇人のクラス全員が合格していて無事法曹資格を得られた。

修習終了式の後のクラス集会で筒に入った修習修了証をかざしながら、何の力もないが、この修了証を頼りに生活をしてゆこうと思うと挨拶された米田正已さんの言葉が心に残って、自分などなおのことこの修了証にすがりついて生きてゆくのだと自覚を新たにした。そして今でも辯護士しか生きる途がない、と米田さんの言葉と辯護士であることを大切にしている。

(4)　前田知克弁護士に心酔

昭和四〇年、就職先の事務所探しに入った。当時のこと藤田一伯さんも私も当然のことのように現実の活動参加はさぼるにしても、会員としては青年法律家協会に参加していた。就職担当も兼ねる青法協の当時の責任者の弁護士のところに二人で相談に行ってみた。ある程度の名前のある事務所名をあげ、会としての意見を求めた。「あそこはやめた方がいい」とだけ申され、他に積極的に事務所をすすめられることはなかった。

藤田も私も青法協の身内になり得る資質がないこと、野人で組織人たり得ないこと、調べがついていたのでしょう。我々も責任者へ良い印象が持てずじまいであった。

そこに一二期の前田知克先生の事務所が募集していることを知った。二人して出掛け、二人して前田先生に惚れ込んで、「募集一人になっていますが、二人まとめて採用してもらえませんか」とお願いして採用してもらった。前田先生は、伝説の弁護士今村力三郎の書生をなさったという、牧野内武人先生のところを、一年で飛び出されて独立されたとのこと。そんなご縁もあってか、牧野内事務所の前田先生の兄弟子の中大先輩荒井金市先生の知遇を得たところ、日中法律家友好協会への入会紹介をいただいた。

前田事務所では夜の仕事はナイターと称して二人して厭わず、仕事に励んだ。と言ってみても、私の起案など平板で実用性なく、要件事実しっかり押さえていたか疑わしい。前田先生に手を入れてもらうと締まり、美意識を呼ぶものになる。

一方、藤田の起案にはほとんど手が入らない。藤田の文章自体が締まっていて、要件を外すことが無かったのだろう。

藤田さんの大学時代のご友人に伺ったことがある。どこかへ遊びに行って打上げに呑み会をやる。そんなとき、藤田は遊びに行った状況を文章化し、写生してからでないと参加しなかった。「新聞記者志望だったからね」と仰っていた。

また、前田先生は依頼者の方からお金をいただくことのむずかしさを、依頼者は最大の敵である、と申されたり、争訟にせず和解で納めた方がよい、といくら説得しても納得しない方に対して、その方が帰られたあと、「ちと揉んでゼニにするか」といったりしておられたが、常に依頼者への視線がやさしく、真意が理解できたので、表現を素直になされれば良いものを！　とキツイ先生の表現に親しみをもった。

(5)　いわゆる新左翼活動の辯護

惚れ込んで生涯前田先生の乾分で良いと思い込んでいた。それなのに自分の力量のなさで起案が上げられないのは前田先生のせいのようにして、「辞めさせてください」と暇乞いをしてしまった。わずか一年の修業だったが内容は充実していた。民事の案件もさることながら、倒産事案の肚の据わった債権者対応に感服した。

日韓条約反対闘争で逮捕者が出ると逮捕者は前田事務所に頼みたいという。

刑事第4部身柄担当の裁判官から電話が掛かってくる。「先生、とても勾留事案ではないのですが、住所・氏名言わないので出せません。接見に来て住所・氏名言わせてもらえませんか」と。

そんなご縁で、以後社会党系の学生事件に関わってゆくのだが、裁判所が牧歌的だったのは「日韓条約反対闘争」までで、以後弁護人まで「敵扱い」のような会話の通じない冷ややかな関係が続いてきたように思う。たまに昔気質の裁判官に出会うと嬉しくなるような。

七〇年安保の荒れる法廷では辯護側にいた。ちなみに、前田事務所の、我々の次の一八期は二人の大物弁護士、福岡清と山根二郎であった。

日弁連が東京芝のプリンスホテルの日弁連総会で、「過激派学生批難決議」を出すというので、弁護士会にあるまじきことであって、こんな決議案が通ってしまうと一学生諸君の辯護をしている我々が弁護士倫理違反で懲戒される怖れなしとしない。現に後に懲戒調査の申立があったとかで、東京弁護士会から呼出され、会長面接を受けた。福岡弁護士や山根弁護士などとも協力し合って、一瀉千里に議決しようと議事を誘導する議長に、言葉しか知らない「議事進行」や「動議」を出して、会議法のセオリーどおりに会議を運用するように迫って事なきを得た。葉山水樹弁護士がこのことを覚えておられ、というよりもご自分も一緒に活動された気がするのだが、日中法律家交流協会で「先生、日弁連の議決をつぶされましたよね」と話題にされたことがあって思い出した。

学生時代、柔道部の先輩に誘われて、自由民主党学生部で他大学の先輩の議論を拝聴していて議事進行が優先するとか、動議が先議とかいう議論を聞いていたことが役立ったのかもしれない。

今にして思えば、全学連主流派といわれ、反日共系といわれてセクト化し始めた頃で、この決議案も日弁連の執行部に影響力の強い共産党系の弁護士さん方の方針だったのではないか、決議案の不成立は時間切れと共に、そんな党派の争いを厭う執行部の立場もあったかと思う。

(6)　事務所の独立

前田事務所を一年一カ月で独立した。自分の起案力のなさを、前田先生のせいと言募って。藤田一伯弁護士が前田事務所参加と同じように、「お前一人にしておくわけにいかんだろう。」と指導官として一緒に独立して下さった。昭和四一年（一九六六）五月東京第一法律事務所の看板を、代々木駅前の裏、この東物産ビル（下の写真）三階の四坪に掲げた。やがて、前田事務所一年後輩の山根二郎弁護士も、代々木の裏道にある東物産ビル三階の四坪の事務所に転がり込んできて、超個性的新左翼事務所となった。

(7)　水俣病

他方この頃、水俣病と呼ばれる公害が明らかになって、その悲惨なドキュメント『苦海浄土』（石牟礼道子、講談社文庫）により日本中の怒りに火を点けた。老いも若きも思想信条を超え、企業の倫理と無策國家に怒ったはずなのに、被害者の支援と発生源への怒りを表現し、自己犠牲を厭わず行動したのは左翼共産主義支持者であった。足尾銅山鉱毒事件に立ち上がった田中正造が、共産主義者だったのか、市民の怒りが主義如何に関わらない保守的な田中の心に火を点けたのか。公害の黙視が許されないのは、目指す社会の在り方如何に関わらないはずなのに、何故保守が沈黙していたのか、である。

(8)　宮崎一区での選挙を目指すも政治ごっこの域を出ず

秋田大助代議士の秘書経験のある大宮高校後輩で、中大の後輩でもある堀切正季君が、あるとき事務所を訪ねてくれて「玉はいいわ、いけるわ」との挑発に乗り、昭和四七年（一九七二）から「金帰月来」の政治活動を宮崎で二年余やった。派閥の門を叩いて、保利茂や石田博英に会い、伊東光晴先生の経済の入門書を読んだり、政治家の勉強会に参加するなど、それなりの活動はしたが、経済的に行き詰まり、政治活動は続けられな

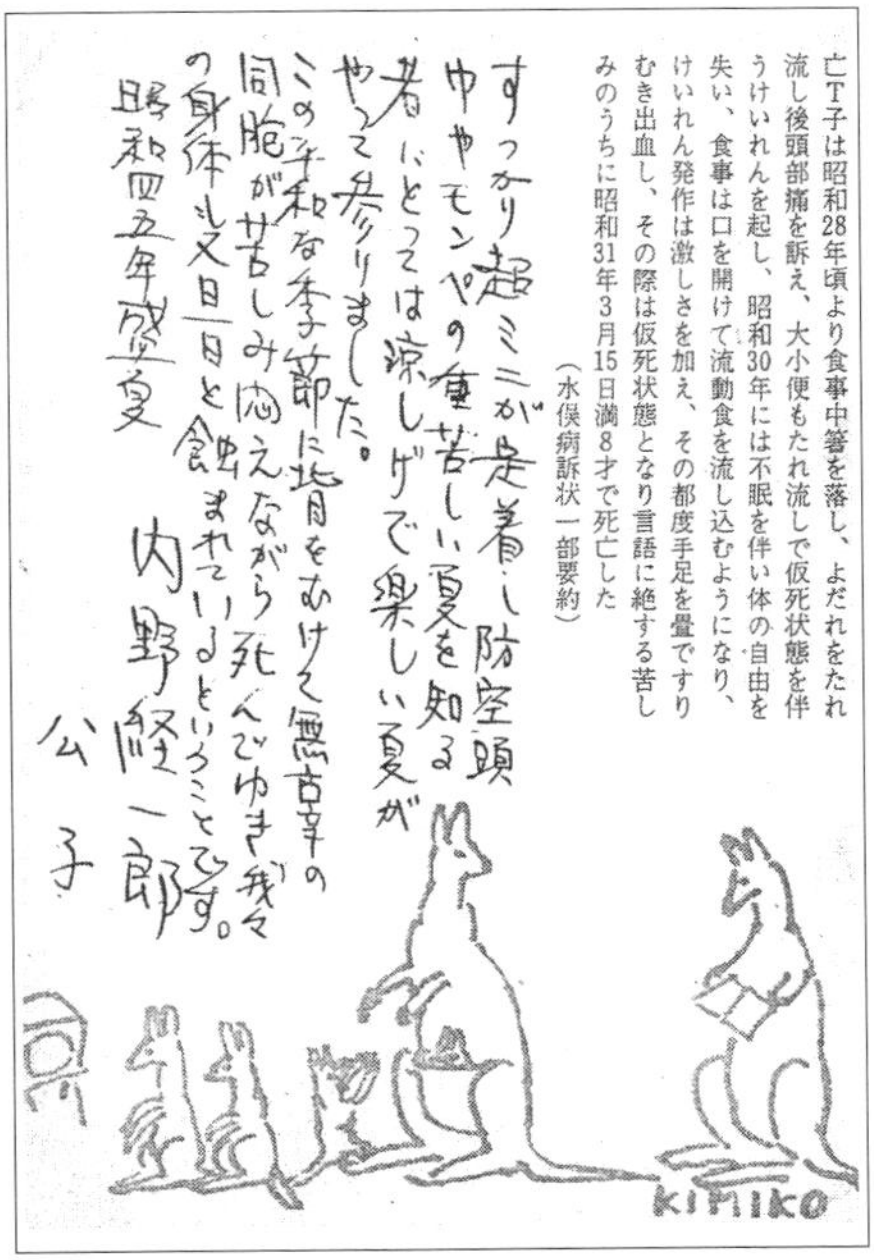

1970年（昭和45）　暑中お伺い

弁護活動には参加しなかったのですが，水俣病弁護団に名前を連ねました。送付を受けた多分最初の訴状の要約です。

昭和45年8月三男出生。

ポスター「内野経一郎という男」

かった。

谷田貝の撮ってくれた写真を、荏原宣男さんの弟の篠田祥二さんがデザインしてくれた（前頁の写真）。多分、昭和四七年のこと。

政治活動の指南役堀切は短気で、すぐに、お世話になった方であろうと、今をときめく政治家であろうと、誰にでも喧嘩を売るので、狭い宮崎で孤立を深めていた。おかげで私も世間を狭めていた。しかし、「犬は三日エサをやると、生涯恩を忘れんという」といって、終生私の宮崎の城代家老と称して、無条件に私を信頼してくれた。狭めた世間に代えられない男の生き方をみた。彼への弔辞をのせておく。

堀切正季君への弔辞

平成二八年六月二七日　辯護士　内野経一郎

堀切！、六月二五日の朝
お前が息を引き取ったこと　奥さんから知らせがあった。

俺が先輩だぞ！　内野さんと呼べ！　と　いくらお前に言っても俺のことを「お前」と呼び捨てにした。それでもなお　誰が何と言おうと　俺はお前が好きだった。
八〇年の俺の人生で肝胆相照らしたのは　お前唯一人だ。
たった一人でも信頼する友のあったこと　俺の人生で慰めであり誇りであった。
お前の俺への信頼が俺の自信となり

心からなる信頼を寄せて下さる依頼者ができ
その自信が自信を呼んで更なる信頼の輪が拡がり
今日までの辯護士人生を続けてこられた。
お前への感謝　言葉に尽くせない
そして　どこか俺にもとるところがあって　お前が命尽きるまで　宮崎における
俺の「城代家老」を自認してくれたのではあろう。唯、
人物識見ともに　お前の信頼にこたえられる俺でなかったこと　そして俺への
好意がお前の体への無理となって健康を損ない　命を縮めたかとお詫びする。

何時のころからか「鬼の堀さん」改め「仏の堀さん」をやれ！　としつっこく言っ
たが　聞かなかった。死の床にお前を見舞って改めて「仏の堀さん」やれと言っ
たら首を横に振り「鬼の堀さん」で行くのか　と聞いたら　首を縦に振った！
お前らしい人生だった。
堀切　有難度う　を　何万べんでも言うぞ。
色んなことのあった四〇有余年、俺への理解、心から感謝する。
有難う。さようなら

宮川隆義革新会

政治家やりたい、といってみても、堀切の「玉はいいわ。いけるわ！」というおだてというか、口車に乗っただけのこと。地盤、看板、鞄、票田があり、政治家として見栄えのする職業や家柄であり、選挙資金があるという「三バン」があって、可能といわれた時代のこと、ないないずくしで無謀無茶ではじめた。

当時、政治広報センターという選挙のコンサルタントのはしりだった宮川隆義さんから、堀切が秋田大助先生の秘書時代からの付合いとて、大分ご指導をうけた。ウスラ左翼ボケで、自民党でも左翼的というか、柔軟な考え方の石田博英の門を叩いたりしたが、窮極は河野洋平先生であった。時期が前後するかもしれないが、公害反対をいう奴が左翼とみられる時代に、石神井中学で光化学反応で生徒が倒れ、牛込柳町が交通公害で東京一空気が濁っているといわれたとき、光化学スモッグで生徒が倒れたという事実が重要なのであって、これを無視することは政治家として許されない、と自民党が党自体及び腰のところに、敢然と現状にＮＯ！　を正面からつきつける河野洋平は、我々の憧れの保守政治家であった。

同じ白門会で、司法試験の勉強をしていた青木武君が、小田原高校の同級生だというので紹介をうけ、平塚のお屋敷の縁側に坐って、青木と洋平先生はタメ口きいて話をし、私は洋平先生に敬語で語りかけ、洋平先生は私に指導者としての立場で語りかけられるという、それでいてチグハグ感も違和感もなく、ごく自然に会話がすすむという大変に幸せな時をもったことが、鮮やかに思い出される。

以来、洋平先生にそのファンたる政治家志望の方々と勉強会を通じて指導を賜るのだが、後に青森県知事になる木村守男さんと総務大臣になる伊藤公介さんとは、今でもご縁をもっている。洋平先生のご指導や勉強会でのこと、勉強させていただいたことは覚えているのに、すっかり内容を忘れてしまって礼を失している。ただ、講師として招かれた秦野章先生の、國民は税金という安くもない木戸銭を払うているのだから、政治家はもう少し見応えのある芝居をしろ、と叱られたこと、ノンキャリで警視総監に任ぜられるだけの方だと、尊敬を新たにした記憶だけは残っている。

私自身は、皆様に詫び状出して金帰火来の政治活動をあきらめて辯護士専業に返ったが、あるとき宮川隆義さんが支持政党なしの割合が六五%をこえたとかで、その層の國民の期待に応える政党というか、政治団体を立ち上げるというので、彼の借金の保証人になり、また新聞広告の革新会に名前を出したことがあった。そこそこの人物が参加した様子はあったが、そこにその支持政党なしの受皿政党として、洋平先生が新自由クラブを立ち上げられて、勉強会仲間のほとんどが参加されたように思う。

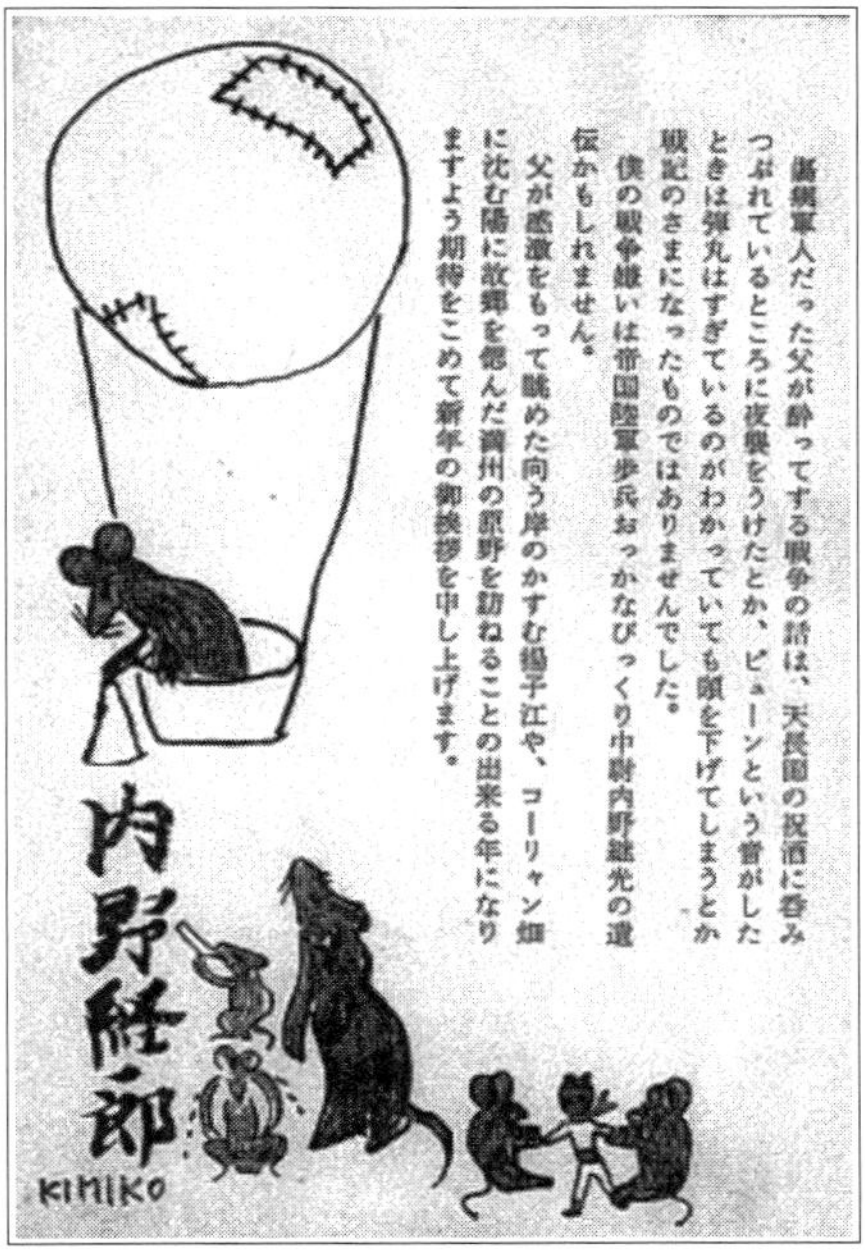

1972年（昭和47）　年賀状

選挙やるとアドバルーンあげてみても，つぎはぎだらけの気球で，とても威勢よくメガホンでガナリ立てる状態ではなさそうです。子供はオモチャの仮面ライダーの奪い合いで喧嘩はするし，泣くし，亭主は仕事そこそこで政治活動の真似事にうつつを抜かして，雌鼠は不安そうなのであります。

寡黙な父で，父からの話を聞くことは少なかったのですが，酔って子供のボクに時々言い聞かせる話は，友軍に厳しく「経一郎，チャンコロは勇敢だぞ！」という敵兵勇戦，の讃歌であった。

革新会から新自由クラブに至り、細川政権、自社さ政権と自民党が政権を失うに至る、我が國の箱庭的三國史の物語も、秦野先生の申されるような見応えのある芝居に見えず、次第に政治への関心が薄れていったが、そんなことがきっかけで革新会の権威に見えて質問の鋭さに感服後に「票田のトラクター」の作者として評価される渡辺乾介さんの知遇を得て、社会現象へのメディア的観察眼のご指導をうけた成果だったかもしれない。細川政権ができた年のメディア関係者の忘年会で、政治評論家の宮崎吉政先生が、マスコミを第四の権力という者があるがそれは違う、マスコミは第一の権力だ。細川政権を作ったのはマスコミだ、と挨拶をしておられた印象が残る。おかげで政治技術、政治活動のむずかしさが身に沁み、下手の横好きもほどほどにと法実務に気持も身体も回帰して、今日を迎えている。

ただ、洋平先生が新自由クラブを立上げられたとき、支持政党なしという政治への無関心というか、政治的方向性を見失った國民への現状を肯定的にとらえながらも、政治に夢を感じとり得ない層への、あの名門で政治への姿勢のスッキリした清潔感で、爆発的な國民の支持が得られたことに一面納得しながらも、新聞の一面に「愚直に政治をやる」と見出しがあって、金権的体質の自民への國民の無力感への國民の支持を得るための「修辞」的発言かなと思いながらも、政治に「愚直」は禁句ではないかと違和感を覚えたことを思い出す。

後に田中派を竹下登が割ろうとしたとき、二階堂進がこれに反発して田中派をそのまま守ろうと、いわゆる二階堂の乱を起こした。そのとき田中派にいた宮崎県選出の参議院議員だった上杉光弘議員が、二階堂先生に「先生、この田中先生命の旗かかげて失敗したらどうされるのですか」と尋ねたら、先生が「そんときゃ、鹿児島で百姓やる」と答えられたので、世話になっていて、ついてゆきたいと思ったが、政治の現実はそうはゆかず、止むなく竹下についた、と言っておられた。

二階堂先生が「政治の筋というものがある。竹下がうまくゆくワケがない。俺の政治生命かけて田中を守り抜く」と上杉に語りかけられたら、異なった展開があり得たか、政治とはそんなものか、と思ったりした。藤田一伯さんが早稲田大学の政治学科のご出身で、政治というのは行動の準則が見えない。身の処し方がむずかしいが、法学部は法律という行動の目安が示されているから楽だ、と言っておられたことなど思い出して、ボンヤリと法学部デモシカ辯護士を選択して人生の厳しさに向き合うことから、要領良く逃げていたのかもしれないと思ったりしている。

⑼　百姓辯護士、土方辯護士の自覚

民事・刑事を問わず、受けた事案に対しては、弁護士制度の制度趣旨に忠実・勤勉に仕事をしてきたという自負がある。

ただ、制度に忠実という自負というのは、百姓の出として、草取り仕事を怠ると畑が荒れる。その感覚で飯が喰えなくなる恐怖感でだ。

啄木ではないが、「働いても働いても我が暮らし楽にならず、じっと手を見る」のが現実である。

城野宏先生の教えでは、「世間様のお役に立てば、自ずと収入は増える」とのこと。世間の役に立つ仕事していないだけのことか。

少しは辯護士業務で世間の役に立ちたいものである。

「歩」という演歌は、私の持ち歌で折にふれて歌う。「歩には歩なりの意地がある　いつか「と金」で大暴れ」の心意気である。

私の両親は鹿児島の薩摩郡内で、母は入来町、父は東郷町で、いずれも島津に帰順した旧渋谷一族（入来院と東郷家）の所領の出身である。

母方は入来院に仕えた武士で、御一新で農業と鍛冶屋を営んでいたとのこと。フイゴもハンマーも残っており、半ば認知症気味で腰の曲った祖父が振り下ろすハンマーの下に、頭を入れてフイゴの火を燃やしながら祖母は手伝っていた。焼け落ちた父の軍刀を民生品に加工する様子は、祖母の祖父への信頼の証しで感動的であった。

父方のご先祖さまは根っからの百姓で、菅原道真公につき従って太宰府から移住して庄屋として東郷家に仕えた、と伝え聞いていて、爺の代まで農業を生業としていた。父が勤め人で、私は農業については疎開した母の実家で、ほんの真似事くらいしかしていない。百姓のきつさは垣間見る程度でも、その苦しさは身に沁みている。

軽佻浮薄にバブルに踊って、経済的には当然、身体的、心理的に苦しみもした。「借金で首が回らぬ」とはこのことか、と言葉の意味を実感した。それでも何とか生き延びている。

あるとき、古い依頼者が訪ねてくれたとき、「頭の良い弁護士はいくらもいるのに何で俺、飯が喰えているんだ」と尋ねたら、即座に一言「真面目です」と言ってもらった。この一言が私のささやかな勲章である。

鹿児島の一百姓であること、その原点で百姓辯護士として、そして生真面目人材養成所中央大学に学んだ者として、糞真面目に仕事して、その生涯を全うしようと思う。

昔、住宅新報社のアメリカ不動産事情視察旅行という不動産業者向けの企画に参加したことがある。ある不動産業者の方が、私のことを、土建屋は背広を着ているが、先生は現場で作業着で作業をする土方辯護士である、といわれ、旅行中「土方辯護士」といわれて困った。今、それもそうだとも思う。土方殺すに刃物は要らぬ、雨の三日も降れば良い。そんな柔な土方辯護士なんかじゃないぞ。作業着で現場で働く土方辯護士であると共に、踏まれても蹴られても、隙をみつけて生き延びる「雑草辯護士」でありたいと思う。どんなことがあっても、他人にどう嫌われてもしつこく生き延びて、我が道を歩みたい。

そう言えば、永野義一は「俺は土方検事だ」といっていたことを思いだす。いつでもしんどい捜査検事ばかりやらされるというグチだ。転勤検事でドサ廻りも多かったがそればかりでない、東京地検特捜で野村證券や共和やらせてもらったんだから、文句言うな！　だ。それにしてもお前の研修所でのクラスで一番の仲良しは加藤次郎で、その加藤の弟加藤紘一の共和汚職事件での取調検事がお前では立件は無理と思ったものだった。その特捜のお前の取調室まで聞こえる被疑者を怒鳴る声は白門会研究室の一年先輩の水上寛二先輩の声だった。検察の取調手法の一つだったようだが、水上先輩が日商岩井事件のキーパーソンの一人の起訴検事であることを知って事案の背景を伺った。

先輩は、会社の為にやっていて私心が全くない、こんな仕事熱心な真面目な奴はなかなかいない。勘弁してやろうと思ったが他の土地開発で少額だがポケットに入れたことが判ったので、起訴したと言っておられた。会社の悪事でも人間的に清潔なら見逃されるのかという不自然さを感じない訳ではなかったが、水上先輩の人柄を嬉しく聞いたことがあった。

(10) 仁平志奈子弁護士のこと

若い頃は仁平志奈子弁護士と二人で対処していた。相談者が、複雑な事業取引を説明して、ここのこの利益を取得したいが、このリスクを回避したい、そんな事業モデルを組み立てて下さいという。プレーヤーが多くて、何故そんな取引形態になるのか理解がすすまず、「社長、利益とリスクはセットではないですか」などと答え、社長も「そうは思うのですが、何とかなりませんか」と申される。沈思黙考していた仁平が口を開く。社長は破顔一笑。それで組み立てます、と納得して帰られた。

今、愚息令四郎が仁平に代わって対処する。かつての仁平の沈思黙考とは異なり、令四郎が忙しくパソコンを操作する。少時あって数枚のプリントを打出し、手渡してこの条文にこんな判例があります、こんな組立でいかがでしょうか、と提案して相談にみえた事業家の方が納得される。

今、並び大名でお飾りで、相談に参加しているのではない。何があっても法廷から離れず五五年。ひたすら依頼者の幸せを願って、人生を捧げてきた。社会的に評価され、表彰されることもない。しかし、もつれたヒモをどうほどくかという社会の片隅で過ごした生活が、息子の弁護士令四郎のようにはゆかなくとも現在に生きないはずもあるまい。

若い頃、どう考えても詐欺罪は成立しない事案で、激しく無罪を争った。しかし、結果は有罪実刑であった。法廷で手錠をかけられる被告人に詫びた。「すみませんでした。力量不足でこんな結果になった。無実だと思うから、他の先生にたのんで、控訴して下さい」と。彼の答えは、「先生があれだけやってダメなものは、誰がやっても無理です。務めてきます」であった。そう依頼者に励ましを受けられて、仕事をつづけられた。これからもそうありたい。

(11) 鴻志会のこと

事務所開設の翌昭和四一年（一九六六）から、史記の故事に倣い「鴻志会」と名付け、中大に入学直後の武藤功君（弁護士）の仲間一〇人ばかりと勉強会を開始。次第に学生運動も激化し、いつしか自然消滅してしまいました。

第一次鴻志会

藤田一伯先生と事務所を立ち上げてはみても、留守居に実妹の洋子を置いておくだけでは仕事の手伝いに足らず、裁判所への用も足りない。中大にアルバイト募集を出したところ、挨拶するより先、事務所のドアを開けた途端、「ナーンダ、こんな小せえところか」と無礼な学生がやってきた。今や一家をなしている、出藍の誉高い武藤功弁護士（三五期）だ。きけば、司法試験受験希望というから、仲間を募って鴻志会と名付けて、事務所開設の翌年昭和四二年（一九六七）から毎日曜日、公共施設の施設ジプシーで、ゼミや答練をやっていた。夏休みは合宿の勉強会などもやっていた。当時流行していたらしい「若者たち」という歌を、合宿で教わって今でも覚えている。

君の行く道は　果てしなく遠い
だのに何故　歯をくいしばり
君は行くのか　そんなにしてまで

との歌詞を大事にしている。

だが、学生運動が激しくなる。会員で機動隊員の学生は、もう警察にいられません、と離職したり、先生、法律なんかやっても役に立ちませんよ、歴史やらなきゃダメです、という者があったり、「司法試験やるんだろう止めろ」というのに、会員のなかで、「先生明日カルチェラタン闘争でお茶の水の交番襲撃しますから、捕まったら弁護たのみますよ」という者があったりで、大学も荒れていたが、会も荒れ、最後二〇人くらいの会員だったが、いつか沙汰止みになってしまった。

このときの会員で後に合格の報告をくれたのは、武藤弁護士と静岡県で弁護士登録をした清水光康君（二八期）の二人だけだった。

第二次鴻志会

辯護士になって一八年目の昭和五八年（一九八三）、思いも新たに第二次「鴻志会」研究室を始めました。全寮制の司法試験研究所を作りたいとの思い入れは、自分も受験生活を体験した、中大教授（弁護士）柳沢義男先生創設の「白門会司法会計研究所」への憧れからでした。とはいえ、全寮制を作るほどの力量はなく、一〇人ほどの二段ベッドの仮眠室を設けて出発しました。

世の中も大分落着いてきて、事務所に仁平志奈子という天才弁護士が参加してくれて軌道に乗った頃、行徳の「のり田」の広い土地が地面屋に取られそうになったのを、確か何かの必要書類の下にカーボンを入れて、地上権設定契約書のサインをしているのを仁平が見破ってくれて、お金はもらえなかったが七〇〇〇万円相当の土地が報酬としてもらえた。そこでこれを原資に、自分が育った白門会研究室のようなわけにはゆかないが、中野三丁目で一軒家を求めて、研究室という勉強部屋と仮眠室を設ける第二次鴻志会をはじめた（資料による

と一九八二～二〇〇五年〈昭和五七～平成一七年〉）。

一人二人の合格者から、最終的には年七～八人の合格者が出た年もあったように思う。顧問先と親しい友人知人の参加を求め、合格者のご両親も招いて東京で合格を祝う会を行い、合格を寿ぎ顕彰した。さらにご褒美に宮崎旅行に案内して、そこでもお祝の会を催して旧友たちに披露した。そのうち合格者の将来に何か残る企画はないかと考え、「知覧特攻平和会館見学」を企画した。時代は落着きを少しは取戻しつつあるといえども、左翼思考が時代を覆っていたので、恐る恐るの企画であった。

会館の入り口でいったん解散し、集合時間をきめて自由参観とした。集合した会員が小声で抗議するから、案の定「特攻」がまずかったかと耳をそばだてたら、「集合時間が早すぎる」という抗議であった。時代の風が移ろうのか、本物のもつ感動であったか、以後、知覧見学も習いとしたが、ロースクールの制度の創設で、この勉強会の企画は実行できず、沙汰止みになった。

私の辯護士四〇年誌記録、鴻志会出身合格者一覧では、氏名、出身大学、合格年次が明らかな合格者は三八人あります。鴻志会休会にあたって、古沢昌彦弁護士が編集してくれた記念誌に、近藤早利弁護士が私を認める文章を載せていますので、嬉しくなってここに再録します。

規格外の人　内野経一郎先生への感謝

弁護士　近藤早利（42期）

司法試験を受けた理由は、しばらくのモラトリアムが欲しいだけのことだった。在学中から司法試験を志している連中とは、どうにも肌合いが合わなかった。人の話を黙って聞いていることが大嫌いだから、予備校へ行っても、すぐに通わなくなってしまった。自分を恃む思いだけを持て余していた。

そして、昭和58年の択一発表会場で鴻志会の開講案内を手渡された。

そこには、開講の辞があった。


司法試験を受験するしないにかかわらず、この時期の諸君は極限まで突き詰めた濃い密度の時間を過ごすことが求められているはずだ。諸君に鞭をもって、これを強いるものは誰も居ない。

ただ、克己自律あるのみである。

そして、司法試験を目指すものが、その濃密度の時間を一念集中沈潜し、法律学の狂人と化して一年、それで合格しないとすれば、己の能力がなかったか方法に誤りがあったはずである。

司法試験の受験は一年で充分、二年を費やすことを屈辱と考える諸君があれば共に学びたい。


今も、20世紀に書かれた文章の中で、最も格調高く、人を動かす力のあるものだと思っているこの「開講の辞」との出会いが、すべてのはじまりだった。

すぐさま東京第一法律事務所に連絡を取って入会させていただいた。

近藤早利弁護士に過分のお褒めをいただいた広告文は、我が母校日向学院創立のチマッチ師の考える校是「己を知り己に克て」を下敷きに、白門会研究室寮の末政憲一先輩など先輩方への憧れの表現だった気がする。

先輩方を真似ようと努めた自負も手伝って。

(12)　武久鴻志会＝学習塾のこと

義弟長谷川泰造の早大大学院の同期生、松村重紘が結婚するので、事務所でアルバイトをさせてくれ、とのこと。松村の指導教官は、法社会学の畑穣教授であった。松村の紹介で一杯やりながら懇談したが、その頃流行の柴田翔の「されど我らが日々」の月旦などして楽しかった。

その頃ややあって、森上展安と春日秀一郎が早稲田の法学部を卒業して、我が事務所の職員募集に応募してきた。既に松村は辞めて、魚河岸で手押車を押していた。ただ、森上の指導教官は畑教授というので採用した。春日は司法試験受験が目的の就職だから分かりやすいが、森上は「将来どうするのだ」と尋ねると、「どうしますかねぇ」と煮え切らない。そんなところに、公教育の内容が希薄なことに親として納得できなかったことから、森上に学習塾をやらないかとすすめてみた。

彼はどこからか、遠山啓、銀林浩先生の水道方式という算数教育が画期的だという情報を得て、分からない子供たちに分かるように教える有意義な塾として、「水道方式で拓く落ちこぼれ算数教室」というチラシを作って配ったところ、何人かの塾生が来てくれた。ただ、来講してくれた塾生は、落ちこぼれには似ても似つかぬ優等な子供であった。考えてみなくても分かる。親が教育に関心をもたず、教育費もかけないから落ちこぼれるのであって、学習塾として成立つには親が教育熱心な進学塾が望ましいのであって、そのことは私自身の子供を受験勉強させたい、という希望とも合っていた。

尊敬し指導をうけていた藤田一伯弁護士が、弁護士協同組合で企画した広々とした新築中の現在の市ヶ谷法曹ビルに移転するというので、指導者に去られては大変とばかりについていったので、経済的に苦しく塾の教室を借りる資金がない。そこで、お世話になっていた斉藤功一社長が使っておられる、武久という会社の事務所を空けていただいて教室にした。新たに看板をつけ替えるお金もないので、塾名を「武久」と会社名を借りて名付けた。

人の能力というのは、どこにどう隠れているやも分からない。第一回の卒業生二人。一人は当時の最難関中学、筑波大学付属駒場中学に合格し、もう一人我家の長男が、これも当時私立の御三家といわれた武蔵中学に合格してくれた。第一回の卒塾生の成績が良かったこと、森上塾長の手腕に負うところ大きかったのだが、さらに名門中学に二人とも合格して塾の評判が高まり、先生も増えてきた。実績もさらに上がり、東京で一、二位を争うのではないかと噂されたりした。塾長は朝八時半に塾の事務所に入って、夜九時の授業終了から明日の準備などあって、大抵一一時一二時まで働く。いつ眠るのだろうか、といぶかるほどであった。ただ、塾長として先生方と授業のあと、食事やコミュニケーション改め呑みニケーションも、若い先生方相手で盛り上がって、夜更けに至ることもあったようである。

塾長が、先生もご一緒しませんか、と件の松村共々に声をかけてくれて、妻を伴って中野五丁目呑み屋街の中心ともいえるウケシマビル二階、琉球酒館に案内された。そこの店主は前里圭亮君といい、中大日本拳法部OBは良しとして、高校時代柔道部の我が大宮高校の宿敵、延岡恒富高校柔道部のOBで、県大会で敗れインターハイの出場ならなかった試合の、相手チームの直近の後輩であった。その間の事情を誇らしく語るので、居心地は今一であった。柔道で負け進学でも、恒富高校の大将船渡は現役で東大、副将で、私が敗けた在間は九大合格、と柔道も勉強もかなわなかった、口惜しい相手校であった。

そして、そんな口惜しさは瞬時に吹き飛ぶことが起きた。前里君はそのビルの地下二階の穴倉のようなところで、ライブハウス「おおシャンゼリゼ」を経営していて、当日、松本幸四郎主演のミュージカル「ラマンチ

ャの男」の床屋役をやっておられた木島さんが出演しておられ、主題歌「見果てぬ夢」の前振り

見果てぬ夢を夢みて　かなわぬ敵と戦う　耐えがたき悲しみに耐え　勇者も行かぬ場所へ走る

を力をこめて語られたうえ、

人生自体が狂気じみているとしたら
一体本当の狂気とは何だ　本当の狂気とは
夢におぼれて現実を見ないのも　狂気かもしれぬ
現実のみを追って　夢を持たぬのも狂気だ
だが一番憎むべき狂気とは
あるがままの人生に折り合いをつけて
あるべき姿のために戦わないことだ

朗々と「見果てぬ夢」を歌われた。塾長や松村と共に盛り上がって、昔のことなどどうでも良くなってしまった。

以後、広告を見落さない限り、松本幸四郎のラマンチャの男は、必ず観劇している。学習塾の森上塾長の手腕で上場しようかと話題にする発展をして、嬉しく有難く、少時夢を見させていただいた。ただ、私が弁護したある過激派セクトの学生が大人になって職がな

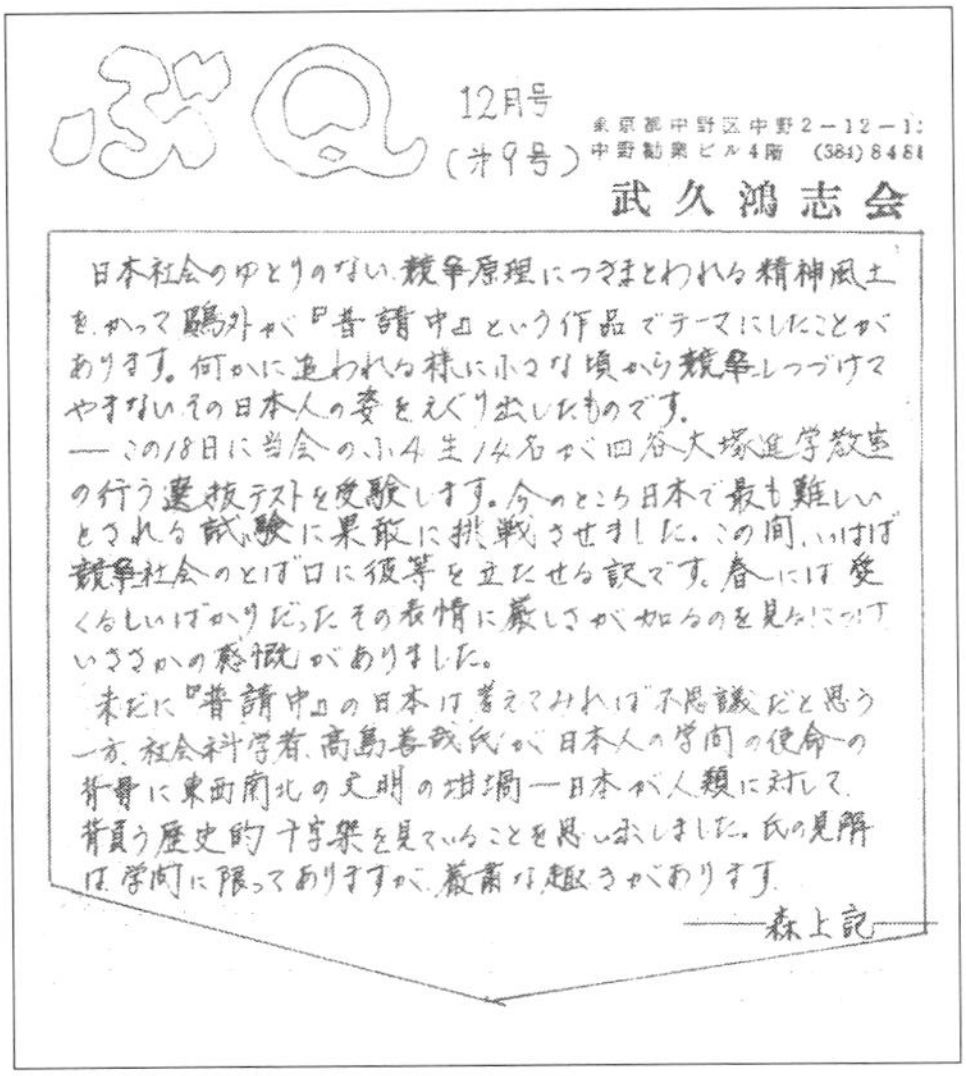

日本社会のゆとりのない競争原理につきまとわれる精神風土を、かって鴎外が『普請中』という作品でテーマにしたことがあります。何かに追われる様に小さな頃から競争しつづけてやすまないその日本人の姿をえぐり出したものです。
――この18日に当会の小4生14名が四谷大塚進学教室の行う選抜テストを受験します。今のところ日本で最も難しいとされる試験に果敢に挑戦させました。この間、いはば競争社会のとば口に彼等を立たせる訳です。春には愛くるしいばかりだったその表情に厳しさが加わるのを見るにつけいささかの感慨がありました。
未だに『普請中』の日本は考えてみれば不思議だと思う一方、社会科学者、高島善哉氏が日本人の学問の使命―の背骨に東西南北の文明の相渦―日本が人類に対して背負う歴史的十字架を見ていることを思い出しました。氏の見解は学問に限ってありますが、厳粛な趣きがあります。
――森上記

1985年（昭和60）頃の『ぶQ　12月号』

いというので、塾で働いてもらっていたら、労働組合をつくってアルバイトの過激派仲間に私をこづかせて、私に「団体交渉に応じよ」という。世にいう過激派学生のＯＢの仲間の労働組合の対手をしていては、本業本務の法律事務所経営に差支えると思い、塾事業を同業者に売却して撤退した。

塾長が塾を大きくしてくれて嬉しかったが、必要に迫られて買った教室のために買った不動産が、その後の人生を苦しめた。ただ、今では教育評論家として私学教育に一家を成している森上塾長のところに、当時の塾生が今でも三々五々やって来て、もう一度我々で、ぶＱ（武久）を創立しようと語りかけている由とのこと、時代が変わってそんな塾は今は無理だと思うが、塾生ＯＢが今そう言ってくれることは、我々の勲章だねと塾長に語りかけている。

森上展安　略歴

昭和五〇年三月　早稲田大学法学部卒業

昭和五〇年四月　東京第一法律事務所入所

弁護士内野経一郎氏に師事

昭和五一年四月　学習塾「武久鴻志会」を創立

（会長・内野経一郎、塾長・森上展安）

昭和五三年九月　四谷大塚へ入るためのテスト会「四進オープン」で一躍首都圏の優秀児を集める塾となる

昭和六二年二月　中学入試実績で単独校として記録的な御三家一〇〇名受験七四名合格を果たす

昭和六三年三月　会長交代にともない独立
㈱森上教育研究所を設立（資本金一千万）
平成二年一〇月　中学受験主要塾を対象に「中学受験研究会」を設立

(13) ＴＢＳ－ＴＶ「女と男の人生相談」に出演

放送作家渡瀬寿男君（ペンネーム・秋田健）は一緒に小戸小・大宮高校・中央大学と学んだ仲で、「女と男の人生相談」への出演を勧めてくれました。

昭和五二年（一九七七）頃から一年間、水の江瀧子、大竹省二、浅香光代などとレギュラー出演しました。

1977年（昭和52）「女と男の人生相談」

(14) 緑保護活動

平成二九年（二〇一七）六月、拙宅ななめ前の緑豊かな勤労福祉会館の庭園の中程の樹木を伐って、中野区消防団の分団本部の建物を建てるとて、地鎮祭が行われた。

この勤労福祉会館は黄檗流普茶料理を給する庭園に、江戸三大名水といわれる湧き水のある料亭の跡地である。この跡地に住友不動産がワンルームマンションを建てるというので、近隣住民こぞって反対運動をして、当時の社会党区議会議員矢尾嘉秀先生のご指導で、東京都を経由して中野区が取得したものであった。

スワ一大事と工事着工の日に動員をかけ、ビラ、チラシを配布し、住民訴訟を提起して反対集会を開き、さらに消防庁に抗議に行った。反対運動の成果ともいえるが、主導した河合一都議、川井しげお都議とこれに乗

緑保護活動の集会のチラシ

着工監視する我々住民

工事車両

掩体壕の前にて

戦跡保存会において「赤江特攻顕彰館」を
アピール

った田中大輔区長が共に落選して、沙汰止みになった。

(15) 戦跡保存会——特攻顕彰館を

平成二一年（二〇〇九）八月八日宮崎観光ホテルで、都城の下森建装の下森健康社長らと共に、戦跡保存会を立上げた。空港バイパスに看板を出して毎年四月第一日曜日の特攻慰霊祭に参加するくらいで、活動が充分でなかった。ただ、活動をしていることを知った人も多く、あるとき当時の戸敷正宮崎市長から、平和教育の資料に掩体壕を取得したいという話があり、買取ってあった掩体壕を宮崎市に引き取ってもらい、少しばかりお手伝いできて喜んでいる。

今新たに隣の掩体壕と後背地、そしてそこに至る通路の持分を取得し、宮崎市に働きかけているが反応がない。

第4章　来し方を振り返って

(1) 日本文明への自覚

田中正明先生の『パール博士の日本無罪論』の裏表紙の内側に（昭和五〇年八月一六日付（読了））、

「パール判決と清瀬の弁論が知りたい」

「パール判事の墓参に行こう」

「『大東亜戦争肯定論』（林房雄）と日本無罪論で大分右傾かナ？」

とメモが残されている。

日本文明への自覚は、この二書に負うところが大きかったように思う。


誰がどんな縁でくれたか、日本青年会館でのワコールの塚本幸一社長を会長とする日本会議の設立総会の案内が来た。小田実ではないが、「何でもみてやろう」と、野次馬根性で参加した。

ただ、設立総会は実際は昭和五〇年六月、ニューオータニとのことである。でも、私の記憶は日本青年会館なのである。

それ以来、時々の日本会議の案内で、講演会に参加していて、大体のことは成程と納得するのに、天皇を大切にすることには馴染めませんでした。

憲法第一条は「天皇」なのに全く無知でした。「憲法」の授業は佐藤功先生で、成績は「優」をもらいました。

こんな経緯で野坂昭如言うところの「焼跡・闇市派」、またの名を「疎開派」（ゆり・はじめこと中大・山口章さん）という得体の知れない「戦後民主主義派」時代の風潮からの「転向」です。

「保守」を自認自称しておりますが「俄保守」でした。この「転向」は依頼者の方々に教えられ、励まされた充実した辯護士人生の生活実感、依頼者の多くが尊敬に値し生きることの素晴らしさを教えられたことにあります。

『神ながらの道』という戦前に翻訳、出版された、アメリカの新聞記者J・W・T・メーソンという人の書いた、崇神天皇に献上とある本のまえがきに、西洋が日本に対して無知なることは遺憾である。しかし、日本人もまた、自覚的には自己に関して無知である、とある。そうだ、私も無知である。崇神天皇とはきいたことのある名前だな、程度である。日本って知らない國であるけど好きである。

（2）我流の町辯護士への職責の自負

辯護士生活六〇年、我流ながら自分の器量の目一杯制度趣旨に忠実に辯護士業務に従事したと自負してはいます。

違法と合法との接点での生活ゆえ、世の中の負の側面に立会ってもきて、恐ろしい思い、怖い思い、悲しい

讃　不抜之志《ふばつのこころざし》

内政《ないせい》を憂《うれ》い

野《の》に立《た》ち

経世《けいせい》の歪《ひずみ》を糺《ただ》す

一命《いちめい》を賭《か》け

郎《おとこ》　法《のり》の行間《ぎょうかん》を極《きわ》む

令和元年十月吉日

菊池[illegible]うめ子

贈　内野経一郎　兄

思い、苦しい思い、厭な思い、こん畜生の思い、絶望する日本社会の底の浅さにも出会っています。こんな國が素晴らしいとは、お前の目は節穴か、と言われそうである。自覚しています。それでもなお、多くの方々にご信頼いただいたこと、信頼されることは生甲斐であり、喜びであることを知ったこと、辯護士生活の活性剤で、「あの信頼に応えたい」という気持ちが生きる張合いで、日本讃歌の素である。

個人的な生活が順調だったのではありません。しかしそれは、自己責任であり反省である。日本社会のせいではありません。

日本教、日本文明へ転向した理由は、係争という人と人との間俗間にあって、しみじみとした共感を覚えたり、この世のことと思えないくらい感動的な、そんな美しいこと、素晴らしいこと、そんな人々に出会い、またお名前は控えさせてもらうが、現代社会のお伽話のように大切にしていただいた方々や、あの方と出会えなかったら、俺の人生どうなっていたろう、と多くの相談者、依頼者の方々に助けられて、師友に恵まれて、今日の生があることを顧みています。と文章にすると平板になりますが、「日本讃歌」を書くくらい、日本に生まれて仕事の内外で出会えた素晴らしい方々への感動が、日本教への「転向」のきっかけである。皆さまに励まされたことに、感謝しています。生きていてよかった、もう一度生まれてくるならまた日本だし、すずらん通り「のんき」のコンパとニコライの鐘と共に中央大学に学び辯護士になりたい。そして、人生を支えて下さり、感動を共有した方々と共に生きたい、という思いからであります。

大宮高校の同級生菊池圭祐君が、こんな文章の小さな額をくれた（前頁参照）。額に値する人生かどうかは別にして、評価されるのは嬉しいので掲げておく。

（3）友人谷田貝臣男の遅い結婚式

白門会研究室の友人谷田貝臣男君の結婚式でまわってきた、「祝辞」の色紙に妻公子がÜber den Bergen をドイツ語で書いていた。音楽学校でドイツリートを歌う都合で、大学受験が英語でなくドイツ語だったことはきいていたが、この詩を全部諳じて独文で書けることに、少しばかり尊敬の念はもった。しかし、「山の彼方の空遠く、幸住むと人は言う」としても、所詮そんなところにも幸なんかないのだから、その場所で辛抱なさいな、と新婚の谷田貝の妻に語りかけること、即ち妻が現在の生活に辛抱していることに衝撃をうけた。

［原詩］

Über den Bergen　Karl Busse

［訳詩］

山のあなた　カアル・ブッセ

Über den Bergen, weit zu wandern,
sagen die Leute, wohnt das Glück.
Ach, und ich ging, im Schwarme der andern,
kam mit verweinten Augen zurück,
Über den Bergen, weit, weit drüben,
sagen die Leute, wohnt das Glück.

山のあなたの空遠く
「幸」住むと人のいふ。
噫、われひと、尋めゆきて、
涙さしぐみ、かへりきぬ。
山のあなたになほ遠く
「幸」住むと人のいふ。

（上田敏訳詩集『海潮音』より）

（4）何はともあれ「一所懸命」

誰が書いたか白門会のトイレには、「神（紙）に見放された者は自分の手でウンをつかめ」と落書があった。「運も実力のうち」ともいう。研修所前期の和田良一弁護教官は、これからの法曹としての心得を、「努力せよ！　努力は実力を生み、実力は自信を生み、自信はツキを呼ぶ」と我々を諭された。一流のビジネス弁護士の言葉としての迫力を感じた。

我が國には私より収入の少ない方々も多く、不自由を忍んでおられるはずである。とすれば、日本人の多くが多くの欲求不満にさらされていて、こんな「日本、糞喰らえ」と思っているのかもしれない。でも、隴を得て蜀を望むというではないか。自分の我欲ばっかり言うもんじゃないかもしれんヨ。先（二七頁）にあげた曹操の詩といわれるものにも、盈縮《えいしゅく》の期は何ぞ天のみにあらんや、寿命だって心掛け次第、といっている。日常の生活特に経済生活は、自分の心掛けや判断、努力の要素もあろう。大きくは社会の組立であったとしても。

立志伝中の方の並々ならぬ努力に感動するではないか。我日向学院の校是は「己を知り己に克て」であった。

（5）すっぱいぶどうの反応は心の安全装置

仏教では「足るを知る」ともいう。他人さまが喜んで下さると、自分も嬉しくなる。お金を得る工夫と共に、自分が楽しくなる、嬉しくなる工夫もしてみようではないか。世界中見渡しても、歴史的にそして現在における生活指標的にも、日本は他國との比較において恵まれているはずだから。今の今、衣食が何とかなるなら、演歌の世界「貧乏十八番《おはこ》」と笑いとばして、価値努力も、禁欲も、歓びであり、幸せと開き直ることもできる。

今の世で極貧にあえぐ方々があれば、明治のはじめに福沢諭吉が語りかけた「学問のすすめ」を、再度語りかけよう。

さだまさしも高らかに関白宣言と歌ってみたが、やがて関白失格と歌い直す。幸《しあわせ》の要諦は、「仕事に惚れ、女房に惚れ、在所に惚れること」とか。故郷の我が師、谷村唯一郎弁護士は、在所に惚れるに代えて「自惚れぬこと」と語りかけられた。生まれ在所の鹿児島、宮崎、そして日本に惚れ込んで、辯護士の仕事にやり甲斐を感じている。

文豪夏目漱石も語りかけている。（『草枕』の冒頭）

山路を登りながら、かう考えた。

智に働けば角が立つ。情に棹させば流される。意地を通せば窮屈だ。兎角に人の世は住みにくい。

住みにくさが高じると、安い所へ引き越したくなる。どこへ越しても住みにくいと悟つた時、詩が生れて、画が出来る。

人の世を作ったものは神でもなければ鬼でもない。矢張り向う三軒両隣にちらちらするただの人である。ただの人が作った人の世が住みにくいからとて、越す國はあるまい。あれば人でなしの國へ行くばかりだ。人でなしの國は人の世よりも猶住みにくかろう。越すことのならぬ世が住みにくければ、住みにくい所をどれほどか、寛容で、束の間の命を、束の間でも住みよくせねばならぬ。ここに詩人という天職が出来て、ここに画家という使命が降る。あらゆる芸術の士は人の世を長閑にし、人の心を豊かにするがゆえに尊い。

漱石のいうとおり、詩人も画家も芸術家として、心の慰めをするであろう。

しかし、我々辯護士も「困り事万承り処」ですぞ。詩を読み絵を見て、心を満たすと共に、生活上の困難の解決で生計を営んでいる辯護士のことも、記憶に留めておいて下さい。詩人のように高級な心の回復ではなくても、きっと「現実的な生活の回復」「即物的心の回復」の即効的お役には立つはずである。「友人によき医者とよき弁護士とよき銀行家をもてば、人生に憂いはない」という、イギリスの諺があるともきいています。

⑹　凡人俗人は賢人

大学に入学はしたものの何をして良いのか分からず、おふくろ恋しくホームシックにかかったりしていた。何かしなければいけないのだろうと、当時評判の下村湖人の『次郎物語』を発売間もない「新明解国語辞典」首っぴきで読んで感動した。といっても文章も言葉もむずかしくて、理解などしていないはずだ。長じて下村湖人に『凡人道』という小ぶりの本があって、自分に合った「身の丈の生活」を説いてあった。これなら俺も書けるかもしれない。いつか「人の谷間」で生き抜く知恵を書こう。人まみれの人生を送っているのだから、人の谷間での生き方を説く「俗人道」という、辯護士だから書けた本を書いてみようと思っていた。しかし、俗人道くらいむずかしい生き方はない。

裁判官がこんな違法無法をやっているのですよ。貴方の大切な莫大な財産が、故なく奪われようとしているのですよ！　と説得したが、「世の中には悪い奴はいくらでもいます。頼みません」とキッパリと断られたことがあった。その方は、明日の命も知れない宮崎の老女の方であった。私の心の卑しさを見抜いてのことに感じた。「俗人道」が書けるのは、市井にあっての「求道者」である。俺のような「俗物」のよくするところではない。俗人の智慧でなく、浮世離れしたホラを吹いてみただけのことだ。

（7）　人生には多くの物語が一つにまとまって流れている

昔、ある人から、娘が音楽大学のピアノの卒業試験で、娘はチャンとピアノが弾けているのに落されて卒業できない、訴えてくれ、という依頼があった。その音大は、妻公子の恩師が学長をしておられた。訴えるに値するかどうか、妻にその学生のピアノを聞いてもらった。答えは、卒業させられるわけがない、とのこと。家で弾いてもらって、私も聴いていたが、演奏技術の巧拙は分からない。なぜあの演奏でダメなのか、と問うたところ、妻は「あの娘は音符をなぞって弾くだけで、曲が分かってない。たとえばバッハの曲には、四つまたは五つの曲が同時に走っていて、それを弾き分けて一つの曲として構成されている。あの娘はその弾き分けができてないから、何遍弾いても合格しません」とのこと。妻から恩師にお願いして、卒業式を間近に控え、再試験の機会をもらって、妻が一〇日ばかりつきっきりで指導、練習して、無事卒業できたことがあった。

例えがバッハで、頭が高いというか恐れ多いのだが、人生色んな側面が同時に走っている。つたないながら、私自身の人生も辯護士としての人生、そのなかには依頼者との関係、裁判所との関係、若先生とのあるいは職員との関係など、いろいろの側面がある。また、家庭をもって夫としての親としての父としての、そして子供の学校では父兄としての、と多様な生活が生きる「曲」を奏でている。

(8)　父の戒め

「東京の者を信用するな」。寡黙な父で、しかも戦争のことなので尚更だった。唯一度、上京に際して昔話をしてくれたことがある。

父の所属した熊本の連隊、四十二連隊といったと思うが、日本一強かったそうだ。昔どこかで聞いた記憶だ。「経一郎、東京の者を信用するな。東京の連隊と協同作戦をすることになって、この地域は我が軍が掃討しておくので安心して進軍してくれ、というので谷底の狭い道を進んで大砲を運んでいたら、上から機銃掃射を受けて危うく皆殺しに遭うところだった」と。

この戒めを破って東京人を目一杯信頼し、東京人に信頼を頂いて幸せな人生を送ってきた。

(9)　木鶏を超える鈴木修先輩

触れ合い得て、今最も尊敬し心から心服して仰ぎ見ているのが鈴木修先輩である。

「質実剛健、家族的情味」中大そのもので、それを超えておられる。中大を通じて中大の上に、しかも見えないくらい高いところだ。人類の人間のあるべき姿だ。母校中大の箱根駅伝が低迷してるとき、応援団ともいえるOBの「箱根駅伝を強くする会」の会長をお引受け下さった。その会でお見受けした瞬間に、村夫子《そんぷうし》然とされた、言葉を替えるならば田舎の何の変哲もない親爺の風情なのに、先輩の身体全体から厳しさの微塵もない温かさのみの人間性が醸し出されていて、その雰囲気の虜になってしまった。鍛え抜いた人は、どこか夾雑物を取り去った透明性があるものだが、それがない。木鶏《もっけい》の真逆である。

三州倶楽部の横田捷宏会長に鈴木修先輩を尊敬していることを申し上げたところ横田さんは、株式会社スズキの専務として鈴木修社長にお仕えしたことがある。横田さんが紹介の労を取ってくださり、浜松のホテルで鈴木先輩に昼食を馳走いただき、その後スズキ自動車の記念館をご案内いただいた。記念館の来館者が希望すれば記念撮影に気軽に、にこやかに応じられる様子に接し更に鈴木修先輩への尊敬の念を深めたことでした。

およそ人間が考えるくらいのことは、中國人が春秋戰國時代に考えている、と中國人が豪語しているそうだ。わが尊敬する藤尾秀昭さんは、致知出版をひっさげて全國に木鶏クラブを普及しておられる。中國人が考え得る本能たり得るところは、ここまでだ。

接する人々全てをその温かさで溶かしてしまう、その生きてきた厳しさを微塵も感じさせない。自らをそこまで鍛え抜いて、どこにもその痕跡を出さない。そんな究極の完成人間のことは考えられないはずだ。否、感じられないはずだ。日本人だけが為し得て感じ得ることかと思う。会社が不祥事を起して、鈴木修さんが全國をお詫び行脚されたら、逆に慰められ励まされたときく。そうだろうと思った。

⑽　小文の種明かし

この小文全体、生活経験に負い、文献引用のほとんどは先達からの耳学問である。

とりわけ「天皇」、「皇族」にかかわる、あるいは『古事記』、『日本書紀』、「御製」、「御歌」は、おおむね小林隆さん（日本会議中野支部会員）からの耳学問をもととする独断我流の解釈である。

生活体験、業務経験、我流の文献理解に加え、日本会議をはじめとする多くの先達のご教示や活動を参考にまとめてみました。あげている文献は、拾い読み、斜め読み、文意、文脈を無視、自分なりの都合での引用の「断章取義」である。

文中に死語、廃語、忌語があっても、それはそんな使い方がありましたという歴史的事実、時代の表現であり、用語自体の肯定ではありません。

本書「第二編第4章　日本文明の特色」の項の多くは旧版「日本のふるさと三州（日向、大隈、薩摩）から読む日本文明論試案」からヒントを得ている。

なお、参考文献として特に負うところの大きかった書を以下に記します。

『古神道行法入門』大宮司朗　原書房　二〇〇三年

『巨人出口王仁三郎』出口京太郎　講談社　一九六七年

『文明の衝突』サミュエル・ハンチントン著／鈴木主税訳　集英社　一九九八年

『蟻の兵隊』池谷薫　新潮社新潮文庫　一九九六年

『祖国復興に戦った男たち』城野宏　おりじん書房 一九七八年

『山西独立戦記』城野宏　雪華社 一九六七年

『大東亜戦争肯定論』林房雄　番町書房一九六四～六五年

『パール博士の日本無罪論』田中正明　慧文社　一九六三年

『顎をあげて空を見なさい　韓国軍新兵の群像』朴正功　仮面社　一九七一年

この小文にしつこく書いたように、どの局面でも真面目にはやった。しかし、自分の至らなさへの反省ばかりである。ただ、この國に生を受けて日暮間近なこと、人生のどの側面をとっても幸せであったと、触れ合った全ての方々と祖國への感謝状である。

そして、至らなさでおかけした万死に値する御迷惑への詫状、では済まない詫状である。

祖國讃歌の素　思い出されるお名前の一部です。字の間違い、記載漏れご寛恕あれ。往時茫々。米寿の今、更なりです。

安倍晋三　相川良昭　青木武　秋元司　秋吉稔弘　浅香光代　浅田好文　浅野眞　厚地安　荒井貢次郎
荒木俊二　阿羅健一　安藤汎子　池田映岳　伊佐地正治　伊佐弘　石川博臣　石川雅己　石原良徳　伊丹妙浄
伊藤公介　伊藤哲夫　稲貴夫　稲村公望　稲盛和夫　井上春子　井上盛喜　今田忠彦　今村富也　井村未散
岩切章太郎　岩切達郎　岩崎修　岩崎安利　上杉光弘　上野景昭　宇城憲二　薄衣岩雄　内徳幸夫　浦田教利
江藤五十枝　榎本和夫　榎本敏夫　榎本弘之　荏原宣男　江山秀明　王育徳　王雪梅　大岐義之　大久保治男
太田伸一　大坪秀二　大場俊賢　大原一三　岡野功　小粥義雄　小川栄太郎　奥徹　奥山剛　尾崎三郎

小沢礼次　押川京子　小田原義征　落合清　落合美智子　柿沢弘治　柿沢未途　笠間信一郎　梶川一洋
鹿島勇　春日秀一郎　加瀬英明　葛城奈海　加藤忠郎　加藤達夫　門田隆将　金子一　金田忠夫　金田良一
椛島有三　亀井静香　河井信太郎　川野啓二郎　木川嘉一　木島新一　北村洋　木梨芳繁　木村功　木村守男
行徳哲男　金美齢　久保田雅子　久米健二　倉田雅光　黒木賢司　桑原迪也　小池隆一　河野洋平
後藤昌次郎　小林隆　近藤清　近藤早利　斉藤功一　齋藤正吉　斉藤祐弘　斉藤昇　阪本典夫　佐川為海
佐々木正泰　佐藤功　佐藤圭惟輔　佐藤幸男　柴田紘一郎　柴田雅代　渋谷与一　島津修光　島村宣伸
清水和子　清水潤三　清水美明　下森康玄　白髭孝　城野宏　末広由岐夫　末政憲一　末光靖孝　菅沼利雄
杉田秀清　杉晴夫　菅允行　調所謙一　鈴木修　鈴木静雄　鈴木潤一郎　鈴木純平　鈴木登次郎　鈴木裕一郎
須田敏明　仙石由人　相馬啓一　曽根弘陽　高木栄一郎　高木丈太郎　高木丈夫　高須祐　高山喜義　武径利
多田敦　田玉利久　田中角栄　田中啓一　田中修二　田中豊徳　田中良　谷川武市　谷川美代子　谷村唯一郎
団藤重光　塚本重頼　津沢寿志　寺沢有　照屋巧　頭山興助　徳田虎雄　戸高清光　苗村博子　中内俊三
中尾千香子　中澤晴幸　中島ユキ江　長友貫太郎　永野儀一　長野国助　長原豊春　中坊公平　長峰由紀子
中村功　中村徹　中村光夫　中元視暉輔　中山正輝　永山隆一　新見政孝　西垣内堅祐　西立野徳洋
西舘好子　西月野英樹　西村常治　仁田脇義信　仁平勝之　仁平志奈子　仁錫欽　野久保洋　野沢潔
野村裕之　萩原太郎　長谷川泰三　長谷川光良　花塚富夫　浜田澄麿　浜名儀一　林千勝　林義子　原武
原秀男　樋口武弘　久野修治　日高義博　平井太郎　平岡高志　平野幸男　平元周　広橋紀子　広橋幽香子
樋渡カスミ　深谷十三　福原紀彦　福山仁美　藤井練和　藤田一伯　藤本哲也　ブレークニー　細井淳一
堀切正季　堀口文良　保利茂　本田勝一　本田勝彦　前里圭亮　前田知克　前田祐司　前田良　牧野英一

松鵜靖　松岡茂之　松尾翼　松下秀年　松下渉　松谷みよ子　松田政行　松田三夫　松村重紘　馬渕顕
三浦顕　水ノ江滝子　三角和雄　三橋弘　水上寛治　嶺島伸治　峰村光郎　美濃部和子　宮川孝義　三宅隆介
宮崎典郎　宮代昌三　宮地正治　武藤功　宗像隆幸　村田博文　森敦　森一志　森上展安　矢島明　保岡興治
安田昌史　谷田貝臣男　柳沢光慶　柳沢義男　矢吹寛　山内義輝　山口章　山口水春　山口武親　山崎新
山崎孝治　山田慶一　山田宏　山中祥弘　横田捷宏　横田康弘　横山修二　芳田栄二　吉田常次郎　吉田哲朗
吉田久　吉田康一郎　了徳治健二　我妻栄　渡瀬寿男　渡辺明人　渡辺喜三郎　渡辺綱纜　割田剛雄

《著者略歴》

内野 経一郎（うちの けいいちろう）

昭和 11 年（1936）10 月 15 日　鹿児島県東郷町（現・薩摩川内市）生まれ
同　18 年（1943）4 月　宮崎市立第七国民学校入学，大宮小，入来町副田小，広瀬小，小戸小を経て
同　24 年（1949）3 月　宮崎市立大淀小学校卒業
同　27 年（1952）3 月　宮崎日向学院中学校卒業
同　30 年（1955）3 月　宮崎大宮高等学校卒業
同　34 年（1959）3 月　中央大学法学部卒業
同　37 年（1962）3 月　中央大学大学院修士課程修了
同　37 年（1962）10 月　司法試験合格
同　40 年（1965）3 月　司法修習終了（17 期）
同　40 年（1965）4 月　弁護士登録。藤田一伯弁護士（二弁・17 期・早大政経卒）とともに前田知克法律事務所勤務
同　41 年（1966）5 月　藤田弁護士と東京第一法律事務所開設，現在に至る

主　著

『実践マンション法入門』冬耕社・昭和 51 年（1976），『新借地借家法の契約書式とチェックポイント』（仁平志奈子と共著）第一法規出版・平成 4 年（1992），『法律事務所事務職員マニュアル』第一法規出版・平成 5 年（1993），『法律学楽想』中央大学出版部・平成 12 年（2000），『法律事務所事務職員マニュアル　パラリーガル業務編』第一法規出版・平成 16 年（2004），『法律事務所事務職員マニュアル秘書業務・事務所運営編』第一法規出版・平成 16 年（2004），『登録四〇年　弁護士　内野経一郎紹介』平成 17 年（2005），『弁護士　内野経一郎　その後の紹介』平成 20 年（2008），『燃えよ中大』ＪＣＡ出版・平成 21 年（2009），『父が子に語る　町弁の弁護士心得』平成 22 年（2010），「『古事記』と『日本書紀』にみる神話の世界への誘い」平成 23 年（2011），『新版　燃えよ中大！』東京学習株式会社・平成 24 年（2012）

「生涯書生」町辯の祖國讚歌
草の根の体験的日本文明論

2025年3月15日　初版1刷発行

著　者　内野経一郎
発行者　中　村　文　江
発行所　株式会社 刀水書房
〒101-0065　東京都千代田区西神田2-4-1 東方学会本館
TEL 03-3261-6190　FAX 03-3261-2234　振替00110-9-75805
組版　マタタビシャ
印刷　亜細亜印刷株式会社
カバー印刷　三成印刷株式会社
製本　株式会社ブロケード

ISBN978-4-88708-458-2　C1095